Paul Schwarzenau
Das nachchristliche Zeitalter

KREUZ Entwürfe

Herausgegeben von
Hildegunde Wöller

Paul Schwarzenau

Das nachchristliche Zeitalter

Elemente einer planetarischen Religion

Kreuz Verlag

Vollständig überarbeitete Neuausgabe des 1977 im RADIUS Verlag erschienenen Buches von Paul Schwarzenau »Der größere Gott. Christentum und Weltreligionen«.

Die Deutsche Bibliothek – CIP-Einheitsaufnahme

Schwarzenau, Paul:
Das nachchristliche Zeitalter : Elemente einer planetarischen Religion / Paul Schwarzenau. – 1. Aufl., vollst überarb. Neuausg. des 1977 im Radius-Verl. erschienenen Buches »Der größere Gott«. – Stuttgart : Kreuz-Verl., 1993
(Kreuz Entwürfe)
ISBN 3-7831-1258-3

1 2 3 4 96 95 94 93

Umschlaggestaltung: Jürgen Reichert
Umschlagfoto: Fotograf: Mathiak, Dortmund
Gesamtherstellung: Wilhelm Röck, Weinsberg
ISBN 37831 1258 3

Inhalt

Dem Andenken
meiner Mutter

Vorwort

Die Zeit, in der man es in Kirche und Theologie für abwegig und letztlich überflüssig hielt, sich mit den konkreten Religionen auseinanderzusetzen, liegt noch nicht hinter uns. Sie wirkt, insbesondere in der evangelischen Kirche, immer noch nach in der Zaghaftigkeit, mit der man einem Dialog der Religionen, fast möchte man sagen, aus dem Wege geht, statt ihn als ein Gebot der Stunde beherzt zu führen. Das gilt selbst im Blick auf so nah verwandte Religionen wie Judentum und Islam. Wir kommen aus einer Zeit, in der man sich aus einer Position vermeintlicher Überlegenheit lediglich abstrakt mit der »Religion«, genauer mit dem »Religionsbegriff«, auseinandersetzte. Man hielt sich an die Auffassung Feuerbachs, daß Theologie Anthropologie sei. Eine Offenbarung, die von Gott selbst ausgeht, konnte nach der Meinung vieler nur die Offenbarung Gottes in Christus sein.

Demgegenüber vertritt dieses Buch die Auffassung, daß alle Religionen auf Impulse aus der Gottheit hervorgehen, also Offenbarungsreligionen sind. Es besteht von dieser Voraussetzung her ein untergründiger Zusammenhang zwischen der fremden und der eigenen Religion. Das Fremde verweist auf eine eigene Möglichkeit, die etwas anderes ist als eine synkretistische Verschmelzung. Das bedeutet in diesem Zusammenhang aber nicht nur Bestätigung, sondern Erweiterung, mit einem Wort: Wandlung.

Meiner Lektorin, Frau Hildegunde Wöller, verdanke ich die Überschrift »Das nachchristliche Zeitalter. Elemente einer planetarischen Religion«. Diesen Vorschlag habe ich gerne übernommen, da er genau das innere Gefälle des

Buches zum Ausdruck bringt. Gleichzeitig danke ich Frau Wöller für manche durchgreifenden, aber doch den Gehalt des Buches bewahrenden Streichungen und Änderungsvorschläge. So ist, wie ich meine, ein zielstrebiges Buch entstanden, das ausspricht, was heute gesagt werden muß.

Dortmund, im Februar 1993 *Paul Schwarzenau*

PLANETISATION

Völkerwanderungen und Religionsbildung – einst

Das Gespräch des Christentums mit den Weltreligionen ist unausweichlich.

Man hat unsere Welt, die Erde, eine kleiner werdende Welt genannt. Es ist damit gemeint, daß unsere Welt nicht nur enger zusammenrückt, sondern daß sie sich zugleich enger und enger verschränkt. »Völker und Zivilisationen«, sagt Teilhard de Chardin in seinem Hauptwerk *»Der Mensch im Kosmos«*, »sind zu einem so hohen Grad peripherischen Kontaktes oder gegenseitiger wirtschaftlicher Abhängigkeit oder auch psychischer Gemeinsamkeit gelangt, daß sie nur noch in wechselseitigem Durchdringen wachsen können«.[1] Teilhard hat für diesen geschichtlichen Vorgang, in den wir längst eingetreten sind, den Ausdruck »Planetisierung der Menschheit« geprägt.

Das Wort von der »menschlichen Planetisation« schließt einen wichtigen Untergedanken in sich ein. Er besagt, daß die Menschheit bisher nur in Bruchstücken, in Menschheitsfragmenten, gelebt habe. »Die endlich miteinander in Berührung gekommenen, gestern noch getrennten Bruchstücke der Menschheit beginnen vor unsern Augen, sich gegenseitig zu durchdringen, bis sie wirtschaftlich und psychisch untereinander reagieren.«[2] Der Hauptgedanke des Teilhardschen Wortes liegt in der als unausweichlich vorgestellten wechselseitigen Durchdringung bisheriger Menschheitsbruchstücke, also von Kulturkreisen, Kontinenten, politischen und wirtschaftlichen Systemen, deren Sonderentwicklungen letztlich auf Grundentscheidungen zurückgehen, die in der Vielheit der Religionen gefallen sind.

Das Wort »Planetisation« gehört, ungeachtet seiner naturwissenschaftlichen Fassung, zu den Prophetenworten, die der Menschheit gesagt worden sind. Prophetenworte sind solche, die der Menschheit auf den Kopf zusagen, was die Stunde geschlagen hat. Das Wort Teilhards konnte, um das zu tun, gar nicht genauer sein. Bisher hatte die Menschheit sich neue Räume erobert, sich neue Freiheiten und damit neue Möglichkeiten noch unverwirklichten Menschentums erkämpft, indem Teile von ihr auswanderten. »Daß wir uns in ihr zerstreuen, darum ist die Welt so groß«, heißt es im Lied der Auswandernden bei Goethe, und er fügt mit Anspielung auf die bekannte, meist aber nur als Strafgericht verstandene biblische Mythe hinzu: »Hiezu hat Gott der Herr selbst Anlaß gegeben, indem er, den babylonischen Turmbau verhindernd, das Menschengeschlecht in alle Welt zerstreute. Lasset uns ihn darum preisen, denn dieser Segen ist auf alle Geschlechter übergegangen.«[3]

Die Erde war weit und groß, vom psychischen Aspekt aus bis an unser Jahrhundert heran immer noch eine Scheibe ohne absehbares Ende. Exodus, Auswanderung, Trennung, Zerstreuung hieß die Zauberformel, die den Menschen und die Menschheit vor einer verfrühten Einheit bewahrt hat.

»Aus großen Wanderungen pflegen die Volkstümer hervorzugehen«, schreibt Gerhard von Rad in seiner Deutung der Turmbaumythe. »Große Verbände geraten rätselhaft in Bewegung; mit einem Mal treten sie aus der Verborgenheit ihrer bisherigen geschichtslosen Existenz heraus ins Licht der Geschichte und steigen zu kultureller Mächtigkeit auf. Demgemäß nimmt das Seßhaftwerden besondere Formen an.«[4]

Ob wir dabei an die im einzelnen immer noch unaufgehellten Wanderungen der indogermanischen Völker denken, aus denen so bedeutende Kulturen wie die indische, die iranische, die griechische und die römische hervorgingen, an die semitische Wanderung mit ihrer Aufgipfelung in der babylonischen Kultur oder an die Völkerwanderung, aus der die neueuropäischen Völker emportauchten, immer waren es zugleich neue Erscheinungen des Göttlichen, neue Göttergestalten, die vor den wandernden Völkern aufleuchteten und ihre Ausfahrt geleiteten. Neue Völker waren immer auch neue Religionen, in die die eine

Menschheit auseinanderfuhr. Die Menschheit wuchs durch Trennungen.

Auch die biblische Religion wuchs aus Trennungen, aus Scheidungen, aus Auswanderungen hervor. »Ziehe hinweg aus deinem Vaterlande und aus deiner Verwandtschaft und aus deines Vaters Hause in das Land, das ich dir zeigen werde; so will ich dich zu einem großen Volke machen«, wird Abraham gesagt (1. Mose 12,1.2). Exodus heißt im klassischen Sinn dann der Auszug Israels aus Ägypten.

Und doch dürfen wir hier nicht isolieren. Die israelitische Überlieferung ist nicht der Meinung, daß Gott nur Israel herausgeführt habe in sein Volkstum und damit in seine Religion. Gott hat alle Völker herausgeführt und ihnen ihre Religion gegeben. Alle religiöse Besonderheit Israels kann der judäische Prophet Amos beiseite setzen, wenn er die Israeliten mit dem Gottesspruch anfährt:

Seid ihr mir nicht wie die Kuschiten (= Äthiopier),
ihr Söhne Israels, – ist der Spruch Jahwes –
habe ich nicht Israel herausgeführt
aus dem Lande Ägypten
und die Philister aus Kaphtor (= Kreta)
und die Aramäer aus Kir (= Ur?)?
Amos 9,7

Jeder Israelit, der den Spruch des Amos damals als »Jahwes Erraunen« erfuhr, konnte wissen, daß Äthiopier, Philister und Aramäer eigene Götter nannten und anriefen, die sie zu sich, zu ihrem Volkstum und Land herausgerufen und herausgeführt hatten. Trotzdem – und das war der Schauder, der über dem »Erraunen« Jahwes aus Prophetenmund lag – war es kein anderer als Jahwe, der sie heraufführte. Kein anderer als Jahwe hat sie aus dunkler Vorgeschichtlichkeit ins Licht ihres Völkertums, ins Licht der Geschichte, heraufgeführt.

Gegenüber einer im Christentum weitverbreiteten Auffassung, daß nur die biblische Religion von Gott offenbart worden sei, während die Völkerreligionen lediglich menschliche Versuche darstellen, sich Gott zu nähern, heißt es im »Lied des Mose«:

Als der Höchste die Völker verteilte,
als er die Menschen schied,
Da legte er die Grenzen der Völker fest
nach der Zahl der Gottwesen.
5. Mose 32,8

Hier ist von der Scheidung der Menschheit in Völkerwesen nach der Zahl der Gottwesen (Religionen) ausdrücklich als Leitung der Völker durch Gott die Rede. Der Turmbaubericht unterscheidet sich vom Lied des Mose dadurch, daß er von einer Zerstreuung der Menschheit in die Vielheit der Völker durch Erweckung der Sprachenvielheit spricht. Völkervielheit, Sprachenvielheit und Religionsvielheit gehören offenbar zusammen.

Die biblische Überlieferung führt die Auswanderung der Menschheit in die Vielheit der Völker, Sprachen und Religionen auf »Gottes Hinabfahren« unter sie zurück (1. Mose 11,7). Das ist keine nur bildhafte Rede. Religiöse Überlieferung ist überhaupt niemals nur bildhafte Rede. Sie beschreibt immer zugleich eine Macht, eine Gewalt, die über die Menschen gekommen ist, die ihnen neue Bilder, Bilder von Mächten, von Göttern und Dämonen, neue Bilder vom Menschen in die Augen treibt. Bilder, die selber ziehen und treiben, die heraustreiben aus dem, was einmal galt und war, in etwas Neues, das mächtig geworden ist und zu neuem Sprechen, zu neuem Ansprechen und neuem Herausrufen von Namen, zuallererst Götternamen, das Bewußtsein drängt und befreit.

So und nicht anders wird man sich vorzustellen haben, wenn es von Gott heißt: »Wohlan, laßt uns hinabfahren!« Das aber, was über einen Menschen oder eine Menschengruppe kommt und unbedingt Gewalt über sie gewinnt, was »unbedingt angeht« (Paul Tillich), das ist Gott. Es ist in diesem Fall der Gott, der die Völker, die Sprachen, die Religionen schuf.

Alle Religionen sind von Gott offenbart. Offenbart heißt hier: kraft der Gewalt, die über die Menschen kam und ihr Bewußtsein bestimmte.

Aber alle Offenbarungen Gottes setzen bei den noch unverwirklichten Möglichkeiten des Menschen an, genauer gesagt: bei dem, wovor der Mensch Angst hat. Die Turmbaumythe bringt dieses Wissen mit der Ironie der überlegenen Macht zum Ausdruck, die weiß, daß das, was Menschen wollen, umschlägt in den Willen dessen, der durch den Willen der Menschen hindurch der Schöpfer des noch unvollendeten Menschen ist.

»Wohlan, laßt uns eine Stadt und einen Turm bauen«, sagen die Menschen, »damit wir nicht über die ganze Erde verstreut werden« (1. Mose 11,4). Wer hat ihnen denn gesagt, daß sie verstreut werden könnten über die ganze Erde? – Ihre eigenen, noch unverwirklichten Möglichkeiten, ihre eigenen, noch ungelebten Leben, die sich in ihnen regen! Und das ist die Angst. Der Mensch hat vor nichts mehr Angst als vor sich selbst; nicht wie er ist, sondern wie er sein könnte. Und doch kann er sich nicht entrinnen. Es ist die Angst vor dem Identitätsverlust, die den Menschen gegen seine eigenen größeren Möglichkeiten in Aufruhr bringt. Aber mit den Sicherheitsvorkehrungen wächst nur der Druck auf die sich regenden Möglichkeiten, verstärkt sich ihr Gegendruck und ihr nicht mehr zu bändigender Ausbruch. »Wohlan, laßt uns hinabfahren«, spricht Gott und zerstreut sie gegen ihren Willen nach ihrem besseren und tieferen Willen über die ganze Erde.

Gott zertrieb gegen verfrühte Einheit, also gegen noch ungelebte Leben, die Menschheit in die Trennung und Zerstreuung hinaus. Es ist – so mußten es die Völker als Übergang aus Vorgeschichte in Geschichte hören – das über sie kommende Gotteswort: »Entdeckt euch als Vielheit der Welt! Fahrt aus in den noch ungehobenen Reichtum der Welt! Macht Beute, Welt-Beute! Entdeckt die Welt als indische, persische, ägyptische, babylonische, chinesische, griechische, römische Welt! Fahrt aus: ich will Fülle! Ich will, daß ihr euch zerstreut, weil es euch selber gegen eure

Angst dahin drängt! Ihr werdet heimkehren mit der Welt, mit Weltfülle, mit der Welt als Beute!«

Mit Weltbeute soll die Menschheit einst von ihrer Ausfahrt heimkehren zu dem Gott, der der Gott aller Götter, der Gott aller Völker und Weltzeiten ist:

> Hebe deine Augen auf und sieh umher:
> alle sind versammelt und kommen zu dir...
> der Reichtum des Meeres wird sich dir zuwenden,
> und die Schätze der Völker werden zu dir kommen.
> *Jesaja 60,4.5*

Heute: Nicht mehr Exodus (Auszug), sondern Eisodus (Einwanderung)

Die Menschheit kann heute, das besagt das Wort Teilhards von der »Planetisation«, nicht mehr durch Trennungen wachsen, sondern nur noch durch wechselseitiges sich Berühren und Durchdringen. Nicht mehr Exodus, Auswandern, sondern Eisodus, Einwandern, wird die Formel heißen müssen, die zum Ausdruck bringt, daß sich alle trennenden Fluchtlinien der Menschheit auf der nun endlich als Planet erfahrenen Erde wieder zur Menschheit zurückbiegen.

Der Vorgang vollzieht sich mit einer ungeheuren Beschleunigung. Er erzeugt, das ist sein unmittelbarer Aspekt, sich steigernden Druck und wachsende Angst. Die Menschheit hat seit dem Jahrtausend, in dem Babylon seine Türme und Ägypten seine Pyramiden baute, um das Hundertfache zugenommen. Sie hat sich dabei im letzten Jahrhundert mehr als verdoppelt und wird sich im Laufe nur einer Generation noch einmal verdoppeln.

Aber das ist nicht der ganze Aspekt. Die Menschheit gerät in eine Dichte hinein, die ihrer bisherigen Geschichte unvorstellbar erschien.

Hans Magnus Enzensberger hat in seinem Gedicht »an alle fernsprechteilnehmer« das Bild einer gigantischen und gespenstischen Radarspinne beschrieben, das Netz einer im Prinzip allumfassenden Koordination von Dingen, Personen und Abläufen, das unseren Planeten mit Einschluß erheblicher Bereiche des Kosmos umfaßt und mit seinem Umzingeln der Wirklichkeit noch längst nicht zum Abschluß gelangt ist. Wir wollen es hier wenigstens gekürzt wiedergeben:

> etwas, das keine Farbe hat, etwas,
> das nach nichts riecht, etwas zähes,
> trieft aus den verstärkerämtern,
> setzt sich fest in die nähte der zeit...
>
> etwas zähes, davon der salm stirbt...
> und tötet den butt auf den bänken...
>
> an den himmel darüber schreibt
> die radarspinne ihr zähes netz...
>
> gegen uns geht es, gegen den seestern
> und das getreide, und wir essen davon...
>
> schlafend im brennenden hemd,
> wie geiseln, umzingelt von einem zähen,
> farblosen, einem gedunsenen schlund.

Enzensberger sagt von dieser Radarspinne in seiner Deutung *Die Entstehung eines Gedichts:* »Eine wirkliche, wenngleich unsichtbare Spinne, die unsern Himmel zuwebt, und das heißt: ihn als das, was er eigentlich ist, verdeckt... Die Folgen dieser Ausbreitung sind verhängnisvoll, wenigstens für jene Ordnung der Welt, die ihrer technischen Organisation vorausgeht, also die kreatürliche; denn es stirbt daran, wie der Text sagt, ›der salm in den flüssen‹ und ›der butt im meer‹.« Die Deutung überbietend, ist das Gedicht noch viel direkter: »gegen uns geht es«, die wir vom Netz »wie geiseln umzingelt« sind.[5]

Hier scheint der so positive Aspekt, wie er sich aus Teilhards Beschreibung einer »Planetisierung der Menschheit« ergab, in sein Gegenteil umzuschlagen. Wir müssen dieses Bild hinzunehmen, um die Unausweichlichkeit der religiösen Fragen, die weltweit aufbricht, aus einer universalen Herausforderung, die die ganze Menschheit trifft, zu verstehen. Was Enzensberger unter dichterischen Metaphern beschreibt, ist ja nichts anderes als der in Angst gewendete Ausdruck des Siegeszugs eines Menschheitsfragments, des christlichen. Aus dem Schoß der christlichen Menschheit brach eine rationale Denkhaltung auf, die mit dem technischen Fortschritt zivilisatorischer Entwicklung die natürlichen und menschlichen Lebensbedingungen bedroht. So paradox es klingen mag, das Christentum selbst gerät unter die Bedrohungen, die aus seinen eigenen Wurzeln aufsprangen.

Worauf Enzensberger hinweist, ist »jene Ordnung der Welt, die ihrer technischen Organisation vorausgeht«. Er nennt sie christlich die »kreatürliche«.[6] Das stellt, wiederum christlich, bereits die Abschwächung eines sehr viel ursprünglicheren und tieferen Verhältnisses des Menschen zum Sein dar.

Das Sein ist vor aller menschlichen Ordnung und Organisation; es ist in einem letzten und tiefsten Sinn allem zuvor. Der Mensch nimmt an ihm teil, er ist Teil des Seins und fragt nach seinem Sinn. Diese nicht immer gedachte, wohl aber erlebte und gelebte Wirklichkeit haben die Griechen dadurch zum Ausdruck gebracht, daß für sie das Ganze, das Umfassende des Seins, der Kosmos, der Gott ist.

Diese Bemerkung mag genügen, um herauszustellen, daß die Rationalität der Moderne, die metaphorische Radarspinne Enzensbergers, zutiefst ungriechisch ist. Sich im Einklang mit dem Kosmos schauen und diesen Einklang leben, also auf solche Weise übereinstimmend mit dem Gott leben, das ist griechisch. Nur dazu ward den Menschen die Vernunft gegeben, um dem kosmischen Gott zu entsprechen. Das Sein und der Gott sind eins. Die christliche Menschheit begriff unter schweren inneren Auseinandersetzungen zwischen ihrer Weltoffenheit und Weltüberwindung die griechischen Interpretationen des Kosmos, ihre Philosophie und Wissenschaft, als Instrument, die Welt herrschaftlich zu verändern. »Macht euch die Erde untertan!« (1. Mose 1,28). Keine Menschheitsgruppe hat die Welt, die Gott ja doch geliebt hat, daß er sich selbst in seinem Sohn für sie hingab (Johannes 3,16), so entschieden verneint wie die christliche, indem sie die Welt, die sie als wirklichen Kosmos von den Griechen empfing, zum bloßen Rohstoffträger und Material ihrer Arbeit erniedrigte. Marx hat dieses Geheimnis in seiner 11. Feuerbachthese ausgeplaudert: »Die Philosophen haben die Welt nur verschieden *interpretiert;* es kömmt darauf an, sie zu *verändern.*«[7]

Die Mythen der Völker drücken das Umfassende des Seins, das Gott selber ist, dadurch aus, daß sie in der lebendigen und plastischen Gestalt des Kosmos und in seinen Elementen Göttergestalten erblicken, in deren Verehrung sie am Reichtum des Seins teilnehmen und der Fülle des Seins entsprechen.

Ob die Inder im Kosmos den Traum und das Spiel Gottes erleben oder für Chinas Denken sich die Wandlungsgesetze, die Wandlungskräfte des Kosmos in den Wandlungen des Menschen und der Gesellschaft wiederholen, immer wird darin eine Ordnung der Welt nachvollzogen, die durch das Wort »kreatürlich« nur zum Teil getroffen ist. Gott selbst ist das Sein, sein letzter und tiefster Grund, so sagen bei aller Verschiedenheit die außerbiblischen Religionen, genauer ausgedrückt, die Religionen außerhalb des Judentums, des Christentums und des Islams. Kosmos und Mensch sind nicht nur Geschöpf, Kreatur, sondern Teil, Spiel und Ausdruck des Gottes, den sie leben als Erscheinen des Seins. Nicht Kreatur ist die Welt, sondern Entfaltung und Teilhabe an der Natur Gottes.

Gott innerhalb oder außerhalb des Kosmos?

Der biblische Schöpfungsbericht erscheint im Vergleich zu den Schöpfungsmythen der Völker, mit denen er zweifelsohne zusammengehört, wie eine unerhörte Amputation, als Amputation des Seins, das allem zuvor ist, als Verschweigung Gottes als Tiefe und Grund des Seins.

Der biblische Gott, so scheint es, platzt in den Anfang des Kosmos hinein. Man darf diese Ausdrucksweise nicht anstößig finden, wenn man sich gleich zu Anfang den äußersten Unterschied in aller Schärfe klarmachen will, den wir für das ganze Gespräch mit den Weltreligionen nicht aus den Augen verlieren dürfen. »Am Anfang schuf Gott Himmel und Erde«, dieser Satz, mit dem die Bibel beginnt, scheint zu bedeuten, daß da ein Gott mit der Tür ins Haus des Kosmos fällt, ohne vorher seine Visitenkarte abzugeben, wer er denn ist und woher er kommt.

Ich möchte das sogleich an einem konkreten Beispiel aufzeigen, das wie kaum ein anderes geeignet ist, diesen grundsätzlichen und äußersten Unterschied gerade anhand der erstaunlichsten Parallelen zu verdeutlichen, die es zum biblischen Schöpfungsbericht aufweist. Das altindische Buch der Gesetze Manus enthält einen Bericht von der Weltentstehung, von dem ich nach der Übersetzung von Karl Friedrich Geldner die Vorstellungen mitteile, die für den Vergleich von Bedeutung sind.[8]

Es heißt dort: 5: Diese (Welt) war ganz Finsternis, etwas Unkenntliches, Unbestimmbares, Verschwommenes, Undeutliches, gleichsam gänzlich in Schlaf versunken. 6: Da trat der selbstgeborene erhabene (Urgeist) hervor, selber unentfaltet diese Welt entfaltend, indem seine (Schöpfer)-kraft sich in die Elemente verwandelte, er, der Finsternisvertreiber. 7: Er, der nur mit dem übersinnlichen Organ (dem Geist) Erfaßbare, Unentfaltete, Ewige, der alle Dinge in sich enthält, der Unvorstellbare, der trat ganz von selbst in die Erscheinung. 8: Willens, die verschiedenartigen Geschöpfe aus seinem Leibe zu erzeugen, dachte er nach und erzeugte zuerst die Wasser, und in diese ließ er seinen Samen fallen. 9: Daraus entstand ein goldenes Ei, das gleich der tausendstrahligen Sonne an Glanz war. In diesem ließ er sich selbst als der Brahma (= Schöpfer) gebären, er, der Urvater der ganzen Welt. 12: Nachdem der Erhabene ein volles Jahr in diesem Ei gewohnt hatte, machte er ganz von selbst durch das Nachdenken seiner Seele das Ei entzwei. 13: Aus diesen beiden Hälften (der Eierschalen) schuf er Himmel und Erde, in der Mitte den Luftraum und die bleibende Behausung der Wasser (den Ozean).

Wenn man die Übereinstimmung dieses altindischen Weltentstehungsberichts mit dem biblischen Schöpfungsbericht erkennen will, muß man sehr genau in diesen hineinsehen. Auch der biblische Schöpfungsbericht (1. Mose 1) setzt ja voraus, daß vor dem Moment, ehe Gott als der Schöpfer hervorbricht, schon etwas da war. Vers 2 nennt diese Vorgegebenheiten: »Die Erde aber war wüst und leer, und Finsternis lag auf der Urflut, und der Geist Gottes schwebte über den Wassern.« Erst Vers 3 tritt Gott als der Schöpfer (»Und Gott sprach...«) in diesen reichlich knapp gezeichneten Urzustand ein. Wenn es von der Erde heißt, daß sie Tohuwabohu (»wüst und leer«) war, dann ist damit das Gestaltlose bezeichnet, von dem auch der altindische Bericht ausgeht. Gemeinsam ist ferner die vollständige Finsternis, die für die Urgegebenheit vorausgesetzt wird. Zur Erde tritt dann noch das Urmeer, so als seien beide gar nicht geschaffen worden, und schließlich der Geist Gottes, der (seit wann?) über der Wasserfläche schwebt. Auffällig ist aber nun, daß dieser Gottesgeist im folgenden Schöpfungsakt keinerlei Rolle spielt. Auch ist durch nichts zu erkennen, welche Aufgabe dieser über den Wassern schwebende Geist eigentlich erfüllt. Ja, da Gott selbst erst mit Vers 3 in den Bericht eintritt, wirkt dieser Geist wie eine von Gott und seinem Schaffen getrennte Größe.

Die Ausleger haben daher in der knappen Darstellung des Urzustandes in Vers 2 auch immer den Rest eines viel umfassenderen Mythos gesehen, den der Verfasser des biblischen Berichts nicht ganz aus seiner Darstellung ausschließen konnte. Einen Hinweis auf diesen umfassenderen Mythos erhalten wir, wenn wir hinzunehmen, daß das hebräische Wort, das in der Regel mit »Schweben« übersetzt wird, auch die Bedeutung »Brüten« besitzt. Also: »Der Geist Gottes brütete über den Wassern«, oder, wenn man beide in dem hebräischen Wort liegenden Bedeutungen zum Ausdruck bringen will: »Der Geist Gottes schwebte brütend über den Wassern.«

Dahinter, so sagen die Forscher, verbirgt sich die ebenso uralte wie weltweit verbreitete Vorstellung vom Weltei, darin einmal der ganze werdende Kosmos, aber auch der werdende Schöpfergott noch unentfaltet eingeschlossen lagen. Man muß aber noch einen Schritt weiter zurückgehen. Dem Brüten geht das Zeugen vorauf. Aus dem Geist gingen die Samen aller künftigen Dinge hervor.

Diese Vorstellung ist zweifelsohne der natürlichen Erfahrung entnommen, daß der zeugende Same von Menschen und Tieren in Feuchte, in Wasser enthalten ist. Man muß hier nur gleich wieder bedenken – und das bleibt ja wohl bedenkenswert gegen unsere Vorurteile –, daß es für die außerbiblischen Religionen, von denen der umfassendere Mythos herstammt, keine wirkliche Trennung zwischen dem Göttlichen und dem Natürlichen gibt. Das Natürliche – oder das, was *wir* das Natürliche nennen – ist für sie ein Sakrament, eine Vergegenwärtigung der geheimnisvollen Teilhabe von allem am göttlichen Sein. Die Zeugung und Schwängerung – dieser den Menschen tief erregende und erhitzende Vorgang – ist für sie ein Teil der Hitze, des Zeugens und Schwängerns, durch welche überhaupt erst das All, der Kosmos, entsteht.

Ein Sakrament ist Pars pro toto, Teil für das Ganze. Was Menschenmann und Menschenfrau, Tiermann und Tierfrau erleben, die Hitze ihrer Leiber, das Zeugen und Empfangen, ist im Teil das Ganze, der Gott, der dadurch wiederholenden Anteil gibt am Anfang des Kosmos. Jedes zeugende Menschenpaar, ja auch jedes zeugende Tierpaar, wiederholt den Anfang des Kosmos im Teil, wird dadurch Zeitgenosse des Anfangs der Welt und des Gottes, der die Welt aus sich erschuf.

Ich habe es für nötig gehalten, auf diese sakramentale Sicht der Wirklichkeit schon hier, also gleich am Anfang, hinzuweisen. Für unser Denken mag darin eine naive, unwissenschaftliche Erklärung der Welt liegen. Aber die wissenschaftlichen Erklärungen der Welt übersehen allzu leicht, daß der Mensch selbst Teil und Exponent der Welt ist, durch den überhaupt erst Welt in den Blick und zur Sprache kommt.

Für den Vergleich der Religionen kommt aber noch etwas anderes hinzu. Die Menschengruppen, die wir meist geringschätzig »Heiden« nennen, sind vielmehr die im ganzheitlichen Sinn frommen Menschen. Das Heilige oder Sakramentale geht ihnen über alles, was schon daraus hervorgeht, daß sie ohne Anmaßung, vielmehr, so scheint es, ganz »natürlich« imstande sind, in ihren Überlieferungen und Kulten nicht nur Menschen, sondern auch Tieren, Pflanzen und Steinen, überhaupt den Elementen unserer Welt, das Beiwort »göttlich« zu geben.

Die Übereinstimmungen, denen wir uns jetzt wieder zuwenden wollen, lassen sich nicht immer auf den ersten Blick erkennen. Das Aufleuchten des Lichts hängt im altindischen Bericht mit der Entstehung des goldenen Eis, des Weltembryos, zusammen, von dem es heißt, daß es »gleich der tausendstrahligen Sonne an Glanz war« (Vers 9). Im biblischen Bericht beginnt die eigentliche Schöpfung mit der Erschaffung des Urlichts, das Gott durch sein Wort aufleuchten läßt (Vers 3) und, wie der Schöpfungsbericht im Folgenden zeigt, als das alles aus dem Ursprung erleuchtende Licht von dem später hervorbrechenden Licht unterschieden wird, das von den Gestirnen als Lichtkörpern ausgeht (Vers 15). Unterschieden heißt auch hier nicht: getrennt. Es ist vielmehr das Licht, das alles von innen her erleuchtet und durchleuchtet, der Glanz von allem und die darin aufscheinende Tiefe und Transparenz der Welt, von denen der Glanz der Gestirne ein Teil ist.

Jüdische und christliche Überlieferung hat das eigentlich

immer gewußt, wenn auch freilich nur allzu oft verleugnet, als Mystik verdächtigt (als sei Mystik ein Schimpfwort), und darum mit dem herrlichen Urlicht, das als Erstes durch Gottes Wort aufstrahlte, besonders in der neueren Zeit nur wenig anzufangen gewußt. Anders die indische Überlieferung. Das Gebet der Gebete in Indiens Religion, der Gayatri-japa oder »Flüstern der heiligen Strophe«, die die Bitte um den Geist Gottes enthält, lautet in H. Zimmers schöner Übersetzung: »Auf das köstliche Licht des Gottes, der die Welt bewegt, sammeln wir unsere Schaukräfte in Andacht, auf daß Er unsere geistigen Schaukräfte beflügele!« (*Rigveda* 3, 62, 10 und anderwärts).[9]

Die Scheidung von Himmel und Erde und die dadurch erreichte Entstehung eines mittleren Luftraums wird im indischen Bericht mit dem Zerbrechen der Eierschale in zwei Hälften durch das Nachdenken Gottes, der als Schöpfer im Innern des Welteis geboren wurde, erklärt. Auch die biblische Schöpfungsgeschichte setzt immerhin voraus, daß Himmel und Erde erst einmal getrennt werden mußten (Vers 4). Dahinter steht die Vorstellung, daß Himmel und Erde ursprünglich ungespalten zusammengelegen haben, daß eine wirkliche Schöpfung erst durch diese Urspaltung in ein Oben und ein Unten möglich wurde.

Vers 13 erwähnt dann noch die Scheidung von Erde und Wasser (Ozean), auf die 1. Mose 1 in Vers 9 eingeht.

Wichtiger aber ist es nun, statt zunächst weiter auf Übereinstimmungen einzugehen, die Aussage im indischen Bericht hervorzuheben, die den deutlichsten Unterschied zur biblischen Überlieferung zu enthalten scheint. Es heißt in Vers 6, daß aus dem Gestaltlosen der selbstgeborene erhabene Urgeist hervortrat. Dieser wird im Folgenden (Vers 9) Brahma (= Schöpfer) und Urvater der Welt genannt. Svayambhuva, »der durch Sich selbst Seiende«, ist der Beiname Gottes in Indiens Religion, insbesondere des als Schöpfer vorgestellten Gottes Brahma. Die indische Idee einer Weltentstehung beginnt also, wie es in einem Vers Goethes heißt, »im Namen dessen, der Sich selbst erschuf, Von Ewigkeit im schaffenden Beruf!«[10]

Aber dieser Gott taucht nun gerade nicht aus dem Nichts hervor, sondern aus dem gestaltlosen, seiner selbst noch unbewußten unentfalteten Sein. Er steht auch nicht als »der ganz Andere« einem Nichts gegenüber, in das hinein er seine Schöpfung stellen wird. Die Welt war eben nicht nur gestaltlos, sondern auch »gleichsam gänzlich in Schlaf versunken« (Vers 5), wodurch das Unbewußte be zeichnet wird. Im Gestaltlos-Unentfalteten ruht als Möglichkeit das Gestalthaft-Entfaltete, im Unbewußten schlummert längst das Bewußte oder, genauer gesagt, der Geist, weil sich mit dem Wort »Geist« die Vorstellung der Tiefe verbindet.

Unser deutsches Wort »Geist« hängt sprachgeschichtlich wohl mit dem altisländischen Wort »Geysir« zusammen, das jene heißen Quellen meint, die in Zeitabständen ihr Wasser aus der Tiefe hochwerfen. Im Sinne dieses Bildes ist der Geist etwas, das die Welt nicht nur an der Oberfläche registriert und von daher Veränderungen plant, sondern eine aus der Tiefe hervorbrechende Macht, die sich selbst und die Welt aus der Tiefe des Seins, aus der sie stammt, zu erfassen und zu gestalten sucht. Im Geist, das ist die Meinung der Inder, bricht die Tiefe des Seins selber auf und ergreift sich darin selbst in ihrem Wesen. Darum ist der Geist das heraufspringende, sich selbst ergreifende, durch sich selbst seiende Wesen und darin zugleich die Tiefe und Energie des Seins selbst, das dadurch erst Selbst wird und sich in seine Fülle, die Welt, entfaltet. Gott wird also nicht vom Sein getrennt, sondern er ist das Sein in seiner letzten und tiefsten Mächtigkeit, die als Geist aus der Tiefe allen Seins auffährt.

Für den Inder ist dieser Zusammenhang von Geist und Tiefe durch das Denken hergestellt, das wir aber, um uns der Vorstellung wirklich zu nähern, am entsprechendsten mit »Meditation« wiedergeben. »Willens, die verschiedenartigen Geschöpfe aus seinem Leib zu erzeugen, dachte er (der Urgeist) nach und erzeugte zuerst die Wasser, und in diese ließ er seinen Samen fallen« (Vers 8). So entsteht nach indischer Auffassung der Zustand, der in der Bibel mit den

Worten beschrieben wird: »Finsternis lag auf der Urflut, und der Geist Gottes schwebte über den Wassern.«

Die Inder würden erläuternd hinzufügen: der Geist des werdenden, sich durch Nachdenken (Meditation) erst ausgebärenden Gottes. »Daraus (aus eben diesem meditierenden Nachdenken) entstand ein goldenes Ei, das gleich der tausendstrahligen Sonne an Glanz war. In diesem ließ er (der Urgeist) sich selbst als der Brahma (= Schöpfer) gebären, er, der Urvater der ganzen Welt« (Vers 9).

Man muß zur Verdeutlichung dieser Aussagen noch Folgendes hinzunehmen. Nachdenken, Meditation, verbindet sich im indischen Denken mit der Vorstellung der Erzeugung von Hitze, leiblicher Hitze, und auch Bruthitze. Das indische Wort dafür heißt Tapas und kann in seinem Bedeutungsumfang kaum durch ein Wort unserer Sprache wiedergegeben werden.

Das indische Wort Tapas, dessen Ursinn die leibliche Hitze meint, wie sie der Mensch insbesondere erfährt, wo er zeugt und empfängt, also als Mann und Frau seine durch Sexualität ermöglichte Einheit ineinander erfährt, bedeutet nach dem Wörterbuch[11] neben der Wärme und Glut auch den Schmerz und die Plage, insonderheit die Selbstpeinigung, die Askese und Buße (niemals aber als Abgeltung einer Schuld), und dabei zugleich die Beschaulichkeit des Weisen. Schmerz und Plage, schon gar Selbstpeinigung, Askese und Buße, besitzen für uns einen eher negativen Stellenwert, und die Beschaulichkeit des Weisen ist für uns weitab von jeder Glut aus dem Kern des Menschen. Ausdrücklich müssen Eifer und Leidenschaft, dem biblischen Gott eigen, auch nach indischer Auffassung hinzugenommen werden.

Tapas hängt mit der Yoga-Praxis zusammen. Yoga ist die Zwingung oder Konzentration aller Weltkräfte in die Einheit des sich konzentrierenden Menschen. Ein solcher ist der Yogin, der Zwinger, der sich auf die universale Lebenskraft konzentriert. Aber damit konzentriert oder erhitzt er sich auf die Grundmacht, aus der der Kosmos selbst aufglüht.

Nur durch innere Glut läßt sich die Welt begreifen, aufschmelzen und verändern. Die Hitze (Tapas) ist daher die eigentliche Schöpferenergie. Auch vom biblischen Gott heißt es, daß er schnaufte und keuchte und nach Luft schnappte wie eine Gebärerin, als er sich anschickte, die Schöpfung in das Neue und Künftige zu wiederholen (Jesaja 42,14). »Der Gott-Schöpfer«, sagt H. Zimmer, »erwärmt sich selbst und bringt so das All hervor: durch innere Glut, indem er die Emanation (das Hervortreten der Welt aus Gott) als seinen Schweiß hervortreten läßt oder indem er das kosmische Ei bebrütet.«[12]

Es ist aber noch ein Weiteres zu beachten. Eben dieser Urgeist, so heißt es Vers 7, wird mit dem übersinnlichen Organ (dem Geist) erfaßt. »Der Geist erforscht alles, auch die Tiefen Gottes«, heißt es immerhin auch im Brief des Apostels Paulus (1. Korinther 2,10). Die Meditation des Urgeistes und Schöpfergottes ist sakramental in jeder Meditation des Menschen wieder zur Stelle, wenn der Mensch sich auf seinen Ursprung konzentriert.

Das haben nach indischer Auffassung die Urdenker, Urseher, Urdichter und Ursänger, die Rishis, längst als Ursprung der Welt sehend, sagend und singend zur Aussprache oder Offenbarung gebracht. Der Veda, also die heilige Überlieferung Indiens, wird auf ein solches Meditieren, also Sinnen, Sehen, Sagen und Singen, zurückgeführt. Der Veda ist nach indischer Auffassung *die* heilige Schrift und Offenbarung, die alle anderen heiligen Schriften, also auch die Bibel, längst in sich enthält. Denken und Offenbarung sind im Indischen vom Ursprung her kein Widerspruch. Im Gegenteil: In der Tiefe der Meditation offenbart sich Gott als das Sein selbst und umgreift dadurch jede besondere Offenbarung an Menschen und Völker.

Wie würde wohl ein Inder urteilen, wenn er den biblischen Schöpfungsbericht von 1. Mose 1 liest? Die Antwort ist verblüffend einfach. Er würde sagen: Es ist das genau die Überlieferung, die wir längst aus den Veden und aus den Schriften kennen, die dem Veda gefolgt sind und ihn auslegen. Der biblische Bericht kürzt, insbesondere in

1. Mose 1,2, ab; er erscheint dadurch unvollständig. Aber das kennen wir zur Genüge aus unserer eigenen Überlieferung. Die Ur-Kunde von der Weltentstehung aus Gott ist so umfassend, daß kein einzelner Bericht sie vollständig überliefern kann. Sie muß vielmehr aus allen Überlieferungen herausgehört werden. Auch wir sagen nicht immer alles auf einmal. Das wäre sogar, wenn wir es wollten, ganz unmöglich.

»Ein Goldembryo (goldenes Dotter)«, so beginnen wir *Rigveda* 10, 121, 1, »bildete sich am Anfang«[13], obgleich wir wissen, daß diesem Goldembryo und Dotter vieles voraufging. »Es atmete windlos, durch eigene Kraft da ein Einziges«[14], singen wir *Rigveda* 10, 129, 2, und wissen doch, daß vorher weder Nichtseiendes noch Seiendes im eigentlichen Sinn existierte (Vers 1), eine Beschreibung, die aber auch ihre Voraussetzungen hat. Die große Kunde, das Wissen oder der Veda der Welt, ist ein Ganzes, wird aber nur stoßweise und stückweise den Menschen mitgeteilt. Die Bibel ist ein Teil der großen Überlieferung, des »Wissens«, das Gott an die Menschheit durch Geistseher, Rishis, offenbarte, weil Gott selbst der ewige Geist ist, durch den er aufspringt. Laßt die Theologen, die auf Unterscheidung sinnen, aus dem Spiel und schaut nur auf die geistige Urkunde, die Bibel, dann werdet ihr finden, daß es keinen Unterschied zwischen Bibel und Veda gibt. Die Bibel ist der euch zuteil gewordene Teil des ewigen Veda oder Wissens, das die Urseher, die Rishis, geschaut haben.

Es ist schwer, darüber eine letzte Entscheidung zu treffen. Je mehr man sich in die Urkunden selbst versenkt, die als solche ja weder eine Theologie oder Philosophie sein wollen, sondern eine Aussprache durch göttliches Einsagen (Inspiration), die ins Schauen und Sprechen trieb, um so schwerer fällt es, eine einseitige Entscheidung zu treffen. Der biblische Bericht von der Schöpfung hat Voraussetzungen hinter sich, die verknappt und überstürzt erscheinen, wenn man an alles denkt, was ihn möglich machte. Die Inder besitzen dafür eine Aufmerksamkeit, die ihnen den Blick dafür nimmt, darin einen Widerspruch zu ihren eigenen Überlieferungen wahrzunehmen. Sie können darin mit Überzeugung nur eine Übereinstimmung mit dem umfassenden Wissen oder Veda wiedererkennen. Das indische Wissen, der Veda, weist für sie auf eine urälteste Welterkenntnis zurück, von der auch die Erkenntnisse der Bibel nur ein Teil sein können. Es ist daher keineswegs zufällig, daß Indiens Denker sich außerstande sehen, in der jüdischen, christlichen und islamischen Gottesoffenbarung etwas anderes wiederzuerkennen als eine Wiederholung der uralten Gotteserkenntnis, die Indien längst besitzt.

Der Nachteil des Theologen

Der Theologie liegt daran, die Freiheit Gottes, die Herrschaft und Herrlichkeit seines aufspringenden, weltschaffenden Willens und darin, wie man es auch ausgedrückt hat, das Gottsein Gottes zur Sprache zu bringen. Aber auch das, wie ließe es sich bestreiten, wurzelt ja in einem Sein.

Der biblische Theologe befindet sich nun dem indischen Denken gegenüber im Nachteil, wenn er an den Schöpfungsbericht der Bibel herantritt. Gerade die Bibelwissenschaft hat ja in 1. Mose 1 die mythologischen Voraussetzungen freigelegt, die dem indischen Denker ganz »natürlich« sind und die er daher selbstverständlich zwischen den Zeilen mitliest und mitschaut. Der biblische Theologe kennt diese Voraussetzungen. Er weiß, daß Vers 2 »eine wahre mythologische Schatzkammer« darstellt.[15] Die Kommentare bringen die nicht nur in Indien, sondern weltweit in den Religionen verbreiteten Vorstellungen bei, die bei der Schaffung des biblischen Berichts im Hintergrund gestanden haben.

Der biblische Theologe tritt aber von vornherein anders an den biblischen Bericht heran. Er leugnet zwar nicht die mythologischen Voraussetzungen, aber er spielt sie herunter. Er spricht dann von mythologischen Resten, die von außerbiblischen Vorlagen noch anklingen oder durchschimmern. Aber diesen Resten und Anklängen komme keine eigentliche Bedeutung mehr zu. Insbesondere sei alles ausgetilgt worden, was irgendwie noch an ein Geborenwerden und Zeugen Gottes erinnern könnte. Es handle sich dabei nicht nur um eine abgekürzte Darstellung, wie man das aus indischer Sicht auffassen kann, sondern um eine bewußte Auslassung durch den biblischen Verfasser.

Es trifft zu, daß die Weltentstehungsberichte der Völker und der Bibel auf so etwas wie einer gemeinsamen Vorlage beruhen, die offenbar uralt ist und in ihrer Grundform vermutlich weit in die ältesten Zeiten des Menschengeschlechts zurückgeht.[16] Aber der biblische Bericht, so wird zu verstehen gegeben, ist nicht einfach eine der vielen Varianten dieser gemeinsamen Vorlage, sondern stellt einen tiefgreifenden Einschnitt in diese gemeinsamen Menschheitsüberlieferungen dar. Der biblische Verfasser schneidet alles weg, auch wenn ihm das nicht immer bis zur vollständigen Unkenntlichmachung gelingt (vgl. Vers 2), was irgend an eine Theogonie, eine Geburt und Entstehung Gottes, und an eine Kosmogonie, ein Gezeugt- und Geborenwerden des Kosmos, und damit an ein gemeinsames Sein von Gott und Welt, an eine Entstehung und Entfaltung der Welt aus der Natur Gottes erinnern könnte. Die Welt ist nicht Ausdruck der Natur Gottes, sondern der Freiheit Gottes.

Die Theologen dürften, was die authentische Auslegung betrifft, im wesentlichen recht haben. Doch kommt es gerade an dieser Stelle sehr darauf an, sich vor einer allzu eindeutigen Abgeschlossenheit des Urteils zu hüten. Man schätzt mit Recht den klaren Standpunkt und eindeutige Urteile, aber nur sofern sie nicht auf dem Vorurteil beruhen. Wer hier vor der Zeit endgültig entscheidet, so oder so, also im Sinne der indischen Denker, die uns für die gesamte außerbiblische Überlieferung einstehen, oder der biblischen Theologen, scheidet. Wer hier vor der Zeit abschließend Stellung nimmt, muß wissen, daß er dann jedes Gespräch der Religionen des biblischen Gottes (Judentum, Christentum, Islam) mit den außerbiblischen Religionen unmöglich macht. Der Unterschied in der Blickstellung, der sich beim Herantreten an die biblische Schöpfungsgeschichte auftut, fällt dann notwendig in einen unüberbrückbaren Gegensatz auseinander, der den Unterschied von Natur Gottes und Freiheit Gottes in zwei Menschheitshemisphären auseinanderreißt, wie ja auch in unserem gefühlsmäßigen Erleben bis heute trotz der »kleiner werdenden Welt« immer noch Morgen- und Abendland auseinanderfallen und nicht recht zueinanderkommen können.

Die Bibel selbst ist verhaltener, als käme es ihr darauf an, die Tiefe nicht zu verlieren, aus der ihre Botschaft und Stimme erst den vollen Resonanzboden empfängt, die Resonanz aus der Tiefe des Seins. Sie spricht 1. Mose 2,4 a, also an der Stelle, an der der Schöpfungsbericht von 1. Mose 1 schließt, von den Toledot, den Zeugungen Himmels und der Erde, und nimmt dieses Wort wieder auf (5,1; 6,9; 10,1; 11,10; 11,27; 25,12; 25,19; 36,1; 37,2). Toledot, Zeugungen, bleibt das Hintergrundswort für »Entstehung«, »Genealogie« und »Geschichte«, wie wir an den betreffenden Stellen zugleich differenzierend und verdeckend übersetzen müssen. Adam (= der Mensch) ist der Sohn Gottes, sagt das Lukasevangelium 3,38; Manu (= der Mensch), der indische Stammvater des Menschengeschlechts, ist der Sohn Brahmas, des Schöpfers, sagt Indiens Überlieferung.

Es sieht so aus, als gehe es hier wie dort um den einen wahren Gott, in dem wir »leben, weben und sind« und dessen »Geschlechts wir sind« (Apostelgeschichte 17,28), als beziehe sich der Unterschied der beiden Menschheitshälften darauf, daß ihr Blick auf diesen Einen Gott in eine unterschiedliche Richtung geht: Teilhaben an der ewigen Gottnatur, die sich in allem regt und entfaltet, und dadurch Einssein mit dem Universum oder Begegnung mit der Freiheit und heiligen Allgewalt Gottes, der die Welt als sein Geschöpf herruft durch sein Wort als Träger seines Willens.

Christliche Theologen haben diesen Unterschied der

Blickstellung zweifelsohne noch verschärft, indem sie mehr oder weniger das Verbot aufrichteten, in die andere Blickrichtung zu schauen. Der »Evangelische Erwachsenenkatechismus« hat die herrschende Auffassung mit allen Ausdrücken der Eindeutigkeit wie folgt wiedergegeben:

»Gottes Schaffen (ist) unvergleichbar. Von einem Material, aus dem Gott die Welt hätte erschaffen können, ist keine Rede. ›Gott hat die Welt aus nichts erschaffen‹ – so formulierte die Theologie später diesen Sachverhalt. Gott hat die Welt durch sein *Wort* geschaffen – das heißt dreierlei:

– Die Welt ist nicht Ausfluß des göttlichen Wesens; Schöpfer und Geschöpf sind streng unterschieden.

– Gottes Wort ist eine schöpferische Macht: ›Wenn er spricht, so geschieht's; wenn er gebietet, so steht's da‹ (Psalm 33,9). Gott will die Welt, und darum ist sie. Durch die ganze Schöpfungsgeschichte von 1. Mose 1–2,4a zieht sich die Überzeugung: Alles Geschehende hat in Gottes gebietendem Wort seinen Ursprung ...

– Durch das Wort wohnt der Welt ein Sinn und eine Ordnung inne. Deshalb ist die Welt nicht stumm, sondern redet zum Menschen und weist auf den Schöpfer hin.«[17]

Es gehört zum Tonfall theologisch-religionsgeschichtlicher Vergleiche, die Überlegenheit dieser Gottesvorstellung hervorzuheben. Statt vieler erwähne ich nur das Urteil Gunkels: »Genesis 1 (1. Mose 1) aber weiß von einem Gott, der nur Einer ist, nicht erzeugt und nicht zeugend, und dem die Welt zu Füßen liegt. Kein größerer Gegensatz demnach als zwischen der bunten, phantastischen Mythologie jener Völker und dem geistesklaren Supernaturalismus von Genesis 1.«[18] – Supernaturalismus bedeutet hier, Gott »geht nicht in die Welt ein ..., sondern er bleibt über ihr, außen, stehen und befiehlt, was werden soll«, wie Gunkel an anderer Stelle deutet.[19]

Es kommt dann aber auch, wenn wir so, wie es die Theologie durchweg noch tut, in den biblischen Bericht hineinschauen, zu jenem »Hineinplatzen Gottes in den Kosmos«, wie wir nicht ohne Absicht »anstößig« formulierten, zu jener Amputation des Seins, zur Verschweigung der Natur

Gottes als Grund und Tiefe der Welt. Wir sprachen auch hier nicht ohne Absicht »anstößig« von der fehlenden »Visitenkarte«. Mit Gottes Freiheit kommen doch nicht nur ein Wille und eine Ordnung, sondern »das Sein selbst« herauf. Nur von dorther gibt es einen »Grund«, vom »Sinn« zu reden, der der Welt einwohnt.

Es ist wichtig, sich an dieser Stelle gleich klarzumachen, daß auch das indische Denken Gott als die aufspringende, schaffende Freiheit kennt. Das kommt darin zum Ausdruck, daß dieses Denken Gott als den durch Sich selbst Seienden (Svayambhuva) erfährt. Die Bibel hat den Akzent, der auf der Freiheit Gottes liegt, sicher unendlich verstärkt. Das ist der Eindruck, dem man sich nicht entziehen kann, wenn man beide Überlieferungen auf sich wirken läßt. Aber es trifft nicht zu, daß die Bibel darum die Seinstiefe der Gottheit selbst leugnet oder diese, weil unbestreitbar, für irrelevant, also für das glaubende Verhältnis des Menschen zu Gott als bedeutungslos oder sogar verboten ausgibt. Wäre das der Fall, dann müßte, wie schon angedeutet, jedes Gespräch mit den außerbiblischen Religionen ebenfalls unter das Urteil der Irrelevanz, ja des Verbotes fallen.

Der Zusammenhang, um den es zunächst gehen soll, umgreift uns alle. Er hat sich längst von der Theologie gelöst und zur geschichtlichen Eigenmacht verselbständigt, weil er in die uns beherrschende Welteinstellung übergegangen ist. Diese uns beherrschende Welteinstellung ist als weltgeschichtliche aus der Wirkungsgeschichte des Christentums hervorgegangen. Auf den bedeutenden Anteil, den Judentum und Islam daran nahmen, muß an dieser Stelle noch nicht eingegangen werden, da die geschichtliche Wirkung auf die Welt, die christliche und außerchristliche, sich aus der Mitte der christlichen Völker entfaltet hat.

Man könnte diese Wirkungsgeschichte abgekürzt so beschreiben, daß an die Stelle des weltfreien Subjekts »Gott«, dem die Welt als sein Objekt zu Füßen liegt, das weltfreie Subjekt »Mensch« getreten ist, dem die Welt als sein Objekt zu Füßen liegt, das er als Material seiner Arbeit ergreift, als bloßen Rohstoff also, den er nach seinem Willen formt und dem er dadurch nachträglich einen Sinn und eine Ordnung anerschafft.

Wir müssen uns heute fragen, wie es dazu überhaupt kommen konnte. Die »Planetisierung der Menschheit«, von der Teilhard spricht, setzt ja doch die Freisetzung der Welt zum Ausbeutungsobjekt, ihre vollständige Entheiligung und Verdinglichung, voraus, eine Welt, die keine älteren Ansprüche gegenüber ihrem neuen Herrscher geltend machen darf. Sie setzt gleichzeitig voraus, daß der Mensch – gegen sich selbst – einen ungehemmten, ausbeutenden Gebrauch von seinen Kräften macht, also seine eigene vollständige Entheiligung und Verdinglichung, so daß er sich über seine geistigen, seelischen und körperlichen Voraussetzungen als ihr Herr erheben kann. Was damit gemeint ist, haben wir dadurch ausgedrückt, daß wir den Menschen als ein nun weltfrei gewordenes Subjekt bezeichneten.

Man darf behaupten, daß im Zuge dieser Wirkungsgeschichte der Denaturierung Gottes die Denaturierung des Menschen und der Welt auf dem Fuß gefolgt sind. Darüber dürfen uns Worte wie »Natur« und »Naturwissenschaft« nicht täuschen, die im modernen Bewußtsein eine bedeutende Rolle spielen. Die »Natur« der modernen Naturwissenschaft hat mit dem, was Natur im Seinssinn ist, nur wenig gemein, wenn man von den Grundlagenforschungen der neueren Physik einmal absieht und berücksichtigt, wie wenig diese noch in das allgemeine Bewußtsein, geschweige in unser Handeln übergegangen sind.

Es ist darum längst fällig, ausdrücklich zwischen Neuzeit und Neuerer Zeit zu unterscheiden.

Wo die Welt zum bloßen Objekt wird, also Ausbeutungsobjekt oder Rohstoffhalde, wird auch der Mensch zum bloßen Subjekt, zu einem Wesen also ohne Fleisch und Blut, d. h. ohne wirkliche Natur und Geschichte. Ehe der Mensch imstande ist, gegen die Welt als Ausbeuter aufzutreten, muß er zuallererst die Entscheidung treffen, gegen sich selbst sein eigener Ausbeuter zu sein. Eine Entscheidung, die er sich freilich, so gut er kann, verheimlicht. Was der Mensch der Welt antut, tut er zuallererst sich selbst an.

DIE RELIGION OHNE NAMEN

Das Scheitern der Religionen gegenüber ihrem universalen Anspruch

Angesichts der ungeheuren Fülle religiöser Offenbarungen und Lehren liegt es nahe, in diesen nur den Ausdruck einer Geschichte zu sehen, in die der einzelne zwangsläufig hineingeboren wird. Diese Auffassung begründet dann unser Festhalten an der eigenen Überlieferung, schließt aber zugleich einen Zweifel an ihrer Universalität in sich ein. Man könnte das eine Resignation nennen, die einem jahrhundertelangen Ausschließlichkeitsdenken gefolgt ist.

Im Grunde genommen sind dann alle Weltreligionen Ausdruck von Kulturkreisen. Man hat in diesem Sinne den Islam der orientalischen, den Hinduismus der indischen, den Buddhismus der fernöstlichen, den Universismus der chinesischen und das Judentum der jüdischen »Mentalität« zugeordnet. Kulturkreise und vermeintliche Mentalitäten werden dann zu unübersteigbaren Grenzen. Dementsprechend hätte das Christentum als der angemessene religiöse Ausdruck des europäisch-nordamerikanischen Kulturkreises und einer sogenannten abendländischen Mentalität zu gelten. Hier widerspricht man sich insofern, als man der Auffassung huldigt, daß sich die übrigen Kulturkreise unserer Mentalität aufschließen, ja ergeben müßten, weil sie nur so Anschluß an die »Entwicklung« bekommen könnten. Nicht zufällig spricht man ja von den Kulturkreisen der »Fremdreligionen« als von »Entwicklungsländern«, denen wir erst den Anschluß an den Stand unserer Entwicklung bringen müßten. Auf Grund unserer »Mentalität« stellt sich vielen dieser geschichtlich so bedeutsame Prozeß als eine reine Einbahnstraße dar.

Bildet das Aufeinandertreffen der Religionen und der durch sie repräsentierten Menschheitsfragmente ein heute dringlich gestelltes Problem, so steht ihm ein anderes zur Seite, dessen Lösung zum Modellfall für die Begegnung der

Christenheit mit den Weltreligionen werden könnte: die ökumenische Begegnung der beiden großen christlichen Konfessionen. Auch die Spaltung der abendländischen Christenheit in Katholiken und Protestanten hat man ja häufig genug aus vorgegebenen Mentalitäten zu verstehen gesucht. Da soll dann der römische Katholizismus etwas mit der romanischen, der Protestantismus mit der germanischen Mentalität zu tun haben, und man will wissen, daß sich aus diesem Grunde die Konfessionsgrenzen in etwa auf die Grenzen romanisierter und germanischer Völker einpendelten. Also auch hier angeblich unübersteigbare Grenzen.

Die Antwort auf die hier aufgeworfenen Fragen wird darin liegen, daß sie aus einer gemeinsamen Tiefe stammen. Wir nennen die Begegnung von Katholiken und Protestanten einen Modellfall für die Begegnung der Christenheit mit den Weltreligionen. War Luther »Protestant«? Hat Luther eine von der übrigen katholischen Christenheit getrennte evangelische Kirche gründen wollen? Die Frage stellen heißt sie verneinen. Die Reformation der katholischen Kirche an Haupt und Gliedern war ein Anliegen, das damals alle katholischen Christen bewegte. »Das Entstehen eines besonderen evangelischen Kirchentums war eine Notlösung; denn das ursprüngliche Ziel der Reformation war die Reform der ganzen Kirche. Daran gemessen bringt die Entstehung besonderer evangelischer und reformierter Kirchen nicht das Gelingen, sondern das Scheitern der Reformation zum Ausdruck«[1], heißt es bei Wolfgang Pannenberg. Er fügt aber sogleich hinzu: »In Verbindung damit ist auch die Ablösung des Freiheitsgedankens von seinen religiösen Wurzeln erfolgt.«[2] Diese ungewollten Folgen der Reformation werden heute immer deutlicher: »Erst im Gefolge der Kirchenspaltung konnte und mußte sich eine von aller religiösen Bindung abgelöste Welt entwickeln, in der die Staatsräson in Verbindung mit wechselnden politischen Ideologien sich verselbständigte und ökonomische Tendenzen zu eigengesetzlichen Mächten wurden. Der gegenseitige Vernichtungskampf der ›Religionsparteien‹ der Reformationszeit machte es unumgänglich, die Grundlagen des menschlichen Zusammenlebens neu zu begründen in der Weise, daß sie unabhängig blieben von den Gegensätzen der konfessionellen Auseinandersetzungen.«[3]

Die protestantisch formulierte Freiheitslehre als Ausdruck der Rechtfertigung des Einzelnen durch den Glauben konnte, wie Pannenberg sagt, »zum Katalysator für die Formulierung der bürgerlichen Freiheiten«[4] werden. Darin liegt ihre bisher mächtigste weltgeschichtliche Wirkung. Sie brachte dadurch eine weltliche Kultur hervor, die im Vertrauen auf die stetige Weiterentwicklung und Beförderung der Menschheit in Richtung auf ein Reich der Freiheit und Mündigkeit gründete. Der bürgerliche Kulturraum konnte so über die Konfessionsgrenzen hinweg aus seinen in der evangelischen Unmittelbarkeit wurzelnden Freiheitsimpulsen zum eigentlichen Lebensraum der Christen werden, zur »unsichtbaren Kirche« aller Freien und Wohlmeinenden, die aus autonomer Gewissenskultur die Beförderung der Menschheit durch eine pflichtmäßige Hingabe an »werte-schaffende« Arbeit in Staat und Industrie auf sich nahmen.

Pannenberg kommt daher mit Blick auf die Errungenschaften wie auf die Defizite der Reformation zu dem Resultat: »Die Aufgabe der Reformationskirchen in der Gegenwart kann daher nicht nur in der Bewahrung des reformatorischen Erbes als Lehrinhalt bestehen, sondern muß sich auf die Erneuerung der Elemente gemeinchristlicher, katholischer Kirchlichkeit in ihrem eigenen gottesdienstlichen Leben und in ihrer Verfassung erstrecken. Denn die christliche Freiheit, die aus dem Vertrauen auf die Zuwendung Gottes zu allen Menschen in Christus lebt, bedarf der Kirche als ihres eigensten Lebensraumes. Sie kann aber nur in der Gemeinschaft mit allen Christen und mit dem apostolischen Ursprung der Kirche ihre kirchliche Heimat finden.«[5]

Um die Kirche als den »eigensten Lebensraum« der christlichen Freiheit zu erfahren und darin den ureigensten Gedanken der Reformationskirchen selbst festzuhalten, bedarf es also der entschiedenen Wendung zur Katholizität der Kirche. »Der Glaube«, kann Pannenberg sagen, »ist nicht ohne die Liebe. Der einzelne Christ kann seiner Gemeinschaft mit Jesus Christus nicht gewiß werden ohne die Gemeinschaft mit allen Christen und ohne die Zuwendung zur Menschheit insgesamt, die für den einzelnen nur als Glied der Gemeinschaft der Christen darstellbar ist. Ebenso wie die reformatorischen Kirchen mit dem Gedanken der christlichen Freiheit ihren besonderen Beitrag für die Gesamtchristenheit zu leisten haben, so haben sie auch den eigentümlichen Beitrag der anderen Überlieferungen und Kirchen in ihr eigenes Leben zu integrieren. Nur so kann die Reformation vollendet werden durch Überwindung der ererbten Spaltung in einer neuen ökumenischen und darum wahrhaft katholischen Kirche aller Christen.«[6]

Nur als Vorausdarstellung einer neuen Menschheit kann die Kirche in die Gesamtmenschheit hineinwirken, fördern und heilen. Sie kann dies nur aus dem ihr »eigensten Lebensraum« heraus tun, den sie dann aber auch bereitstellen muß. Das erfordert, daß sie sich selbst als Societas, als »Gesellschaft« versteht mit den dieser Gesellschaft eigenen Verbindlichkeiten eines »Gesetzes der Freiheit«.

Hatte man bisher die eigenen Bekenntnisse gegen die Bekenntnisse anderer Kirchen ausgelegt und oft auch schon formuliert, so kommt es nun darauf an, ihren ökumenischen Sinn als Teilmoment der Einen heiligen katholischen und apostolischen Kirche zu begreifen, das auf eine Wiedervereinigung der Getrennten und damit zugleich auf eine Erweiterung und Vertiefung katholischer Lehre und katholischer Kirchengemeinschaft zielt. Eine der ausschlaggebenden Voraussetzungen dafür wird es aber sein, daß sich die getrennten Kirchen wieder als das verstehen, was sie aus gemeinsamen Ursprüngen sind: als »Religionsparteien« bzw. »Konzilsparteien«, deren Gespräch um die Wiederherstellung der wahrhaft katholischen Kirche aller Christen nicht zu Ende geführt, sondern abgebrochen worden ist.

Die eigene Überlieferung ist dann aber nicht Schranke,

sondern Voraussetzung sowohl für eine Bewahrung des eigenen Erbes wie für eine Überwindung der durch die Trennung entstandenen Defizite, die Ursprungsverluste signalisieren oder, wie man auch sagen könnte, durch das eigene Erbe das gemeinsame Erbe verdecken. Die Begegnung mit dem Erbe anderer Überlieferungen und Kirchen führt über die Entdeckung eigener Ursprungstiefe von verschiedenen Standorten aus zur Wiedergewinnung umfassender Ganzheit und so erst zu einer wirklichen Einheit von Evangelizität und Katholizität der wahren Kirche. Dieser Weg zur noch ausstehenden Einheit und Ganzheit kann nur im Lebensraum der Kirchen gelebt und verwirklicht werden, die sich aber nun in einer Gemeinschaft der Kirchen und einer Teilhabe der Kirchen aneinander wechselseitig fördern und entwickeln.

Mit Recht versteht sich die ökumenische Bewegung nicht als »Superkirche«, sondern als Bewegung, deren Weg nach vorwärts nicht so sehr in Richtung auf eine vorerstellte Organisation, sondern nach innen, in die Tiefe geht, in die Freisetzung der Ursprünge also, die immer eine Bewußtseinserweiterung nach vorne hin mit sich bringt. Daß mit dieser Bewußtseinserweiterung eine ihr entsprechende Organisationsform einhergehen muß, um den »eigensten Lebensraum« bereitzustellen, versteht sich nach dem oben Gesagten von selbst.

Wir haben die Begegnung von Katholiken und Protestanten einen Modellfall für die Begegnung der Christenheit mit den Weltreligionen genannt. War Jesus »Christ«? Hat Jesus eine vom übrigen Israel getrennte Messias-Gemeinde oder Christus-Kirche gründen wollen? Die Frage stellen heißt sie verneinen. Jesus hat den Anbruch des Reiches Gottes verkündet. Er hat den Anbruch des Reiches zuallererst Israel angesagt, Israel in ein neues, seine Geschichte erfüllendes Leben in der Nähe des Reiches hineingerufen und über Israel die Völker. Die Herrschaft Gottes oder das Reich war ein Anliegen, das damals alle jüdischen Menschen erfüllte, die aus den Verheißungen der Schrift und den Überlieferungen der Väter eine Erneuerung Israels als

Licht für die Völker erhofften. Im Anschluß an die Formulierungen Pannenbergs muß man daher auch hier sagen: Das Entstehen eines besonderen, schließlich von Israel getrennten Christentums war eine Notlösung; denn das ursprüngliche Ziel Jesu und der Urkirche war die Erneuerung von ganz Israel und der Menschheit im ganzen aus der Botschaft und Macht des Reiches Gottes. Daran gemessen bringt das Entstehen besonderer christlicher Kirchen gegenüber Israel und der übrigen Menschheit nicht das Gelingen, sondern das Scheitern des Christentums zum Ausdruck.

Man wird daher – wie Luther nicht nur für die Sache des Protestantismus – so auch Jesus nicht nur für die Sache des Christentums in Anspruch nehmen dürfen. Die Auffassungen von Judentum und Islam, daß Jesus zu ihnen gehöre, sogar die hinduistische Deutung Jesu als Menschwerdung (Avatara) Vishnus gewinnen von dorther mehr an Berechtigung, als wir in der Regel zuzugeben bereit sind, auch wenn damit nichts Abschließendes gesagt sein kann. Man sollte sich bewußt bleiben, daß man sich von solchen Auffassungen nur graduell unterscheidet, wenn »die Christologie ... der Lehre von der Kirche integriert« wird (Ernst Käsemann).[7]

»Gescheitert« sind, wenn wir Pannenbergs ökumenisches Bewertungsmodell auch hier anwenden, alle »Weltreligionen«. In allen Weltreligionen bleibt die Spannung zwischen ihrem universalistischen Ansatz, der sie erst eigentlich zur Weltreligion macht, und ihrer kulturkreisgebundenen oder sogar völkischen Verschalung mit Einschluß gesellschaftlicher Grundstrukturen, die sie durch ihre Geschichte hin wohl variieren, aber nicht durchstoßen haben. Die Weltreligion als Ausdruck eines Menschheitsfragments ist ein Widerspruch in sich selbst und stößt sich an ihren ureigensten Ursprüngen. Es liegt in den Weltreligionen selbst etwas, das die mehr oder minder geschlossenen religiösen, gesellschaftlichen oder auch nur nationalen Systeme, die sie hervorbrachten, von ihren Ursprüngen her überschreitet.

Wir greifen den Einzelausführungen vor, indem wir zur

Verdeutlichung schon hier die universalistischen Ziele der Religionen nennen. Diese werden in den folgenden Kapiteln ausgefüllt. In der Freisetzung der Ursprünge selbst scheinen die Ziele auf.

Der Bund Gottes mit Israel zielt auf den Bund mit der Menschheit; die Botschaft Jesu zielt auf das Reich Gottes; die Prophetie Muhammads zielt auf die Umma, die wahre Gemeinschaft der Einzelnen und der Stämme und Völker; die aus den Visionen der Urseher (Rishis) hervorgehende und sich entfaltende Lehre Indiens zielt auf die Verwirklichung von Gott, Mensch und All im und durch den ewigen Menschen (Purusha); die Intuition Buddhas will Fährboot sein, nicht Selbstzweck für die Heilung aller Gespaltenheit und Illusionsbefangenheit parteiischen Menschentums; die Weisheitslehrer Chinas vermitteln den Gleichgewichtssinn in allen Wandlungen des Universums, dessen ewige Bahn den Kosmos, die Gesellschaft, die Geschichte und die Biographie des Einzelnen durchläuft. Alle Weltreligionen zielen auf Welt, auf Universum (in unum versum = in eins gewendet). Judentum, Christentum, Hinduismus, Buddhismus und chinesischer Universismus können daher aus dem Ursprung ihrer gründenden Ereignisse und Offenbarungen als geschlossene Systeme kein letztes Wort sein.

Was wir für das ökumenische Gespräch der christlichen Kirchen bereits sagten, gilt auch hier. Der Dialog der Weltreligionen kann nur dann zu einer befreienden Wirkung für alle an ihm beteiligten Partner werden, wenn die geschlossenen Systeme und kulturkreisbedingten Verschalungen in Richtung auf die Ursprünge durchstoßen werden. Das Christentum kann dann um so unbefangener und aufrichtiger in diesen Dialog eintreten, je mehr es sich selbst seine Verschalungen in Lehre (Dogma) und geschichtlicher Ausformung eingesteht. Mit Recht sagt doch wohl Ernst Käsemann: »Jesus in seiner Wirklichkeit und Freiheit ist seiner Christenheit immer voraus und fast stets so gegenüber, daß sie vom Sein in Christus unendlich viel vorsichtiger sprechen sollte.«[8]

Der Vorwurf des Synkretismus

Alle Furcht vor dem Synkretismus beruht letztlich darauf, daß man das Schutzgehege der eigenen Verschalung nicht durchbrechen will, daß man die Sicherheit, die solche Schutzzäune und Schutzräume gewähren, der Gewißheit vorzieht, die aus der Begegnung mit den Ursprüngen erwächst.

Es muß doch nachdenklich stimmen, daß heute in der Christenheit trotz der Ökumene und trotz aller kritischen Erforschung der Ursprünge unserer Religion die Rede von den Gefahren (nicht nur im Blick auf das Gespräch mit den Weltreligionen) häufiger und wirkungsvoller ergeht als die befreiende Stimme der Hoffnung, die Zukunft eröffnet, weil sie aus den Ursprüngen aufklingt. Wo man auf die Ursprünge zurückgeht, entsteht nicht Synkretismus, sondern die Voraussetzung für eine Integration des scheinbar Fremden und Anderen in das eigene Leben. Es wird sich dann zeigen, daß die Ansatzpunkte für eine solche Integration in den eigenen Ursprüngen längst bereitliegen.

Der so verstandene Dialog befreit die Weltreligionen wechselseitig von den tiefen, sonst undurchschauten Schatten, die ihre eigenen geschichtlichen Ausformungen auf die größeren Möglichkeiten ihrer Ursprünge und damit auf den größeren Gott geworfen haben. Er befreit damit zugleich von einem gefährlichen Konkurrenzdenken, das mit formaler Toleranz durchaus einhergehen kann und das darum so gefährlich ist, weil es die Ergänzungs- und Verstärkungskräfte nicht sehen will, die aus den Errungenschaften anderer Religionen zuströmen können – aus Furcht vor den Gefahren des Synkretismus und des Identitätsverlustes. Aus Konkurrenz sollte endlich das werden, was das Wort eben auch bedeutet: concurrere = zusammenlaufen, -eilen, -strömen, von allen Seiten herbeieilen, also: Concursus = Zusammenwirken, Mitwirkung, Mithilfe.

Aber worin soll denn nun eigentlich die Konkurrenz bestehen, die uns dauernd im Nacken sitzt? Wenn man wirklich auf die Ursprünge zurückgeht, dann stellt sich vielmehr eines mit völliger Deutlichkeit heraus: Es ist keine Konkurrenz! Jeder der großen Stifter der Weltreligionen würde auf die Frage: »Bist du der Christus?« mit einem klaren Nein antworten. Sind nicht vielmehr wir es, die diesen Gesandten Gottes die Fratze des Konkurrenten aufgeprägt haben, weil wir aus mißverstandenem Exklusivitätsdenken unsere Verschalungen des Weges, der Wahrheit und des Lebens mit dem Weg, der Wahrheit und dem Leben in eins setzen, also mit Jesus selbst? Ist die Fratze, die wir den andern machen, wirklich Jesus selbst, den wir uns doch in Wahrheit überall aus dem Blick schaffen, wo er stört?

Jesus stört! Ist das eine der Christenheit so unbekannte Erfahrung? Das bedeutet aber auch, daß Jesus bleibt. Die Kirche vergreift sich an Jesus, wenn sie Jesus auf die christliche Kirche einschränkt. Christus ist seiner Kirche immer schon voraus und steht mit dem anfänglichen Anliegen einer jeden Religion in einem tieferen Bündnis, als wir uns das von unseren Christentümern her einzugestehen wagen. Keines dieser ursprünglichen Anliegen darf verlorengehen, die die Weltreligionen aus ihren unterschiedlich akzentuierten Hingaben an diese Ursprünge nicht nur für sich, sondern für die Menschheit im ganzen, also die noch werdende Menschheit gewonnen haben.

Die Weltreligionen können aneinander teilnehmen im Sinne einer wechselseitigen Entschränkung ihrer Verschalungen, im Sinne einer wechselseitigen Verstärkung und Erweiterung der in ihren Ursprüngen angelegten größeren Möglichkeiten. Das wird nicht zu einer »Superreligion« führen, wie ja auch die ökumenische Bewegung nicht zu einer »Superkirche« führt, auch nicht zu einer neuen »Weltreligion«, sondern zu einer Teilnahme und Teilhabe der Religionen aneinander, einer Religio sine nomine, wie es Ulrich Mann einmal ausgedrückt hat[9], zu einer »Religion ohne Namen«, was ja nichts anderes meint als ein Einheitsbewußtsein aus der Tiefe der Ursprünge, aus Gott, der in Richtung einer multiformen Einheit des

Menschengeschlechts durch alle Wege hindurch die getrennte Menschheit zusammenführt. Das Wort von der nachchristlichen Zeit gewinnt so einen viel tieferen Sinn, als es uns aus den Ängsten des Geschichts- und Wirklichkeitsverlustes unserer Christentümer und christlichen Zeiten zuerst erscheinen mag. Ein Christentum oder eine christliche Zeit, denen Jesus nicht auch der Nach-Christ ist, der also, der nach dem christlichen Zeitalter und seinen geschichtlich gewirkten Säkularisierungen kommt, sind sicher ein Christentum, dessen Zeit abgelaufen ist. Ist, wie man heute wohl schon sagen muß, Ungehorsam gegen Christus.

Die wahre katholische Kirche wird als der »eigenste Lebensraum« des Dialogs nicht mehr die »Mauerkirche« sein dürfen, die Christus zum edelsten Gefangenen ihrer ja nicht nur römischen Vatikane macht. Nur wenn die Kirche Jesus entschlossen als den Nach-Christen verkündet, als den also, der nach der christlichen Zeit kommt, kann sie wahrhaft katholische Kirche und als solche eine Vorausdarstellung der Zukunft der Menschheit sein. Sie wird dann auch jenen Schatten aufheben, den die christliche Zeit und ihre Säkularisierungen auf die außerchristliche Welt, ja auf die Welt selbst geworfen haben. Die Tiefe Gottes wird dann aus allen Menschheitsfragmenten zudringen, die Trennungen werden sich zur wahrhaften und wirklichen »Planetisierung der Menschheit« (Teilhard de Chardin) wenden können.

Jesus bleibt! Es kommt darauf an, daß der Name Jesu in allen Religionen und Überlieferungen ausgerufen wird. Nachfolge Jesu ist aus den Ursprüngen in allen Religionen möglich, ja wird das noch ausstehende Erlebnis in allen Weltreligionen, das Christentum eingeschlossen, sein. Denn nur alle Religionen zusammen sind in Richtung auf Gott oder den ganzen Menschen, der das Wachsen Gottes wachsen soll (Kolosserbrief 2,19) und der uns in Christus als mutiger, offener Entwurf des ganzen kommenden Menschen und der ganzen kommenden Welt begegnet. Nicht Christentum heißt Jesu begonnene Zukunft, sondern Reich

Gottes, Reich des Menschensohns. »Dann aber wird auch der Sohn selbst sich dem unterwerfen, der ihm alles unterworfen hat, damit Gott alles in allem sei« (1. Korintherbrief 15,28).

Die Frage nach der Einzigartigkeit Christi

Man darf sicher sein, daß in diesem Fall sofort die Frage nach der Einzigartigkeit Christi gestellt wird. »Hat Jesus nicht gesagt: ›Ich bin der Weg und die Wahrheit und das Leben, niemand kommt zum Vater denn durch mich‹ (Johannes 14,6)?« »Steht nicht in der Bibel: ›Es ist in keinem andern Heil, ist auch kein anderer Name unter dem Himmel den Menschen gegeben, darin wir sollen selig werden‹, als der Name Jesus (Apostelgeschichte 4,12)?« Es gibt also nur einen Weg, nur ein Heil, nur eine Wahrheit von Gott: Jesus.

Für viele Christen entsteht hier ein unüberbrückbares Entweder-Oder. Man kann sich nur für oder gegen Christus entscheiden. Jede Entscheidung, die nicht für Christus fällt, ist automatisch eine Entscheidung gegen Christus. »Wer nicht mit mir ist, der ist wider mich, und wer nicht mit mir sammelt, der zerstreut« (Matthäus 12,30). Dieses Entweder-Oder-Denken wird oft als entschiedener und starker Glaube angesehen, als die einzig mögliche Antwort auf das unverfälschte Christuszeugnis. Das andere Jesuswort findet dann freilich kaum noch Beachtung: »Wer nicht wider uns ist, der ist für uns« (Markus 9,40).

Wenn das Entweder-Oder-Denken recht haben sollte, dann müssen alle anderen Wege Irrwege, alle anderen Lehren Irrlehren, alle anderen Botschaften Lügen, alle anderen Religionen Götzendienst, alle anderen Gesandten Gottes Abgesandte des Abgottes, ja des Teufels sein. Wo dieses Denken vorherrscht, wird man mit keiner Bereitschaft rechnen dürfen, die heiligen Schriften und Lehren anderer Religionen kennenzulernen, höchstens, um sie zu widerlegen und die Gemeinde vor der Verführung, die von ihnen ausgeht, zu warnen, wobei das Ergebnis von vornherein feststeht.

Ich muß nicht ausdrücklich unterstreichen, daß diese starre Konsequenz heute längst nicht mehr von allen Christen gezogen wird, eher von einer Minderheit.

Jesus nennt in der Bergpredigt als »Summe« seiner Lehre und der ganzen biblischen Überlieferung die »Goldene Regel«: »Alles nun, was ihr wollt, daß es euch die Menschen tun, das sollt auch ihr ihnen tun; denn darin besteht das Gesetz und die Propheten« (Matthäus 7,12). An anderer Stelle fügt er noch hinzu: »›Du sollst den Herrn, deinen Gott, lieben mit deinem ganzen Herzen und mit deiner ganzen Seele und mit deinem ganzen Denken.‹ Dies ist das größte und erste Gebot. Das zweite ist ihm gleich: ›Du sollst deinen Nächsten lieben wie dich selbst.‹ An diesen zwei Geboten hängt das ganze Gesetz und die Propheten.« Wie steht es mit der »Summe« der Lehre Christi in den Religionen?

Es gibt keinen frommen Juden, Moslem, Hindu, Buddhisten oder Konfuzianer, der nicht Jesus verehrt, sofern er überhaupt etwas von Jesus erfahren hat. Die Bergpredigt oder die Gleichnisse Jesu werden nicht nur in der Christenheit gehört und weitergesagt. Sie werden von Nicht-Christen als in Übereinstimmung mit der »Summe« ihres eigenen Glaubens angesehen und – gelebt.

Der Hindu Gandhi hat beispielsweise mit der religiösen Botschaft der Bergpredigt in einem Maße Ernst gemacht, wie das für die Christenheit unerhört ist. Er hat sie religiös, ethisch und – politisch zu verwirklichen gesucht und ist als Märtyrer im Geist der Bergpredigt gestorben. Das offizielle Christentum stellt hingegen den systematischen Versuch dar, die ethische und politische Bedeutung der Bergpredigt zu entschärfen. »Die Welt kann nicht nach dem Evangelium (= Bergpredigt) regiert werden« (Luther). »Ich kann die Einschränkungen nicht gutheißen, die der Bergpredigt gegenüber geltend gemacht werden« (Gandhi). Die von Jesus verkündete Bruderliebe zu allen Menschen hat das Aufkommen von Religionshaß und Rassendiskriminierung im Herrschaftsbereich der Christenheit bis heute noch nicht überwunden. Rassismus ist im Islam eine innere Unmöglichkeit. Wer ist da der »Christ«?

Aber war Jesus ein »Christ«? Ist die »Summe« seiner Lehre eine »christliche«? Rudolf Bultmann urteilt in seinem Buch *Das Urchristentum:* »In den Rahmen der jüdischen Religion gehört auch die Verkündigung Jesu. Jesus war kein ›Christ‹, sondern ein Jude, und seine Predigt bewegt sich im Anschauungskreis und in der Begriffswelt des Judentums.«[10] Wenn Bultmann damit recht haben sollte – es spricht alles dafür –, dann sind wir gewissermaßen »Juden«, wenn wir in die Nachfolge der »Summe« seiner Lehre eintreten. Wo ist da der »Christ«?

Schauen wir aber nun in den zweiten Artikel des sogenannten apostolischen Glaubensbekenntnisses, der von Jesus Christus handelt, dann hören wir dort kein einziges Wort von der Verkündigung Jesu, als ginge diese den eigentlichen Glauben der Kirche nichts an. Dem Satz: »Geboren von der Jungfrau Maria« folgt unmittelbar der andere: »Gelitten unter Pontius Pilatus, gekreuzigt, gestorben und begraben.« Gehört es zum Wesen des Christentums, die Verkündigung Jesu nicht zum Substantiellen des Glaubens zu rechnen? Nimmt das Christentum gegenüber der jüdischen Lehre Jesu einen höheren Standpunkt ein? Was besagt es, wenn sich nun gerade die nichtchristlichen Religionen in der »Summe« ihrer eigenen Lehre als in Übereinstimmung mit der »Summe« der Lehre Christi verstehen, die der zweite christliche Glaubensartikel überspringt? Der Koran bringt diese Übereinstimmung dadurch zum Ausdruck, daß er sagt, Jesus habe den Islam, das heißt die völlige Hingabe an Gott, verkündet in Verbindung mit der Barmherzigkeit gegen alle Menschen.

Es wird immer erstaunlich bleiben, daß erst im Übergang auf unser Jahrhundert, insbesondere durch die Arbeiten von Johannes Weiß und Albert Schweitzer, die Zentralbotschaft Jesu vom Reiche Gottes aus den kirchlichen Verschalungen befreit und buchstäblich wiederentdeckt worden ist. Wir denken seither, wenn wir von Jesus reden, nicht sogleich an die Zuordnung Jesus – Kirche, Jesus – Christentum, sondern an die ältere und ursprungstiefere Zuordnung Jesus – Reich Gottes. Wir fangen an zu begreifen, daß es auf dem Weg des Christentums ins Abendland nicht nur Fortschritte, sondern auch Defizite, Verluste gegeben hat, die gerade das Substantielle, das Wesentliche betreffen: die Reichspredigt Jesu.

Man mag es vielleicht noch begreiflich finden, daß es eine Übereinstimmung in der »Summe« zwischen Jesus, jüdischer und islamischer Überlieferung gibt. Hier besteht ein gemeinsamer religionsgeschichtlicher Zusammenhang. Sollte es aber purer Zufall sein, daß auch dort, wo ein solcher religionsgeschichtlicher Zusammenhang nicht vorliegt, eine Übereinstimmung mit der »Summe« der Lehre Jesu erkennbar ist? Konfuzius hat mit Sicherheit nichts von der jüdischen Lehre und von der Botschaft der großen Propheten Israels gehört, deren Zeitgenosse er war. Aber auch die Menschen, die Jesus in seinen Gleichnissen anführt, werden in der Regel nicht ausdrücklich als Juden vorgestellt, schon gar nicht als Christen, sondern als Menschen schlechthin, als Menschen, die ein Herz haben, das zwar zwiespältig (»arg«) ist, aber doch offen bleibt für die Güte, durch die die Güte Gottes aufstrahlt. »Welcher ist unter euch Menschen (Menschen!), so ihn sein Sohn bittet ums Brot, der ihm einen Stein bietet? Oder so er ihn bittet um einen Fisch, der ihm eine Schlange biete? So denn ihr, die ihr arg (zwiespältig) seid, könnt dennoch euren Kindern gute Gaben geben, wieviel mehr … euer Vater im Himmel« (Matthäus 7,9–11). Im Anschluß daran wird die »Summe« oder »Goldene Regel« genannt, die auch Konfuzius immer wieder einprägte.

Gott ist also für den Gleichniszähler und Weisheitslehrer Jesus eingezeichnet in die Alltäglichkeit unseres Menschendaseins. Gott wird überall erfahren, wo in der Alltäglichkeit die Herzenstiefe durchschlägt in den Beziehungen zwischen Mensch und Mensch, Mensch und Welt, Mensch und aller Kreatur. Die Botschaft Jesu zielt auf das Menschenherz schlechthin und so auf Gott: »Darum sollt ihr vollkommen sein, gleichwie euer Vater im Himmel vollkommen ist« (Matthäus 5,48). Das ist nach Jesu Wirklichkeitserfahrung möglich, weil die umfassende Güte Gottes, diesseits aller besonderen Religionen, eingezeichnet ist in die lebendige Wahrheit, die die Alltäglichkeit veröffentlicht. »Er läßt seine Sonne aufgehen über die Bösen und über die Guten und läßt regnen über Gerechte und Ungerechte« (Matthäus 5,45). Der Himmel, der über allen Menschen ist, und der Reflex des Himmels im unverstellten Menschenherzen verkünden nach Jesus die Lauterkeit des Himmels, die umspannende Vortrefflichkeit Gottes gegen alle Menschen, denen er sich im Reflex ihrer Herzen offenbart. Das »Zwiespältige« hat sich nach Jesus überall offenbart, aber gerade auch das »Eine«. Gott hat, wie der Himmel über den Menschen ausgespannt bleibt, die Menschheit nie verlassen. Überall in der Welt waren Menschen, die der Bahn des Himmels folgten und die aus Herzenskraft die »Summe« aller Lehre gelebt haben.

Wenn Bultmann Jesus einen »Juden« nennt, dann muß man zugleich hinzufügen, daß Jesus aus der Substanz seines Judentums in die Tiefe der Menschlichkeit als Summe des Gesetzes und der Propheten durchgestoßen ist. Die Summe des Gesetzes und der Propheten liegt in der Tiefe allem Menschendasein zugrunde. Die religionswissenschaftliche Betrachtung der Weltreligionen zeigt, daß Jesus die Wahrheit gesagt hat und diese Wahrheit in Richtung auf die »Summe« zu allen Religionen hin verstärkt. Nachfolger der »Summe« der Lehre Jesu können offenbar Menschen aller religiösen Dienste sein, ohne ihre religiöse Identität aufzugeben. Es besteht heute wohl nicht zufällig ein lebendiges, weltweites Fragen nach Jesus bei Christen und Nichtchristen, dem ein vergleichbares Fragen nach der Kirche nicht entspricht. Eher besteht die Frage, inwieweit denn die Kirchen eine wirkliche Nachfolge der Lehre Jesu leben.

Haben wir noch ein Recht, das johanneische Jesuswort:

»Ich bin der Weg und die Wahrheit und das Leben, niemand kommt zum Vater denn durch mich«, weiterhin exklusiv, also übereinstimmend mit unserem dogmatischen Christusbild, auszulegen und nicht inklusiv, also als Ausdruck der Tiefe und »Summe« der Gottesoffenbarungen in allen Religionen? Sind denn der Weg, die Wahrheit und das Leben Jesu ungebrochen identisch mit dem Weg, den Lehrsätzen und den Lebenseinstellungen der offiziellen Christentümer? Dürfen wir so selbstsicher über den blinden Fleck hinwegsehen, für den schon unser ältestes kirchliches Glaubensbekenntnis, das sogenannte apostolische, Zeugnis ablegt? Stehen wir heute nicht vielmehr wieder ganz neu vor dem »Vor-Christen« Jesus, der offenbar auch für uns der »Nach-Christ« ist, wenn wir *nach* ihm leben im Sinne der »Summe«, die auf das Reich Gottes geht? Jesus als der Vor-Christ und Nach-Christ, das könnte die Erfahrung sein, die der Christenheit noch bevorsteht.

Viele Theologen, die von »der« Religion sprechen, verraten eine höchst mangelhafte, oberflächliche Kenntnis der Weltreligionen. Das ist keine Übertreibung. Man stößt, selbst bei bedeutenden Theologen, auf Schritt und Tritt auf nicht nur schiefe, sondern auf schlicht falsche Urteile, die auf der Unkenntnis und dem Vorurteil beruhen. Das Vorurteil scheint darin begründet zu sein, daß man von den nichtchristlichen Religionen von vornherein keinen Zuwachs an wirklicher Gotteserkenntnis erwartet. Man hat in der zurückliegenden Zeit dickleibige christliche Dogmatiken schreiben können, ohne auf die wirklichen Religionen einzugehen. Man überließ die Weltreligionen stillschweigend der Religionswissenschaft und den Missionswissenschaften.

Hinter der Vermutung, daß uns aus den Weltreligionen doch eine Erweiterung der Gotteserkenntnis zuwachsen könnte, erhebt sich als eine wiederum typische Reaktion die erwähnte Angst vor dem Synkretismus, der Religionsmengerei, wie man übersetzt.

Aber muß denn aus einem lernbereiten Hinhören auf die Botschaft anderer Religionen ein Synkretismus entstehen, der mit dem Identitätsverlust unserer eigenen Überlieferung einhergeht? Wo ein wirkliches Gespräch stattfindet, entsteht Wandlung. Nur was sich wandeln kann, bleibt letztlich mit sich identisch. So wie ein Mensch, der Begegnungen standhält, zu seiner größeren Tiefe, zu seinen noch ungehobenen Möglichkeiten herausgerufen wird, so dürfte auch unserem Glauben aus der Begegnung, aus dem wirklichen Dialog mit den Weltreligionen ein noch unvorhersehbares Wachstum aus ungehobener Tiefe, die in Christus gründet, bevorstehen.

IM UMKREIS DES JUDENTUMS

Symbol und Gottesname

Wir müssen, um das Judentum wirklich als eine eigene Weltreligion unbefangen zu erfassen, den Versuch machen, die Bindungen unserer eigenen christlichen Religion an das Alte Testament und die nachbiblische jüdische Frömmigkeit, soweit uns das überhaupt möglich ist, zu vergessen.

Wir lesen das Alte Testament oft unbewußt christlich.

Wir legen den Nachdruck auf bestimmte Teile des Alten Testaments und legen es dabei übereilt als Weissagung auf Jesus aus.

Wenn wir Jesus den Christus nennen, dann deuten wir die jüdische Messiaserwartung (Christus = Messias) in einem bestimmten Sinn.

Oft hat die Kirche die katholische, nicht urchristliche Lehre von der Dreieinigkeit Gottes in das Alte Testament hineingelesen.

Wir neigen zu fixierten Bewertungen des Judentums als Gesetzesreligion. Jüdischer Glaube wird dann als starr hingestellt, ja als erstorbene Religion, die eigentlich nicht mehr sein sollte, als lebender Leichnam.

Das neutestamentliche Bild von den Pharisäern und Gesetzeslehrern stellt diese als Vertreter böswilliger Heuchelei, der Verstockung und Gottesfeindschaft hin.

Man spricht vom Joch des Gesetzes, das die jüdische Religion ihren Bekennern aufbürdet. Wir bezeichnen ganze Partien des Alten Testaments als unterchristlich, z. B. die Rachepsalmen.

Wir nehmen darüber meist nicht zur Kenntnis, daß die jüdische Religion sich weiterentwickelt hat. Sie ist nicht nur die Religion des Alten Testaments. So wie im Christentum das Neue Testament zum Alten Testament hinzukommt, hat auch das Judentum zwei Urkunden: Altes Testament und Talmud. Die tiefe Weisheit des Talmud ist bisher nur wenig in unser religiöses Bewußtsein eingedrungen.

Wir müssen daher, wenn wir wirklich das Gespräch suchen, das Judentum mit möglichst großer Unbefangenheit für uns neu entdecken. Es könnte dabei auch sein, daß es einen tieferen Sinn hat, der sich vielleicht erst unserer Zeit erschließt, daß die Judenheit aufs ganze gesehen nicht christlich geworden ist. Es stellt das ein tiefwirkendes Trauma der Christenheit dar, wie es für den Islam zum Trauma wurde, daß Juden und Christen Muhammad nicht anerkannten. Ebenso darf niemals übersehen werden, daß Israel unendliches Leid aus dem christlichen und islamischen Trauma zugefügt worden ist. Es ist für einen Juden menschenunmöglich, beim Zeichen des Kreuzes nicht an Verfolgung und Judenmord zu denken. Einer im christlichen Raum heute deutlich werdenden Öffnung für die religiöse Mission des Judentums entspricht andererseits ein lebendiges jüdisches Eingehen auf die gemeinsamen Wurzeln, insbesondere im jüdischen Jesusbild.

Juden sprechen selbstverständlich nicht vom Alten Testament. Sie sagen dafür »die Schrift« oder genauer: Tenak (Abkürzung aus Tora, Nebiim, Ketubim = Gesetz, Propheten, Schriften). Das bedeutet zugleich eine etwas andere Anordnung der Bücher, als wir sie in unseren Bibelausgaben kennen. In der Gliederung liegt Gefälle. Sie bringt den Vorrang der Tora (= 5 Bücher Mose) zum Ausdruck. Der ältere Teil, die Tora, ist gewissermaßen kanonisch (maßstäblich, richtungsweisend) für die übrigen Bücher (Propheten und Schriften).

Die Worte Altes Testament wie auch Neues Testament beruhen auf einer Fehlübersetzung. Richtig wäre für die beiden »Testamente« die Übersetzung »Alter« und »Neuer Bund« gewesen.

Im Zentrum der Tora steht der Bund (die Berit). Nur durch eine Entfaltung des Bundesgedankens lassen sich Bedeutung und Wesen der jüdischen Religion für Israel und die Menschheit verstehen und würdigen. Man wird daher nicht von einer Gesetzesreligion, sondern von einer Bundesreligion sprechen müssen. Zum Bund gehören der Bundesschluß Gottes mit seinem Volk (Mose, Sinai), das

Bundesvolk (Israel), das Bundesgesetz (Tora), die Bundesgeschichte (insbesondere der Auszug aus Ägypten, der in der Passafeier erinnert wird) und die Bundeszeichen (wie Beschneidung, Sabbat und die Unterscheidungen von Rein und Unrein).

Wie alle Weltreligionen besitzt das Judentum ein Hauptsymbol als Sinnbild für das Ganze seiner religiösen Aussage: das Hexagramm oder den Davidstern. In der uralten Bileam-Weissagung wird bereits vom Stern gesprochen, der aus Jakob (= Israel) aufgehen wird:

So spricht Bileam, der Sohn Beors,
so spricht der Mann, des Auge aufgeschlossen ist,
so spricht, der göttliche Reden vernimmt,
der die Gedanken des Höchsten weiß,
der Gesichte des Allmächtigen schaut,
hingesunken und enthüllten Auges:
Ich sehe ihn, doch nicht schon jetzt,
ich erschaue ihn, doch nicht schon nah:
es geht auf ein Stern aus Jakob,
ein Szepter erhebt sich aus Israel...
4. Mose 24,15–17

Das Hexagramm stellt zwei ineinandergeschobene gleichseitige Dreiecke gar. Das eine Dreieck, dessen Basis oben liegt, stellt den nach unten, zum Menschen, zur Welt, hin sich offenbarenden Gott, das andere, dessen Basis unten liegt, den Menschen und seine Welt dar, der sich nach Gott ausstreckt. Beide Dreiecke sind zum Stern ineinandergeschoben, so daß die Basis oben sich senkt, die Basis unten sich hebt; die Spitze des oberen Dreiecks dringt tiefer als die Basis des unteren, die Spitze des unteren ragt höher als die Basis des oberen. Das Symbol ist somit ein Wandlungssymbol: Gott tritt aus seiner verborgenen Gottheit heraus, er senkt sich dem Menschen zu als Gott seiner Offenbarung, er durchdringt Mensch und Welt und erschließt sich als deren Tiefe; der Mensch wird aus seinem Verschlossensein in sich und seine Welt in das Leben mit Gott emporgehoben und wird in der Spitze seiner Existenz über die Offenbarung hinaus mit Gott selbst verbunden, er wandelt sich zum Menschen Gottes bzw. zum Volk Gottes. Der Wandlung Gottes zum Gott der Offenbarung entspricht die Wandlung des Menschen zum Volk Gottes; der Stern symbolisiert die immer wieder zu verwirklichende neue Gestalt von Gott, Welt und Mensch, den Bund. Er stellt darum zugleich auch einen noch unabgeschlossenen Prozeß dar, der das Ganze der Wirklichkeit in den »Stern der Erlösung«, wie Franz Rosenzweig das Hexagramm genannt hat[1], hineinholen will.

Diese Andeutungen machen vielleicht auch schon klar, daß das Hexagramm eine universale Bedeutung nicht nur für Israel, sondern für die Welt überhaupt besitzt. Daß sich im Erfahren der Transzendenz der Mensch selbst transzendiert, macht das universale Wesen der Religion aus; wie zugleich alle Offenbarungen in allen Religionen über sich hinausweisen in Gott selbst, das Sein selbst, weil die Gottheit in der Tiefe des Menschen wirksam wird, so daß der Mensch über Gottes Offenbaren hinaus nach Gott selbst fragt, nach Gott, der sich in der Offenbarung an die Bedingungen des Menschen anschließt und durch Heben der Tiefe des Menschen sich tiefer offenbart als durch die Höhe seiner Offenbarung, die das alles in Gang setzt. Das eine darf vom anderen nicht getrennt werden. Gott wird zum Stellvertreter der Seinstiefe des Menschen, der Mensch zum Stellvertreter der Seinshöhe Gottes. Das aber ist im Aus- und Durchhalten des Spannungsgefälles der Offenbarung, ihrer Energie, in ein Leben zu verwandeln, in ein Durchstehen des noch unabgeschlossenen Wandlungsprozesses, der die ganze Wirklichkeit, das All, meint. Die Erlösung des Menschen und der Welt zielt daher zugleich auf eine Erlösung Gottes aus seinem bloßen (weltfreien) Gottsein.

Der Name des Gottes Israels ist Jahwe oder das Tetragramm: JHWH. Der *Name* ist unaussprechbar geworden und ins Tetragramm-*Symbol* eingetreten. Er wird bei Lesung der Schrift durch Adonaj (= Herr) ersetzt. Das hatte Folgen nicht nur für das Judentum. Wenn Jesus als der Herr (Kyrios, Adonaj) für einen Teil der Menschheit zum aussprechbaren Namen Jahwes wurde, dann sollte dadurch seine letzte Unaussprechbarkeit – auch christlich – gewahrt bleiben. 2. Mose 3,14 gibt die Deutung: Ehjeh aschär ehjeh. Luther hat die Stelle mit »Ich bin, der ich bin« übersetzt. Die griechische Bibelübersetzung der Septuaginta sagt: »Ego eimi ho on« (»Ich bin der Seiende«). Buber übersetzt mit: »Ich werde dasein, als der ich dasein werde« und meint damit, daß Gott in allen seinen Erscheinungen der Unerschienene ist. »Gott definierte sich nicht in seiner Offenbarung«, sagt Luther.[2]

»›JHWH‹«, so Buber, »ist ›der dasein wird‹ oder ›der da ist‹, der nicht bloß irgendwann und irgendwo, sondern in jedem Jetzt und in jedem Hier Gegenwärtige. Nun spricht der Name sein Wesen aus und versichert die Getreuen der schutzreichen Gegenwart ihres Herrn. Und zwar ist es der Gott selber, der seinen Namen solcherweise erschließt. Der Ausruf war dessen Verborgenheit, das Verbum ist seine Offenbarung. Und um es unmißverständlich deutlich zu machen, daß das direkte Wort Ehjeh den indirekten Namen erklärt, wird dem Mose zuerst, in einem allerkühnsten Wagnis der Sprache, aufgetragen, dem Volke zu sagen: ›Ehjeh, Ich-werde-da-sein oder Ich-bin-da, schickt mich zu euch‹, und gleich danach: ›JHWH der Gott eurer Väter schickt mich zu euch.‹ Das Ehjeh ist kein Name, man kann den Gott nie so benennen; nur dieses eine Mal, in diesem Moment der Übermittlung seines Wortes, darf und soll Mose die Selbsterfassung des Gottes als Namen in den Mund nehmen.«[3] Was das als sich selbst erfassenden Durchbruch Gottes geschichtlich meint, sagt 2. Mose 6,2f.: »Da redete

Gott mit Mose und sprach zu ihm: Ich bin Jahwe. Ich bin dem Abraham, Isaak und Jakob erschienen als El schaddaj (= Gott der Dämonenfülle); aber unter meinem Namen Jahwe habe ich mich ihnen nicht offenbart.«

Abraham, der Hebräer

Die Geschichte der jüdischen Religion beginnt nicht mit Mose. Am Anfang steht die Gestalt des Abraham oder, wie er ursprünglich hieß, des Abram.

Der Name bedeutet »Vater der Höhe«, vermutlich aus Abiram: »Mein Vater ist hoch, ist die Höhe«. Der ältere Name Abrahams – Namen waren damals religiös bestimmt, theophan (Aufscheinen des Gottes im Namen) – weist auf den Urgott der Menschheit, der sich in die Höhe zurückgezogen hatte. Man darf annehmen, daß in der Sippe Abrahams, bei den Terachiden, der Glaube an den Urgott als Hochgott noch durchhielt.

Es ist in der alttestamentlichen Forschung eine offene Frage, ob wir unter Abraham eine individuelle geschichtliche Persönlichkeit zu verstehen haben oder eine sagenhafte Kollektivperson für eine soziale oder religiöse Gruppe. Sicher wurden die späteren Erfahrungen Israels und seiner Vorgeschichte in das Bild von Abraham hineingezeichnet. Im Ahn ist alles exemplarisch da, was Eigenart und Grundgesetz des Lebens der Gruppe ausmacht. Die Sage von Abraham ist ein Orientierungsmodell, eine anschauliche Soziologie der Gruppe. Trotzdem, so meine ich, wird man ohne die Annahme einer geschichtlichen Persönlichkeit Abraham nicht auskommen können.

Die Bibel berichtet von zwei Auswanderungen Abrahams. In 1. Mose 15,6 heißt es (unter überlieferungsbedingtem Widerspruch zu 2. Mose 6,2 f.): »Ich bin Jahwe, der ich dich aus Ur in Chaldäa herausgeführt habe.« 1. Mose

11,31: »Da nahm Tara seinen Sohn Abram und seinen Enkel Lot ... und seine Schwiegertochter Sarai ... und führte sie hinweg aus Ur in Chaldäa ... und sie kamen bis Haran und ließen sich dort nieder.« Dort in Haran empfängt Abraham die Aufforderung zu einer neuen Auswanderung, die zugleich die Trennung von seiner Sippe, den Terachiden, in sich einschließt: »Und Jahwe sprach zu Abram: Ziehe hinweg aus deinem Vaterlande und aus deiner Verwandtschaft und aus deines Vaters Hause in das Land, das ich dir zeigen werde« (1. Mose 12,1). Erst die zweite Auswanderung ist also die selbständige Wanderung des Abraham, die eine scharfe Trennung von der bisherigen Sippenbindung in sich schließt. 5. Mose 26,5 bringt das in urtümlicher Sprache zum Ausdruck, wenn dort von Jakob gesagt wird – das Wort bezog sich ursprünglich wohl auf Abraham –: »Ein abgesprengter Aramäer war mein Ahn« (Übersetzung Buber).[4]

Das chaldäische Ur bildete das Zentrum der südbabylonischen Kultur, Haran liegt im nördlichen Mesopotamien. Die Auswanderung der Terachiden aus Ur in Chaldäa und schließlich Abrahams aus Haran ist offenbar Teil oder, wie Buber sich ausdrückt, »eine Welle der schon um die Wende des 3. und 2. vorchristlichen Jahrtausends die syrische Steppe nord- und westwärts durchbrandenden semitischen Wanderung«. »Es sind«, wie Buber weiter ausführt, »Halbnomaden, die mit ihren Kleinviehherden zeltend von Weide zu Weide ziehen, zwischendurch den Boden jahrelang bebauen, ohne seßhaft zu werden, aber auch mit den Städten Erzeugnisse tauschen und zuweilen an ihren Toren kampieren, friedfertig und kampfbereit, wie es diesem hohen Wirtschaftstypus eigen ist, der ›die pastoralen mit den militärischen Tugenden vereinigt‹ (Toynbee).«[5]

Ur und Haran, sagt Buber, »sind die beiden Brennpunkte des babylonisch-syrischen Mondkults«. Haran bedeutet Weg, aber auch Karawane, also wohl den »Ort, wo die Karawanen sich treffen und von wo sie ausziehen«. »Der Mondgott von Haran«, fährt Buber fort, »heißt auch Bel-Harran, was man als Herr des Weges, des Kreuzwegs, verstehen darf. Im Hymnus heißt der Mondgott ›der den Weg eröffnet‹. Er ist ›der Pfadfinder, der Erleuchter im genauen Sinn, der Karawane, die, um die Glut der Sonne zu vermeiden, die Nacht hindurch über die Steppe geht‹, der ›Gott der mesopotamischen Nomaden‹ (Dhorme).«[6]

Buber gibt der Auswanderung oder Hidschra Abrahams eine Auslegung, die ihre religions- und glaubensgeschichtliche Bedeutung ins volle Licht stellt: »Mich dünkt es etwas Ungeheures in der Religionsgeschichte zu sein, daß einmal ein wandernder Aramäer – die biblische Tradition nennt ihn Abram – den von seiner Umwelt angenommenen Glauben an ›den Planeten des Weges für die wandernde semitische Rasse‹ (Doughty) verlor und Glauben an Einen gewann, der kein ›Naturgott‹ war. Kein Naturgott, sondern ein Schutzgott – aber nicht ein Sippenfetisch, sondern ein großer, zugleich verborgener und offenbarer Schutzgott, nicht der Terachiden, sondern der seine, Abrams, und der seiner neuen ›abgesprengten‹ Sippe und aller, die sich ihm anschließen. Ein Gott, der schützend mitgeht, nicht in Mondnächten bloß, sondern auch in mondlosen und auch an Wintertagen, in der Zeit des Jahres, da der Nomade der mesopotamischen Steppe tags zu wandern vorzieht. Ein Gott, dessen Licht nicht erlischt. Ein Gott, dem man vertraut, weil man von ihm angeredet worden ist. Es ist ein Gott, der einem *sagt,* daß er einen führt. Aber wohin führt er einen? Nicht wohin man kommen wollte. Er schützt, wie er schützen will, und er führt, wohin er führen will. Er führt einen, wohin er einen schickt. Er bringt einen sicher nach Haran, man läßt sich hier nieder, man will hier bleiben, aber er will es anders, er schickt einen hinweg, führt einen hinweg – vom Vaterhaus hinweg in die Fremde: in die Fremde, die er verheißt. Er macht einen zum Nomaden des Glaubens.«[7]

Hier sind, im Anschluß an Bubers Deutung, gleich mehrere Momente zu beachten, die für die Religionsgeschichte von größter Bedeutung sind.

1. Der Gott Abrahams wurde (2. Mose 6,2f.) als El schaddaj – Gott der Dämonenfülle – angerufen. El bedeutet »Gott«, ursprünglich wohl »die Kraft«. El-Wesen gab es da-

mals überall, aber sie waren an bestimmte Orte und Kultbedingungen (heilige Steine, Bäume, Oasen usf.) gebunden. Wer die Hilfe dieser El-Wesen erhalten wollte, mußte ihre Kultstätte aufsuchen. Der El schaddaj aber hat keine Kultstätte, man sucht ihn nicht auf, sondern er sucht einen auf. Er erscheint dem Abraham in der Audition. Er hat kein Kultbild. Die Anrede, das Wort dieses Gottes ist ausschlaggebend. Damit ist der Grund gelegt für einen bildlosen Gottesdienst, der primär nicht an Kultstätten und Priestertum gebunden ist.

2. Der Mondgott (Bel-Harran) war wie El schaddaj ein Weg-Führer-Gott. Ein Gott also, der einer Menschengruppe den Weg zeigt, den sie unter seinem Schutz gehen kann. Aber er enthielt noch ein »Naturelement«, er war, wie es hieß, »der Planet des Weges für die wandernde semitische Rasse«. Aus El schaddaj ist jedes Naturelement ausgeschieden. Seine Machtfülle ist ausschließlich religiös begründet. Konnte der Mondgott immerhin noch als sichtbarer »Kompaß« dienen, so war man nun ganz auf das Hören der Stimme dieses Gottes angewiesen. Innerhalb des »Weidewechsels« bestimmte er Zeiten und Richtungen der Aufbrüche.

3. Dieser Gott ist zwar noch nicht der einzige Gott, wohl aber der Eine, dem man sich ganz anvertraut. Die Entwicklung ist damit in Richtung auf den Monotheismus gewiesen, nicht so sehr auf einen Monotheismus der Zahl Eins, sondern einen der Hingabe an den Einen. Rückhaltlose Hingabe an den Gott aber heißt Glauben. Glauben ist nicht so sehr eine Meinung über einen Gott, sondern die rückhaltlose Hingabe an diesen. Mag es andere Götter und Dienste geben, dieser Eine ist der, der »unbedingt angeht« (Tillich). Damit ist die Entwicklung in die Richtung auf einen Monotheismus des Glaubens, die Entwicklung der Religionsgeschichte in eine Glaubensgeschichte gewiesen.

4. Dieser Glaube hat von Anfang an etwas zu tun mit Entscheidung und Trennung. Abraham wird in Haran vor eine Entscheidung gestellt, die ihn zur Trennung drängt. Hier liegt die Wurzel dafür, daß die von Abraham herstammenden drei monotheistischen Religionen – Judentum, Chri-

stentum, Islam – durch das Moment der Trennung bestimmt sind. Das Judentum trennt sich von den Völkern, das Christentum vom Judentum, der Islam von Judentum und Christentum. Wir sind gewohnt, diese Trennungen zuallererst als Unglück, auch wohl als Schuld anzusehen. Der Rückblick in die Geschichte der Menschheit scheint uns darin recht zu geben. Aber man muß die Sache zunächst, ehe man endgültig urteilt, in die richtige Blickstellung bringen. Die Menschheit war schon getrennt, als Abraham die Entscheidung vorgelegt bekam, aus allen Menschheitsstämmen, auch aus seiner eigenen Sippe, auszuwandern. Es ist eine Trennung, die alle bisherigen Trennungen durchstößt.

5. Es ist daher eine Trennung, die eine offene Geschichte erst möglich macht. Alle bisherigen Götter und Kulte dienten der Wiederherstellung und Bewahrung einer sich aus ihrer Vergangenheit begründenden Gruppe. Dieser Gott weist in ein Land, das er erst noch zeigen will, auf ein Volk, das er erst noch schaffen will, auf einen Segen für alle Völker, der sich erst noch auswirken soll. Niemand kann vorwegnehmen, wie. »Der Glaube«, sagt Buber, »wird dadurch konstitutiv, daß er zur *Trennung* nötigt. Der mitgehende Gott geht nicht mit den Terachiden, sondern mit dem von ihm Erwählten und ihn Erwählenden. Er scheidet ihn von ihnen ab und stellt ihn in seine, des Gottes, mitgehende Gegenwart. Dieser Gott wird aus dem Schutzgott einer Person zu dem einer Schar werden und aus dem zum Volksgott und zum Völkergott, aus dem Gott einer Biographie zum Gott der Geschichte; aber dies, diese ›Korrelation‹ von Führung und Hingabe, Offenbarung und Entscheidung, Liebe und Liebe, diese Unbedingtheit zwischen ihm und dem Menschen bleibt.«[8]

Wir hatten gesagt: Die jüdische Religion beginnt nicht mit Mose, obgleich sie erst durch Mose ihr entscheidendes Element, den Bundesschluß und das Bundesgesetz, erhält. Die Religion Abrahams ist in diesem Sinn auch noch nicht jüdische Religion. Auch kann man noch nicht von einem Volk Israel sprechen, ein Name, der sicher nicht zufällig nicht auf Abraham, sondern auf Jakob (= Israel) zurückgeführt wird. Die Religion Abrahams, ich will sie ausdrücklich einmal so nennen, hat etwas Vorisraelitisches. Ich sage das deshalb, weil sich Christentum und Islam ausdrücklich auf Abraham berufen, um ihre Selbständigkeit gegenüber dem Judentum zu begründen.

Es liegt etwas Erhabenes und zugleich Einfaches über der Religion Abrahams, das man um so deutlicher empfindet, wenn man die Kompliziertheit anderer religiöser Systeme, etwa auch der kirchlich-theologischen, vor Augen hat. Dieses Einfache ist zugleich tief. In ihm liegen die bis heute noch unausgeschöpften Zukunftsmöglichkeiten. Die lateinische Sprache hat für Anfang, Beginn zwei Wörter: Initium und Principium. Initium ist das bloße Beginnen; Principium aber sagt mehr: Prinzipien sind Grundlagen, die bleiben, die in allem Wechsel durchhalten. Unser Wort Ursprung sagt etwas Ähnliches. Es ist die aufspringende Quelle, die nicht versiegt. Der Abraham-Ursprung unseres Glaubens, jüdischen, christlichen und islamischen Glaubens, behält etwas Durchhaltendes und Unversiegliches. Glaube erneuert und erweitert sich durch Rückgang zu den Ursprüngen, durch das Zurück zu den Quellen. Es scheint mir angesichts der außerordentlichen Entscheidung, die Abraham traf, wie auch angesichts der außerordentlichen, noch unabgeschlossenen Wirkung der Abraham-Religion ausgeschlossen, diese ohne einen geschichtlichen Abraham als ihren Stifter anzunehmen.

Abraham wird in der Bibel nicht als Israelit, sondern, mit einem älteren Namen, als Hebräer bezeichnet (1. Mose 14,13). Der Name ist umfassender als der Name Israeliten. Er wird in 1. Mose 10 auf einen Stammvater Eber zurückgeführt, von dem Israeliten, Ismaeliten, Edomäer und andere abstammen, auf die daher auch der Name Hebräer angewandt werden könnte. Darin liegt die Erinnerung an geschichtliche Vorgänge, die wir heute genauer kennen. Hebräer, Ibri, wird teils von der Präposition Ebär = von jenseits her (also von jenseits des Jordan bzw. von jenseits des Euphrat her), teils von dem Verb Abar abgeleitet = übergehen, durchziehen, auswandern, ausziehen. Im ersten Fall wird auf den Ursprungsort zurückgewiesen, im zweiten Fall auf die Wanderexistenz der Hebräer. Buber hat daher Hebräer mit »Wanderer« übersetzt, Ernst Käsemann gibt seinem schönen Kommentar zum Hebräerbrief des Neuen Testaments die Überschrift *Das wandernde Gottesvolk.*[9] In der biblischen Überlieferung sprechen die Israeliten Fremden gegenüber von sich als von Hebräern und nennen ihren Gott den Gott der Hebräer als synonym mit dem Gott, der Himmel und Erde geschaffen hat, der den Fremden also nicht ganz unbekannt ist. So besonders betont im Buch Jona, das eine universalistische Tendenz zur Geltung bringt. Dem Namen Hebräer ist also etwas Universales, dem Urgott-Glauben Nahestehendes, der Exklusivität Israels Voraufliegendes immer eigen geblieben.

Mose und der Zwölf-Stämme-Bund

Der entscheidende Fortschritt des Mose über Abraham hinaus ist die Wandlung des Vätergottes aus dem Schutzgott neuer Sippen und Stämme in den Schutz- und Bundesgott eines neuen Volkes. Mose überwindet die Stammesgebundenheit in Richtung auf eine Volksgebundenheit. Israel soll ein »Am«, ein Jahwe geheiligtes Bundesvolk sein. Diese Idee hat sich dann in Kanaan auch gegenüber den anderen, an der Landnahme beteiligten Stämmen, die nicht in Ägypten waren, durchgesetzt. Die Bücher Josua, Richter und Samuel spiegeln den Konflikt zwischen Stammes- und Volksbindung.

In wenigen großen Strichen möchte ich die Entstehung des Volkes Israel skizzieren. Nach der an der Bibel gewonnenen Anschauung folgte auf Abraham Isaak, dann Jakob = Israel. Jakob folgt seinem Sohn Josef nach Ägypten, wo nun die zwölf Stammväter versammelt sind. Unter Mose brechen die zwölf Stämme aus Ägypten auf, erobern unter Josua Kanaan und stehen bis zur Königszeit unter der Führung sogenannter Richter, das heißt charismatischer Führer.

Das ist die Geschichtskonstruktion der Bibel. In Wirklichkeit waren keineswegs alle Sippen und Stämme, aus denen Israel entstand, in Ägypten gewesen. Vermutlich waren es nur die Josefsstämme (Ephraim und Manasse). Einen Hinweis darauf enthält noch die Tatsache, daß nach der Reichsteilung das Nordreich, auch Ephraim genannt, den Namen Israel behielt, während das Südreich nach seinem Hauptstamm Juda benannt wurde, und daß in Israel-Ephraim die Sinaitradition, also die Tradition vom Auszug aus Ägypten, am lebendigsten erhalten blieb, die der große Prophet des Südreiches, Jesaja, nicht zu kennen scheint. Jesaja verbindet Jahwe nicht mit dem Auszug aus Ägypten und dem Sinai, sondern mit dem Gott und König des Zionberges und des Tempels, also mit der Zionstradition.

Daß es zu einem Zwölf-Stämme-Bund über die Josefsstämme hinaus kommen konnte, beweist die Dynamik und Geschichtsmächtigkeit der von Mose ausgehenden Wandlung der Väterreligion. Der am Sinai geschlossene Bund wurde zum Bundesgesetz für zwölf Stämme erweitert.

Es ist ein Irrtum christlicher Archäologie des Altertums, den Sinai im Süden der Sinaihalbinsel zu suchen, also in jenem Dschebel Musa, Berg des Mose, der diesem Irrtum seinen Namen verdankt. Der geschichtliche Sinai ist vielmehr die höchste Erhebung eines Rundgebirges, Horeb, der die Großoase Kadesch (= Heiligtum) östlich von Ägypten an der unmittelbaren Einfallstelle nach Kanaan umgibt und an Edom angrenzt. Diese Großoase, in der sich noch im vorigen Jahrhundert, von den Engländern uneinnehmbar, ein Beduinenstamm festgesetzt hatte, war ein idealer Aufenthalt für einen Religionsstifter wie Mose, um die Josefsstämme und ihre Herden aufzunehmen, die Ausgewanderten für eine tiefgreifende Wandlung des Väterglaubens zu erziehen und sie für ihre künftige Geschichte vorzubereiten.

Dazu kam nun ein weiterer Konflikt. Mit der Landnahme

vollzog sich der Übergang zur Landwirtschaft in Verbindung mit einer sich allmählich entwickelnden Stadtkultur. Der El schaddaj war ein Weg-Führer-Gott, der Jahwe des Mose war es in einem gesteigerten Sinn. Aber war dieser Gott der Halbnomaden und der offenen Geschichte auch imstande, die vitalen Bedürfnisse des nun vorherrschenden Bauerntums zu befriedigen? Bäuerliche Zeit verläuft nicht in offener Zeit mit den Unvorsehbarkeiten der Geschichte. Bäuerliche Zeit verläuft in Zyklen, in festen Rhythmen des Jahreslaufs: Säen und Ernten, Sommer und Winter, Tag und Nacht. Die tragenden schöpferischen, also göttlichen Kräfte manifestieren sich dem Bauern in diesen Zyklen. Die Geschichte mit ihrem unvorhersehbaren Walten, ihren Schrecken und Gefahren, kann da nur stören.

Den Gott der Jahreszyklen aber fanden die Israeliten vor. Baal hieß der Gott, der die Jahreszeiten, die Ernte bringt. Baal heißt Herr, Eheherr. Seine Eheherrin ist die Baalat. Baal, der Eheherr, ist der Himmel, Baalat, die Eheherrin, ist die Erde. Baal schwängert die Baalat, der Himmel schwängert die Erde durch seinen befruchtenden Samen, den Regen. Die weitere Entwicklung ist durch die Gefahr einer vollständigen Baalisierung Jahwes bestimmt. Die israelitische Religion hat sich mit Erfolg einer solchen Baalisierung Jahwes widersetzt. Dennoch lebt die Baalsreligion, auch wenn das immer wieder geleugnet wird, in der Wandlung der Jahwereligion, die aus der Auseinandersetzung mit Baal hervorging, fort. Ich erwähne das aus zwei Gründen: 1. Israels Feste sind Verwandlungen ursprünglicher Baalsfeste. 2. Die Messiasidee, die im Schoße Israels entstand, hat eine ihrer Wurzeln in der Baalsreligion. Das Christentum, das insbesondere die Messiasidee aufnimmt und wiederum wandelt, ist ohne die Vorarbeit der Baalsreligion nicht denkbar.

Jahwe – Baal – Messias

Am Zusammenhang zwischen Jahwe- und Baalsreligion können wir uns zugleich klarmachen, daß man die Religionen nicht nach dem einlinigen Schema »wahr – falsch« unterscheiden darf. In jeder Religion liegt eine Errungenschaft, die Menschen an der Tiefe der Wirklichkeit, an Gott, teilnehmen läßt. Religionen werden nicht abgeschafft, sondern »aufgehoben«, sie werden auf eine höhere Ebene gehoben und darin »bewahrt«. »Aufheben« bedeutet ja zugleich ein »Abschaffen« und »Bewahren«. Dabei darf aber nicht nur an das Höhere der »Aufhebung« gedacht werden, sondern zugleich an das Elementare des »Aufgehobenen«. Dieses bildet jetzt die Tiefe der religiösen Wandlung. Es ist in die Tiefe aufgenommen und vertieft. Darum gibt es im Grunde auch keine wirklich toten Religionen. Jahwe hat das, was wahr und tief war an der vorisraelitisch-kanaanäischen Religion, sich assimiliert und verwandelt.

Bei der Darstellung einer Weltreligion – hier des Judentums – kann es nicht darum gehen, die Geschichte dieser Religion im ganzen vorzutragen. Es kann nur darum gehen, die geschichtlichen Momente herauszuheben, die uns Einblicke in ihre wesentlichen Errungenschaften geben. Aus diesem Grunde müssen wir hier aber auch auf die Auseinandersetzung der ursprünglichen Jahwereligion mit der Baalsreligion eingehen. Nach der gewöhnlichen Auffassung hat die Jahwereligion über den Baalsdienst insbesondere durch die Propheten einen eindeutigen Sieg davongetragen. Das eindrücklichste biblische Beispiel ist die Geschichtssage vom Kampf des Elia mit den Baalspriestern, dem Gottesurteil auf dem Karmel. Jahwe oder Baal hieß die Devise. Die Bibel geht gelegentlich so weit, daß sie für Baal nur noch die Schimpfbezeichnung Boschet, also »Schande«, »Schandgott« gebraucht.

Trotzdem hat die Baalsreligion tief auf die weitere Ausformung der Jahwereligion eingewirkt. Die großen Feste Israels waren ursprünglich Naturfeste, also Baalsfeste, und wurden in Jahwefeste verwandelt. Aus dem Frühlingsfest Passa – das Wort erinnert noch an das Hüpfen und Herausspringen der jungen Lämmer aus dem Mutterschoß – wurde das Fest, da Israel aus Ägypten »heraussprang«. Das Wochenfest war ein Erntefest, es wurde zum Fest der Gesetzgebung auf dem Sinai, wo Israel unter dem Wehen des Geistes Gottes die Früchte des Geistes, Tora und Toragesinnung, empfing. Das Neujahrs- und Herbstfest der Weinlese, an dem unter dionysischer Festfreude die paradiesische Urzeit wieder anbrach, wo man in Laubhütten und nicht in den Häusern einer späteren Zivilisation wohnte, wo man die Kelter trat und sich am Most berauschte, wurde zum Fest der Erinnerung an das Wohnen in Zelten in der Wüstenzeit Israels. Aus Naturfesten wurden Geschichtsfeste. Israel hat die alten kanaanäischen Naturfeste historisiert.

Darin liegt aber die Stiftung eines neuen Zeitverständnisses. Wo das Naturjahr vorherrscht, ist das Zeitverständnis ein zyklisches. Durch die Historisierung der Feste entsteht ein lineares Zeitverständnis, in dem sich die drei Zeitdimensionen bilden können: Vergangenheit, Gegenwart, Zukunft. Die zyklische Zeit ist eigentlich nichts anderes als eine ewige Wiederkehr: Wieder kehren die gründenden Ereignisse einer mythischen Urzeit. Jede Gegenwart ist im festlichen Ereignis eine wiederkehrende Urzeit; die Zukunft, auf die man in den kreisförmig umlaufenden Jahren immer wieder zuläuft, ist die Wiederkehr der die Volksgemeinschaft (= Religionsgemeinschaft) stiftenden und in den Festen erneuerten Ereignisse. Es gibt, so gesehen, in der zyklischen Zeit keine echte Zukunft, keine offene Zeit, also keine Geschichte im genauen Sinn.

Aber ist dadurch, daß Israel die kanaanäischen Feste historisierte, schon eine wirkliche Zukunft gestiftet worden? Wenn man zu Passa an den Auszug dachte oder beim Wochenfest an die Sinai-Gesetzgebung, dann scheint der Blick doch auch nur auf die eigene stiftende Vergangenheit zurückzugehen. Jeder, so heißt es, soll Passa so feiern, als habe der Herr ihn selbst und seine Generation aus Ägypten herausgeführt. Die Vergangenheit soll also ausdrücklich eine ewig wiederkehrende Gegenwart sein. Jeder soll zum Zeitgenossen dieser Israels Volks- und Religionssinn stiftenden Ursprungszeit werden. Es ist die Wiederkehr einer erfüllten Zeit. Nicht darin liegt schon das Auszeichnende der israelitischen Zeitverwandlung. Wir verstehen es erst dann, wenn wir hinzufügen, daß Israels Feste nicht nur Rückgriffe und Wiederholungen, sondern zugleich auch Vorgriffe auf eine letzte erfüllende Zukunft sein wollen, auf eine nicht nur die Volksgeschichte, sondern die Menschheitsgeschichte, letztlich sogar die Geschichte des Kosmos, des Alls, erfüllende Geschichte. Immer mehr zeichnet sich in die jüdische Festerwartung und damit Zeiterwartung überhaupt die Vorstellung einer alles erfüllenden universalen Zukunft hinein. Es ist die Vorstellung vom Tage Jahwes als dem Tage seines hereinbrechenden Reiches, ja eines neuen Himmels und einer neuen Erde. Der Bund mit dem Volk wird sich zum Menschheitsbund, ja zum Bund mit Himmel und Erde erweitern.

Widerstreiten diese mythischen Vorstellungen völlig unserem modernen Denken und Empfinden? Es mag sein, daß wir erhebliche, vielleicht sogar unüberwindliche Schwierigkeiten haben, uns einen neuen Himmel und eine neue Erde, einen in Fülle und Schönheit verwandelten Kosmos, in dem Tod, Leid und Vernichtung nicht mehr sind, vorzustellen. Ich möchte es trotzdem an einem Hinweis nicht fehlen lassen. Wir naturwissenschaftlich nüchtern denkenden Leute sind doch zugleich für die Idee empfänglich, die naturwissenschaftlichen Erkenntnisse in eine technisch utopische Praxis zu verwandeln. Wir halten dann die ungeheuersten paradiesischen Veränderungen der Erde, ja des Kosmos für möglich. Wenn man die Hilfsvorstellung hinzunimmt, daß Gott durch das Denken, Träumen, Planen und Schaffen von Menschen hindurch wirkt, daß jeder Schaffende und Entdeckende auf irgendeine Weise zuerst ein Inspirierter ist, dem eine Idee aufging, dann wird man die kosmische, nicht nur politische Utopie, die im mythischen Ausdruck der jüdischen Fest- und Zeiterwartung geschaffen wurde, zumindest für diskutabel ansehen; man wird auf jeden Fall sich bewußt bleiben, daß es ohne die Stiftung dieser zukunftsoffenen Zeit, die wir Israel verdanken, nie und nimmer zu der Kühnheit hätte kommen können, die die Aufschwünge und Hoffnungen der Moderne kennzeichnen.

Israel hat fast zweitausend Jahre ohne den Schutz eines eigenen Staates gelebt. Es hat seine Überlebenskraft aus der Hoffnungsqualität seiner Feste in einem Ausmaß geschöpft, das wir nur ahnen können. Es ist in diesem Zusammenhang zu bedenken, daß die christlichen Hauptfeste – Ostern, Pfingsten, Weihnachen – analog zu Passa, Wochenfest und Herbstfest angelegt sind. Ihnen eignet ebenfalls eine Rückbettung in das Naturjahr, sie feiern Ursprungsereignisse der christlichen Kirche und der christlichen Existenz, sie besitzen einen deutlichen Vorblick in die noch uneingelöste Zukunft, also universale Hoffnungsqualität auf die Fülle aller Zeiten und die Vollendung der Welt, die uns aus der jüdischen Religion zustammt. Der jüdische Philosoph Horkheimer hat die christlichen Feste als wichtigste Gabe des Christentums bezeichnet, und zwar wegen der darin liegenden stimulierenden Hoffnungskräfte.

Die Baalsreligion, so sagten wir, hat erheblich zur Ausformung der jüdischen und dadurch auch der christlichen Feste beigetragen. Das trifft in besonderem Maße für das Neujahrs- und Herbstfest (Laubhütten) zu. Es war die Zeit der Ernte, des Rausches und der wiederkehrenden paradiesischen Urzeit. Die Jahwereligion hat dieses Fest in ein Fest des Tages Jahwes verwandelt, der am Ende der Zeit erwartet wird, wenn im Ziel der Geschichte die Erde sich paradiesisch erneuern und der Frieden, der soziale Frieden, der Menschheitsfrieden und der kosmische Frieden herrschen wird, wenn Gott selbst oder Gott durch den Messias König sein wird.

Damit komme ich zum zweiten Beitrag der Baalsreligion, der in die Jahwereligion »aufgehoben« wurde: die Messiaserwartung. Um das zu verdeutlichen, müssen wir wenigstens in Umrissen auf die Baalsreligion eingehen. Der höchste Gott in der Baalsreligion ist nicht Baal, sondern El. El bedeutet »Gott«, man könnte auch sagen, er ist »der eigentliche Gott«, der Urgott. »Er ist der Vater der unzähligen Götter, der ›Vater der Menschen‹, der ›Schöpfer der geschaffenen Dinge‹. Vorgestellt wird er als Greis, und er heißt auch ›Vater der Jahre‹, so wie der Gott Israels in der Vision Daniels (7,9) den Titel ›Alter der Tage‹ trägt. Vom Greis hat El den schneeweißen Bart, die unendliche Weisheit und Güte. Er ist der ›Gnädige‹, der ›Erbarmende‹, und die ›schönen Namen‹, die der Koran Allah verleiht, erinnern an diese Beiwörter. Doch erscheint dieser Schöpfer seltsam entfernt von seiner Schöpfung. Er wohnt an einem geheimnisvollen und fernen Ort... Hierhin kommen die Götter, um ihm ihre Beschwerden vorzutragen; doch in den epischen Erzählungen ... scheint El im Hintergrund zu bleiben. Ist er ein müßiger Gott, ein Schöpfer, der sich von seiner Schöpfung zurückgezogen hat? Oder ist er nicht vielmehr ein erhabener Garant der kosmischen Ordnung, der von oben das Spiel der Kräfte überwacht, von denen das Leben der Welt und der Menschen abhängt – Kräfte, die in anderen Göttern inkarniert sind, die den Menschen näherstehen und von ihnen mit größerem Eifer verehrt werden?«[10]

Aktualität gewinnt El erst durch Baal, der in einem besonderen Sinn als der Sohn Els angesehen werden muß. Baal wird – wie auch Jahwe – als Gott des Gewitters vorgestellt. Man braucht in einigen alttestamentlichen Psalmen, etwa Psalm 18, nur Baal für Jahwe einzusetzen und hätte dann einen reinen Baal-Hymnus. »Da Baal die atmosphärischen Vorgänge und die Niederschläge regelt oder verkörpert, hängen von ihm die guten Ernten ab. Mit dem Blitz bewaffnet, ist er schließlich ein Kriegsgott, der sich in den Rang des Streiters der Götter erhebt und in ehrlichem Kampf den Ehrenplatz unter den Göttern ... erobert.«[11]

Sein eigentlicher Gegner ist der Fürst Jam – Jam bedeutet »das Meer«. Baal besiegt Jam und wird dadurch König. Daraufhin wird Baal ein Palast gebaut, der das Urbild für den irdischen Baalstempel bildet, so wie Baal als König das Urbild für die irdischen Könige abgibt.

Schließlich wird von Baal noch erzählt, daß er den Kampf gegen Mot führt. Mot bedeutet »Tod«. Baal gibt sich dabei scheinbar in die Hände des Mot, wird aber dem Leben zurückgegeben. »Es handelt sich eindeutig um einen Ackerbaumythos, um die Basis eines Fruchtbarkeitsrituals. Baal ist hier die Personifikation des Regens, dessen die Erde bedarf, um ihre Frucht hervorzubringen. Mot verkörpert das Korn, das sich mit dem vom Himmel gefallenen Wasser vollsaugen muß. Wenn die Regenschauer vorüber sind, ist Baal tot; er hat seine Substanz dem Korn gegeben, das nun reift. Doch in dem Augenblick, da der Thron des Baal leer bleibt, im hohen Sommer, sammeln (seine Schwester) Anat und die Sonnengöttin sorgfältig die Reste des Königs und bereiten die Wiederherstellung der Wolken vor. Die Behandlung, der Anat den Mot unterzieht, erklärt sich durch das Ritual der ›letzten Garbe‹, das durch verschiedene Sagen bestätigt ist: In dem Korn wird der Geist der Fruchtbarkeit bewahrt, um im folgenden Jahr eine neue Ernte zu erhalten. Dieser Ritus ist hinter jener Episode des Mythos klar zu erkennen. Auch ist die Trauer der Anat das Vorbild der Tränen, die die Gläubigen vergießen, der Geißelungen, die sie an sich vollziehen, bestürzt über das tragische Schicksal des Gottes, der sich hingegeben hat, um ihre Nahrung zu sichern, sich freiwillig hingegeben hat... Die Ackerbaukulte sind oft Erreger einer gefühlvollen und inbrünstigen Frömmigkeit, und der Mythos von Baal und Mot ... zeigt auch, wie Baal der erste und teuerste ihrer Götter werden konnte.«[12]

Die skandinavische Forschung hat insbesondere im Zusammenhang mit der Erforschung der Psalmen den Einfluß der Baalsreligion auf die biblische Religion herausgehoben. Baal, so hörten wir, ist das Urbild des irdischen Königs. Am Tage seiner Inthronisation, dem Neujahrstag, wurde der König in das Baalsamt eingesetzt. So wie El Baal zum König einsetzt, so wird am Tage der Thronbesteigung dem König von Gott durch den Mund des Priesters oder des

Kultpropheten zugerufen: »Mein Sohn bist du, heute habe ich dich gezeugt!« Gezeugt heißt hier: adoptiert. Wir kennen diese Stelle aus Psalm 2. Die skandinavische Forschung kann zeigen, daß die sogenannten Königspsalmen ihren Hintergrund im Baals-Königs-Ritual haben. An die Stelle Els ist Jahwe getreten, an die Stelle Baals der inthronisierte König.

Die Psalmen spiegeln noch das Kultritual mit der Kultgeschichte bzw. dem Kultdrama. Der König, ehe er als Sohn Gottes adoptiert wird, muß symbolisch den Tod und die Errettung aus dem Tod nachspielen. Der König rezitiert, daß ihn Schlingen des Todes umfangen hielten, daß er sich in den Tiefen der Unterwelt befand, daß die Wogen des Meeres über ihn gegangen sind, daß seine Feinde sich gegen ihn versammelten. Aber dann habe ihn Gott aus den Tiefen befreit und in seinen heiligen Tempel gebracht und ihm den Thron aufgerichtet. Der König heißt in diesem Zusammenhang einmal »der Gesalbte (= Messias) Jahwes«, zum andern »Menschensohn« (Psalm 8). Es ist sicher nicht zufällig, daß diese Königspsalmen später auf Jesus gedeutet wurden, am Schema also des sterbenden und wiederaufgerichteten Königs (Messias). Sie bilden, wie die Forschung zeigt, geradezu die Urzelle der Passionsberichte. Aus der Königsideologie stammen schließlich jene vertieften biblischen Vorstellungen vom leidenden Gottesknecht in Jesaja 53 und vom »Durchbohrten« im Sacharjabuch, also dem Hirten (= König) des Volks, der für sein Volk stirbt und von Gott gerettet wird.

Der Zusammenhang hat dann aber noch eine für die jüdisch-christliche Religionsgeschichte folgenschwere Ausweitung erfahren. Die jüdische Prophetie entwickelte sich zur Apokalyptik. Unter Apokalyptik verstehen wir eine Art Geheimlehre, die in geheimnisvollen Bildern (Visionen) und Berechnungen den Geschichtsplan Gottes vorauszuberechnen unternimmt. Gottes Geschichte mit der Welt läuft nach fest vorausbestimmten Zeiten oder Terminen ab. Die älteste biblische Apokalypse enthält das Buch Daniel, dessen Kernstück das 7. Kapitel bildet. Das darin vorgezeichnete Zeit-Schema hat bis in das 18. Jahrhundert hinein den Rahmen unserer Geschichtsschreibung abgegeben, ist aber nicht nur aus diesem Grunde interessant.

Es ist das Gesicht von den vier Tieren und dem Menschensohn:

> Ich, Daniel, schaute bei Nacht ein Gesicht,
> und siehe, die vier Winde des Himmels erregten
> das große Meer.
> Und es stiegen vier große Tiere aus dem Meere herauf,
> ein jedes verschieden vom andern.
> *Daniel 7,2.3*

Die vier Tiere sind 1. ein Löwe mit Adlerflügeln, gemeint ist das babylonische Reich, 2. ein Bär = medisches Reich, 3. ein Panther mit Vogelflügeln = persisches Reich, 4. ein Monstrum mit großen eisernen Zähnen, das alles mit seinen Füßen zerstampft = Alexanderreich der Griechen. Man wird die Bilder nicht absonderlich finden, wenn man bedenkt, daß wir ähnliche Symbolisierungen bis heute benutzen (der britische Löwe, der deutsche Adler, der russische Bär usw.). Die vier Tiere wurden später etwas anders gedeutet, und zwar auf das babylonische, medisch-persische, griechische und römische Reich. – Dann aber heißt es:

> Ich schaute: da wurden Throne aufgestellt,
> und der Alte der Tage setzte sich nieder.
> Sein Gewand war weiß wie Schnee
> und das Haar seines Hauptes rein wie Wolle;
> sein Thron war lodernde Flamme
> und die Räder daran brennendes Feuer.
> Ein Feuerstrom ergoß sich
> und ging aus von ihm.
> Tausendmal Tausend dienten ihm,
> zehntausendmal Zehntausende standen vor ihm.
> Das Gericht setzte sich nieder,
> und die Bücher wurden aufgetan.
> …

Ich schaute in den Nachtgesichten,
und siehe, mit den Wolken des Himmels kam einer,
der einem Menschensohn glich,
und gelangte bis zu dem Alten der Tage,
und er wurde vor ihn geführt.
Ihm wurde Macht verliehen
und Ehre und Reich,
daß die Völker aller Nationen und Zungen ihm dienten.
Seine Macht ist eine ewige Macht, die niemals vergeht,
und nimmer wird sein Reich zerstört.
Daniel 7,9.10,13.14

Daß hier der Baals-Mythos im Hintergrund steht, ist jedem, der unbefangen liest, sofort deutlich. (Daß hier noch der Einfluß einer anderen Religion, der persischen, eingewirkt hat, lassen wir jetzt noch außer acht.) Der Alte der Tage entspricht dem Urgott El, dem »Vater der Jahre«. Die feindliche Macht ist Jam, das Meer, das die Weltreiche der vier Bestien heraufsendet. Der »wie ein Menschensohn« entspricht Baal, der vom Kampf gegen Jam siegreich aus dem Meer auf den Wolken des Himmels heraufkommt und als Sieger vor El tritt und dann als König inthronisiert wird, dem, wie es in Daniel 7 heißt, die nie vergehende Herrschaft, das Königtum oder Reich, übertragen wird. Daß unsere Deutung vom siegreich aus dem Meer heraufkommenden Menschensohn richtig ist, bestätigt eine andere Apokalypse, das 4. Esra-Buch. Dort heißt es:

Und darauf nach sieben Tagen träumte ich einen Traum in der Nacht.
Und siehe, ich sah: ein großer Sturm, der aus dem Meere ausging,
und alle Wogen wurden erregt.
Und ich sah, (wie) dieser Sturm aus dem Meer (etwas) wie das Bild eines Menschen hervorgehen ließ;
und darauf stieg dieser Mensch mit den Wolken des Himmels auf.
4. Esra 13,1.2

Bedeutsam ist hier auch wieder die Historisierung einer an und für sich außerchristlichen Überlieferung, hier sogar im Sinne einer Universalgeschichte. Bei aller Fremdartigkeit dieser biblischen Überlieferung muß man stets im Blick behalten, daß wir von einer Weltgeschichte, von einer Periodisierung der Geschichte, von einem Weltenplan und Geschichtsziel nicht sprechen können, wenn dieser aus der Baalsreligion herstammende Hintergrund nicht von der Jahwereligion aufgenommen und im Sinne eines apokalyptischen Zeitentwurfs »aufgehoben« worden wäre. Es ist zugleich deutlich, daß es ohne diesen Hintergrund weder eine jüdische Messiashoffnung noch auch eine christliche Religion hätte geben können. Denn der Messias oder Christus ist der jüdisch-christlich »aufgehobene« Baal.

Die Zusammenhänge gehen noch weiter, wie wenigstens angedeutet werden soll. Es konnte im jüdischen Monotheismus nicht zwei oder gar viele Götter geben. So übernimmt Jahwe sowohl die El- wie auch die Baal-Funktion. Überall, wo Jahwe im Naturgeschehen als der im Gewitter erscheinende Gott vorgestellt wird, wo er in alten Mythen, die der Psalter und andere Stellen aufbewahrt haben, als der Gott auftritt, der die Urflut besiegt und so die Schöpfung gestaltet, wo er als König Israels die Feinde des Volkes besiegt, erscheint er als der aktuale Gott unter dem Namen Jahwe; wo er mehr als der entrückte Gott vorgestellt wird, wird er eher El oder Elohim genannt. In der späteren Entwicklung übernimmt dann die Aktualität der Messias oder Menschensohn, der das Reich des El, das Reich Gottes, verwirklicht.

Schließlich muß noch darauf hingewiesen werden, daß auf dem Hintergrund der innigen Verbundenheit mit dem sterbenden und wiedererweckten Gott auch nach den Übertragungen auf Jahwe oder den Messias eine Art Innerlichkeit religiösen Fühlens entstand, von der das mittelalterliche Wort Gottesminne am ehesten einen Eindruck vermittelt. Hier liegen die Voraussetzungen für die jüdische und christliche Gottes- bzw. Christusmystik. Das beredteste Zeugnis dafür ist das »Lied der Lieder« oder Hohelied Salomos im Alten Testament. Es handelt sich dabei um eine Sammlung von Hochzeits- und Liebesliedern, deren Hintergrund in der Baalsreligion die Forschung immer klarer erkennt. Auch die starken sexuellen Anspielungen des Buches sprechen dafür. Trotzdem hält Rabbi Akiba es für das heiligste Buch im Alten Testament, er spricht jedem, der dieses Buch nicht anerkennen will, die Teilnahme am künftigen Reich Gottes ab.

O daß er mich tränkte mit Küssen seines Mundes!
Deine Liebe ist süßer als Wein...
Zieh mich dir nach, laß uns eilen!
Führe mich, König, in deine Gemächer!
Wir wollen jubeln und deiner uns freuen,
an deiner Liebe uns berauschen mehr als an Wein.

Lege mich wie ein Siegel an dein Herz,
wie einen Ring an deinen Arm.
Denn stark wie der Tod ist die Liebe,
Leidenschaft hart wie die Unterwelt;
ihre Gluten sind Feuersgluten,
ihre Flammen wie Flammen Jahwes.
Hoheslied 1,2–4 und 8,6

Bis auf den heutigen Tag heißt im Hebräischen das Wort für Ehemann Baal, für Ehefrau Be'ula, für Begattung Be'ila. Der Zusammenhang geht noch tiefer. Die Lesung des Hohenliedes gehört mit dem Passafest zusammen. Gott hat Israel zu seiner Braut, zu seiner Frau erwählt. Die Gottesminne der Baalsreligion geht unter monotheistischen Bedingungen auf die Liebesglut der Brautschaft und Ehe zwischen Gott und seinem Volk über, sie schließt die sogenannte irdische Liebe nicht aus, sondern als Sakrament und Großes Mysterium ausdrücklich ein, sie spaltet nicht ab, wie wir das oft tun, als wären es nicht Feuersgluten Gottes und Flammen Jahwes, die unsere Existenz in das reine Ich und Du steigern und durchglühen, wenn der Mann und die Frau eins werden, monotheistisch werden in der Glut und der Lust ihrer Vereinigung, als gäbe es nur noch dieses Ich und Du auf der ganzen Welt, dieses Sich-einander-Offenbaren und Vorwegnehmen des letzten, erfüllenden Ziels und Glücks der Welt. Baal hat ermöglicht, daß dann im Christentum das Verhältnis zwischen Christus und Kirche, zwischen Christus und seinen Gläubigen als Verhältnis von Braut und Bräutigam emotionalisiert und verinnerlicht, so aber auch kosmisiert werden konnte.

Das Gefühl für eine letzte tiefe Verbundenheit aller Religionen, das Fragen nach dem Wahrheitselement in allen religiösen Diensten möchte ich in Anlehnung an Paul Tillich (er spricht von der katholischen Substanz) den katholischen Sinn für Religion nennen; umgekehrt den Sinn für das Unterscheidende und Trennende den protestantischen Sinn. Beide gehören zusammen und ergänzen sich. »Katholisch« und »protestantisch« sind eigentlich nicht Konfessionsnamen, sondern Richtungstendenzen, die wir in allen Religionen wieder antreffen. Es gibt im Bereich des Christentums protestantische Katholiken und katholische Protestanten.

Zarathustra: Weltgeschichte und Reich Gottes

Die drei großen monotheistischen Religionen, Judentum, Christentum, Islam, haben drei Glaubensaussagen gemeinsam:

1. den Glauben an den Einen Gott, neben dem andere Mächte nicht Gott genannt werden können,

2. den Glauben an diesen Einen Gott als den allmächtigen Schöpfergott,

3. den Glauben an den Geschichtsgott, der die Welt einem Ziel und Ende entgegenführt, das zugleich Weltgericht und Welterfüllung (Welterlösung) ist.

Alle drei monotheistischen Weltreligionen würden aber nicht vom Ziel der Geschichte, vom Weltgericht

und vom Reich und, im Zusammenhang damit, von einem Heils- und Weltenplan Gottes, von einer Heils- und Weltgeschichte reden können, wenn Gott nicht einen großen Propheten berufen hätte, den persischen Propheten Zarathustra.

Zarathustra ist, was die Wirkung anbelangt, zugleich der erfolgloseste und der erfolgreichste Prophet gewesen, den Gott berufen hat. Erfolglos, wenn man daran denkt, daß seine Religion, der Zarathustrismus, fast ausgestorben ist. Man nennt diese Religion mit verschiedenen Namen, z. B. Parsismus nach einem Hauptstamm der Iranier, den Parsen.

Heute leben noch einige tausend Zarathustrier als indische Parsen in Bombay, aber auch in Aden, Singapur, Hongkong und anderen Großstädten als Kaufleute. Sie schließen sich gegenüber anderen Religionsgemeinschaften ausdrücklich ab. Sie treiben keine Propaganda für ihre aus Persien angestammte Religion. Ihre Religion, die sie nur als ihrem Stamm eigentümlich ansehen, legen sie exklusiv aus. Sie nehmen daher nicht einmal Kinder aus Mischehen in ihre Gemeinde auf. Sie stammen von Persern ab, die nach dem Sieg des Islam über Persien auswanderten.

632 starb Muhammad. Bereits 636 eroberte der Kalif Omar, eine der bedeutendsten Persönlichkeiten des Islam, durch seine Feldherren Persien. Dieser Blitzsieg läßt sich wohl nur so erklären, daß die Mehrheit der Zarathustrier oder Parsen im Propheten Muhammad und seiner Botschaft die Erfüllung der prophetischen Botschaft Zarathustras erkannten, also wohl schon als Zarathustrier heimliche Moslems waren. Ähnlich ist aber auch der Erfolg des Islam über die Hälfte des Westens zu erklären. Die Feldherren Omars erobern 638 Syrien, 642 Ägypten, also altchristliche Regionen. Auch hier muß bei dem schnellen Sieg des Islam angenommen werden, daß die Christen dieser Regionen längst heimliche Moslems waren, daß Muhammad ihre tiefsten Erwartungen erfüllte. 711 wird Spanien erobert. 732 besiegt dann Karl Martell die Araber bei Tours und Poitiers und erzwingt dadurch den Status quo zwischen Chri-

stenheit und Islam. Erst die Kreuzzüge durchstoßen diesen Status quo und bringen in der Begegnung mit dem Islam die Wandlung der Christenheit in die Moderne hervor. Das neue, letztlich religiöse Weltverständnis, das wir unter der Bezeichnung Moderne kennen, beruht auf Impulsen, die wir nicht nur dem Juden- und Christentum der griechisch-römischen Antike, sondern zugleich dem Islam danken. Der Islam ist die von uns am erfolgreichsten verkannte, ja geleugnete Wurzel unserer neuzeitlichen Existenz. Darauf wird später noch zurückzukommen sein. In alledem wirkt die Religion Zarathustras nach, der ein Riesenerfolg dadurch beschieden war, daß sie die monotheistischen Religionen in bis heute noch unabgeschlossenen geistigen Vorstößen tief verwandelte, ja einen konsequenten Monotheismus von universalgeschichtlicher Dynamik überhaupt erst ermöglichte.

Dem scheint vordergründig zu widersprechen, daß man das religiöse System Zarathustras als religiösen Dualismus bezeichnet. Obgleich das nur zum Teil zutrifft, möchte ich doch davon ausgehen. Dualismus besagt hier, daß Zarathustra zwei gleichursprüngliche Prinzipien annimmt, die miteinander um den Menschen und die Welt streiten. Es ist der Dualismus von Gut und Böse. Ursprünglich war also das gute und das böse Prinzip. Das gute Prinzip ist der gute Gott oder Ahura Mazda (»der weise Herr«), das böse Prinzip ist der böse Gott oder Angra Mainyu (»der arge Geist«). Im späteren Persisch werden die beiden Götter Ormazd und Ahriman genannt. Die Überlieferung stellt sich Ahura Mazda und Angra Mainyu als Zwillinge vor.

Die Erde ist im zarathustrischen Weltbild der Kampfplatz, die Weltgeschichte die Geschichte des Kampfes der beiden Prinzipien bis zum Endsieg des Guten. Die Weltgeschichte ist im umfassendsten Sinn die Geschichte der Welt, die durch vier Weltalter von je 3000 Jahren Dauer hindurchgeht, also insgesamt 12000 Jahre währt, sie ist der Weltkampf und Weltprozeß, an dem alles teilnimmt im Himmel und auf Erden. H. v. Glasenapp hat eine sehr übersichtliche Darstellung der einzelnen Phasen zusammengestellt:

»Vorspiel. Die beiden Prinzipien sind getrennt. Als Angra Mainyu den Ahura Mazda bemerkt, will er sich auf ihn stürzen, wird aber von ihm zurückgewiesen. Sie schließen einen Waffenstillstand von 9000 Jahren.

1. (Jahre 1–2999) Ahura Mazda ruft die geistige Schöpfung hervor, das heißt, er schafft die Engel, guten Geister und Fravashis, die geistigen Urbilder der Menschen. All dies existiert nur in einer transzendenten (Menok) Wirklichkeit.

2. (Jahre 3000–5999) Die transzendente Schöpfung wird materiell (Getah), das heißt, sie geht auf die Erde über und existiert dort in vollendetem, sündlosem Zustand unter der Herrschaft des Urmenschen Gayomart und der ›Seele des Stiers‹, des Prototyps der Tierwelt.

Angra Mainyu sieht mit Bestürzung den Vorsprung, den der gute Gott für den späteren Entscheidungskampf gewonnen hat, und rafft sich zu Gegenmaßnahmen auf, wird aber von Ahura Mazda durch das Aussprechen der heiligen Ahunavairya-Formel weiter in Ohnmacht gehalten.

3. (Jahre 6000–8999) Angra Mainyu dringt in die Welt ein, tötet den Urmenschen und den Urstier, und die von ihm geschaffenen Dämonen verbreiten sich über die Erde. Aus dem Samen des Urmenschen entsteht das erste Menschenpaar, aus dem des Urstiers das Vieh. In der Welt ist jetzt das Gute und das Böse vermischt.

4. (Jahre 9000–12 000) Um den Menschen zu helfen, sendet Ahura Mazda den Zarathustra herab, dessen geistiges Seelenwesen (Fravashi) schon zu Beginn der zweiten Periode geschaffen worden war, aber bisher in der transzendenten Welt gelebt hatte. Je mehr die Zeit des Propheten zurückliegt, desto schlechter werden die allgemeinen und moralischen Zustände in der Welt. Aus dem Samen Zarathustras, der in einem See aufbewahrt wurde und in eine dort badende reine Jungfrau gelangt, entsteht nach tausend Jahren ein neuer Prophet, der für eine kurze Zeit eine Besserung herbeiführt. Dasselbe geschieht nach abermals tausend Jahren und schließlich wieder nach einem Jahrtausend, wenn die Periode ihr Ende erreicht hat.

Der letzte dieser Heilande, Saoshyant (Helfer) geheißen, wird dann die Auferstehung der Toten herbeiführen. Darauf beginnt der entscheidende Endkampf, der mit der Vernichtung Angra Mainyus und alles Bösen enden wird. Die durch einen läuternden feurigen Metallstrom gereinigte Welt erfährt eine vollkommene Verklärung (Fras hokereti): Ahura Mazda herrscht jetzt allein über selige Wesen.«[13]

Soweit die Übersicht. Wir können die Folgen der Religion Zarathustras für das menschliche Bewußtsein nur dann ganz würdigen, wenn wir ihr Weltbild in mehrere Aspekte zerlegen.

1. Aspekt: Die Zeit, in der der Mensch lebt, ist nicht zyklisch, sondern streng linear. Die Welt läuft konsequent auf ein Ziel zu. Es gibt einen Urbeginn der Welt und ein letztes Ziel. Die Wirklichkeit ist Geschichte, Geschichte ist irreversibel. Das hatten so zwar auch die Propheten Israels gesagt, sie hatten es aber nicht so konsequent gesagt. Nach Zarathustra werden Juden, Christen und Moslems es mit ebenderselben Konsequenz sagen.

2. Aspekt: Die Geschichte, nicht nur der Menschen, sondern der gesamten Wirklichkeit, also des Kosmos oder des Alls, ist *eine* Geschichte. Geschichte ist Allgeschichte. Sie verläuft nach einem Plan. Wenn wir heute noch von Naturgeschichte, nicht nur von Naturgeschehen und Naturgesetzlichkeit sprechen, dann beruht der Primat der Geschichte über die Natur, der heute gerade von den Physikern wiederentdeckt wird, auf diesem allgeschichtlichen Aspekt der Religion Zarathustras. Auch das Naturgeschehen ist letztlich irreversibel, also Geschichte. Man muß heute, wenn man die Geschichte erzählen will, nicht nur die Geschichte der Menschen, sondern die Geschichte des Universums erzählen. Daß die monotheistischen Religionen nicht an diesem Primat der Geschichte als Allgeschichte zerbrechen, verdanken sie dem in sie übergegangenen Beitrag der Religion Zarathustras.

3. Aspekt: Kant hat in seiner kritischen Philosophie gefragt, was wir wissen können. Er kommt dabei zum Primat der praktischen Vernunft über die theoretische Vernunft.

Kant will damit sagen, daß wir unseren letzten Lebenssinn nicht rein theoretisch erfahren können. Theoretisches Wissens bleibt relativ. Als Unbedingtes weiß der Mensch aber, daß er sich für das Gute gegen das Böse entscheiden soll. Kant weiß sehr wohl, daß die geltenden Normen zwischen Gut und Böse schwanken. Trotzdem muß der Mensch immer wieder herausfinden, was in seiner Situation gut oder böse ist. Kant nennt das den kategorischen Imperativ. Mit anderen Worten: Die Welt ist auf die ethische Entscheidung angelegt, nicht nur auf Überleben. Genau das hat in dieser Radikalität zum erstenmal Zarathustra ausgesprochen. Der Mensch muß sich entscheiden, ob er ein Helfer des guten oder des bösen Prinzips sein will, ein Helfer Ahura Mazdas oder Angra Mainyus.

4. Aspekt: Die Welt wird durch Jahrtausendgeister oder Propheten auf ihr Ziel hingetrieben. Zarathustra stellt die religionsgeschichtliche Gestalt des Propheten über die des Priesters. Priesterlichen Religionen eignet eine mehr statische, bewahrende kultisch-zyklische Auffassung der Wirklichkeit. Dem Propheten eignet eine mehr dynamische, umstürzende, den Kult zurückdrängende Auffassung der Wirklichkeit. Propheten bezeichnen schon durch ihr Auftreten eine Zeitwende. Sie stehen an der Schwelle neuer Zeitalter. Sie stoßen geltende Werte um und setzen neue Werte. Propheten legitimieren ihren Auftrag damit, daß sie unmittelbar von Gott berufen sind. Dabei verweisen sie auf eine ideale Urzeit, die in neuer Gestalt kommen wird, und auf das Auftreten früherer Propheten und das Erscheinen von Propheten nach ihnen. Die Propheten wiederholen nicht einfach, was die früheren Propheten gesagt haben, sondern fügen Neues hinzu. Sie stiften Neues, also neue Zeit, Neuzeit, die oft auch als letzte Zeit oder Endzeit erlebt wird. Die Propheten verstehen sich darum als letzte Propheten oder weisen auf einen letzten Propheten hin, der nach ihnen kommen wird, dem Gott die letzte und abschließende Erkenntnis offenbaren wird.

Der erste Jahrtausendgeist auf das Ende hin ist Zarathustra. Ihm werden nach zarathustrischer Lehre drei weitere

Propheten oder Jahrtausendgeister folgen. Es entsteht damit zugleich die Frage nach dem letzten Propheten, der die Kette der Propheten abschließt und versiegelt, die im Islam eine bedeutende Rolle spielt. Der letzte Prophet ist »das Siegel der Propheten« (Sure 33,41), der in die ganze Wahrheit führt.

Wir sind, wie immer wir uns auch philosophisch oder religiös nennen, heimliche Zarathustrier. Weil wir dieser Vor-bestimmung nicht ausweichen können, nenne ich weitere Beispiele. Ich decke damit nur den Boden unseres abendländischen und des islamischen Bewußtseins auf.

Zarathustra war es, der die Welt in Westen und Osten auseinandergetrieben hat. Seine Heere marschieren seitdem. Sie marschieren mit Augustin für die Civitas Dei, die Gottesbürgerschaft, gegen die Civitas Diaboli, die Bürgerschaft des Ahriman-Teufel. Sie marschieren als Vorbestimmtheit (Prädestination) in Luthers Spaltung der Menschheit in solche, die Gott oder die der Teufel reitet. Sie marschieren als Armee Gottes in den zum kapitalistischen Imperialismus ausschreitenden Erwählten Calvins wie in den Meditationen (Exerzitien) des großartigen katholischen Don Quichote Ignatius von Loyola, des Gründers des Jesuitenordens – eine äußerst moderne Gestalt. »Der Dualismus, die Antithese«, sagt in Thomas Manns *Zauberberg* der Jesuit Naphta, »ist das bewegende, das leidenschaftliche, das dialektische, das geistreiche Prinzip. Die Welt feindlich gespalten sehen, das ist Geist. Aller Monismus ist langweilig.«[14]

Jesus war nach Nietzsche und Albert Schweitzer darum so außerordentlich modern, weil er ein Don Quichote par excellence war: Er warf der Welt, wie sie angeblich, also nach dem sogenannten Realitätsprinzip, ist, das Richtungsgefälle seiner »zarathustrischen« Seele entgegen: Bedrängen des Endes in Richtung auf das Reich, das dadurch einbricht und die *eine* Wirklichkeit des *einen* Gottes gegen alle Realität verwirklicht, die Realität in die Wirklichkeit umstürzt. Jesus war nach dieser Auffassung ein zarathustrischer Umstürzler und Revolutionär, ein Gewalttäter, wie ihn Albert Schweitzer ausdrücklich nennt. »Wir stehen«, sagt Albert Schweitzer im 1. Kapitel (»Das Problem«) seiner *Geschichte der Leben-Jesu-Forschung,* »im innersten Kreis der Weltgeschichte. Es kam ein Mensch« – Jesus –, »die Welt zu beherrschen; er herrschte zum Guten und zum Verderben, wie es die Geschichte bezeugt; er zerstörte die Welt, in die er hineingeboren war; an ihm scheint das geistige Leben unserer Zeit zugrunde zu gehen, weil er erstorbene Ideen, wie gegen den Tod gefeite Geisterscharen, zum Kampf gegen unser Denken führt, und das Wahre und Gute, das sein Geist in uns schafft, wieder selbst vernichtet, daß es die Welt nicht beherrschen kann. Daß er fort und fort als der einzig Große und einzig Wahre in einer Welt herrscht, deren Fortbestehen er verneint hat, ist das Urphänomen des Gegensatzes von geistiger und natürlicher Wahrheit, welcher allem Leben zugrunde liegt und in ihm Geschichte geworden ist.« Kann man sich »zarathustrischer« ausdrücken?

Schweitzer fordert ausdrücklich das »Siegel der Propheten«, wenn er schreibt: »Wir haben noch keinen Ausgleich zwischen modernem Denken und Geschichte, sondern immer nur zwischen halbem Denken und halber Geschichte. Was es sein wird, dieses Definitive, das kommenden Jahrhunderten neues Leben und neue Regeln bringt, wissen wir nicht. Wir ahnen nur, daß es die Tat eines einzigartigen gewalttätigen Geistes sein wird, deren Recht und Wahrheit sich darin erweisen wird, daß wir, die an dem Undefinitiven arbeiten, uns dawider auflehnen werden, wenn wir auch jetzt harren und erwarten, daß ein Geist komme, der groß genug sei, mit Vollmacht der Welt, die wir auf unsern mühselig angelegten Pfaden nicht vorwärts bringen, eine neue Bahn zu schaffen.«[15]

Die Juden übernahmen das zarathustrische Weltzeitbild. Für die Juden war die Zeit an der Sabbatwoche, also am Siebenersystem orientiert. Sie mußten daher die zarathustrische Zwölf durch das Schema der Sieben abwandeln. Wie die Woche auf den siebenten Tag zuläuft und bei Gott tausend Jahre wie ein Tag sind (Psalm 90,4), so sollte sich nun alle Zeit im siebten Jahrtausend seit der Weltschöpfung, dem siebten Geschichtstag oder ewigen Sabbat Gottes erfüllen. 6000 Jahre Alltag und Werktag der Weltgeschichte, dann das siebte Jahrtausend oder tausendjährige Reich des Messias. Die Juden erwarteten *den* Sabbat der ganzen Zeit, das Reich Gottes auf Erden oder das tausendjährige Reich.

Dafür gab die persische Religion die Vorstellungen her. Als Kyros nach Westen aufbrach, erzitterten die alten Götter. Der Prophet Jahwes, von der Forschung Deuterojesaja (zweiter Jesaja) genannt (Kapitel 40–55 des Jesajabuches), aber begrüßte ihn als den Knecht und Messias Gottes, den Jahwe selbst erweckte:

So spricht Jahwe zu seinem Gesalbten,
zu Kyros, dessen Rechte ich halte,
Völker vor ihm zu unterwerfen,
und Lenden von Königen entgürte ich,
Pforten vor ihm zu öffnen,
und Tore bleiben nicht verschlossen.
Ich will vor dir herziehen
und Berge eben machen,
will eherne Türen zerbrechen
und eiserne Riegel zerschlagen.
Ich will dir verborgene Schätze geben
und versteckte Reichtümer,
damit du erkennst, daß ich Jahwe bin,
der dich bei deinem Namen ruft, der Gott Israels.
...
Der ich das Licht bilde und schaffe die Finsternis,
der das Heil wirkt und das Unheil schafft,
Ich, Jahwe, der dies alles wirkt.
Jesaja 45,1–3.7

Zarathustra schaffte die alten Götter ab, das verband ihn mit Israel. Statt dessen verkündete er Geister, die von Ahura Mazda ausgehen. Ahura Mazda schuf zum Beispiel den Spenta Mainyu, den »guten Geist«, der als heiliger Geist bei den Juden und Christen eine Rolle spielen wird. Eine ganze Engelslehre von guten und bösen Geistern verkündete der Parsismus, der zur Ausbildung einer jüdischen und dann christlichen Engel- und Dämonenlehre führte.

> Alsbald geriet ich in Verzückung,
> und siehe, ein Thron stand im Himmel,
> und auf dem Thron saß einer,
> und der da saß, war anzusehen
> wie Jaspisstein und Karneol,
> und rings um den Thron war ein Strahlenkranz,
> anzusehen wie Smaragd.
> Und rings um den Thron vierundzwanzig Throne,
> und auf den Thronen sitzend vierundzwanzig Älteste,
> mit weißen Kleidern angetan,
> und auf ihren Häuptern goldene Kronen.
> *Johannesapokalypse 4,2–4*

Das sind die vierundzwanzig Yazatas, die verehrungswürdigen Geister im Hofstaat Ahura Mazdas, die nun den Thron des Einen Gottes im Glanz der Kristalle umgeben, des lichtblitzenden Vierundzwanzigstunden-Tags, der symbolisch für das erfüllte Jahrtausend Gottes, das Reich, einsteht.

Einer dieser guten Geister hieß Haurvatat (»Heil«), ein anderer hieß Kshatra vairiya »gewünschte Herrschaft« oder »das Reich«. Daß Juden und Christen, insbesondere Jesus und seine Vorläufer, einmal vom »Reich«, vom »Geheimnis des Reichs«, dann vom »Reich Gottes« als von dem anhebenden und zur Vollendung treibenden Geheimnis der Geschichte werden sprechen können, verdanken sie dem persischen Propheten Zarathustra, in dessen Nachfolge und Erfüllung sie eintreten. Zarathustra hat als erster die Idee eines Reiches Gottes als Ziel der Geschichte gedacht und verkündet. Insofern ist Jesus nicht nur Jude, sondern auch Zarathustrier gewesen, sind Juden, sofern sie das Reich als Ziel Jahwes nennen, heimliche Zarathustrier.

Man hat gelegentlich vom »arischen Jesus« gesprochen.

Wenn man sich losmacht vom damit verbundenen Rassismus und Antisemitismus, der eine unbefangene Forschung stört, kann man sehr wohl vom »arischen Anteil« an der Jesusreligion wie auch vom »arischen Anteil« an der jüdischen Religion sprechen. Iranier, Perser sind Arier. Ihnen gehört das Erstlingsrecht an der Idee des »Reichs«. Ohne die Iranier oder Arier hätten Juden und Christen, hätte Jesus nicht vom Reich und seinem Geheimnis sprechen können. Wenn man sich auch aus sprachgeschichtlichen Erwägungen[16] klarmacht, daß Arier und Semiten ein Brüderpaar bilden, wird man für einen Antisemitismus kein Verständnis aufbringen können. Die sogenannten Arier haben sich im Christentum und Islam (die Perser) ausdrücklich für den Semitismus entschieden, die »arische« Religion Zarathustras erlangte über die »Semiten« erst jene volle Leidenschaft für den Einen Gott.

Ich zitiere auf diesem Hintergrund den großen Religionswissenschaftler Rudolf Otto, der in seinem Werk *Reich Gottes und Menschensohn* sagt: »Daß die Eschatologie (die Lehre von den letzten Dingen) der spätjüdischen Apokalyptik mit ihren besonderen Assoziationen weit hinausgeht über die Messianik Alt-Israels, daß sie sich unter Einwirkungen und durch direkte Herübernahmen iranischer Eschatologie entfaltet hat, daß mithin auch Jesu Reichs-Botschaft unter solchen Einflüssen steht, wird heute im Ernst nicht mehr bestritten. Man kennt auch ihren Quellort, die Religion des großen baktrisch-arischen Profeten Zarathustra und deren spätere Gestaltung im Avesta. Worauf ich hier zunächst hinweisen möchte, ist, daß die Quelle der Idee vom ›Reiche‹ noch weiter hinausliegt in *uralter* Vergangenheit *arischer* Religion, nämlich in der Asura-Religion, die entsprang, noch ehe Iranier und Inder sich trennten und deren älteste ehrwürdige Zeugnisse eingesprengt sind in den Veda Indiens.«[17]

Damit bringt Rudolf Otto den gemeinsamen Ursprung in Erinnerung, der nach der zarathustrischen Trennung von West und Ost aus gemeinsamer Wurzel die Heimkehr der Welthemisphären voraussagt.

Das nachbiblische Judentum ist in außerordentlichem Maße durch die aus dem Parsismus stammende apokalyptische Weltanschauung bestimmt worden. Persisches Denken verband sich in der Daniel-Apokalypse mit den Einflüssen und Fortwirkungen der Baalsreligion, auf die wir bereits eingegangen sind. Ebenso hat die Vorstellung vom Menschensohn als dem Urbild des Menschengeschlechts in der persischen Religion eine weitere Wurzel. Er heißt dort Gayomart. Zur Zeit Jesu waren viele Apokalypsen in Geltung, die uns zum Teil noch erhalten sind und in vielen jüdischen Kreisen als Offenbarung Gottes galten, schließlich aber doch nicht, abgesehen vom Buch Daniel, in die hebräische Bibel aufgenommen wurden. Apokalypsen, die damals großen Einfluß besaßen, waren: das Buch Henoch, das 4. Buch Esra, die Baruchapokalypse, die Himmelfahrt des Mose, die Himmelfahrt des Jesaja, die Testamente der 12 Patriarchen, die jüdischen Sibyllinen und andere. Diese nachbiblischen jüdischen Apokalypsen haben auch im Ur- und Frühchristentum eine außerordentliche Rolle gespielt. Es würde zu weit führen, auf sie im einzelnen einzugehen. Im Anschluß an die jüdischen haben sich eigene christliche Apokalypsen gebildet, von denen nur eine, die Apokalypse des Johannes, Aufnahme in das Neue Testament gefunden hat. Alle diese Apokalypsen enthalten einen Geschichtsplan, eine Voraussage der Zeiten und Stunden, die die Geschichte noch durchlaufen wird, bis das Ende hereinbricht, das Weltgericht und dahinter das Reich Gottes.

Im nachbiblischen Judentum sind Apokalyptiker die Gruppen gewesen, die Mut und Widerstand gegen den damals letzten Feind verkündeten. »Haltet aus, denn die große Wende, das Reich Gottes und seines Messias, des Menschensohns, steht vor der Tür!« Als der letzte Feind galten das als Anti-Messias (Antichrist) gedeutete römische Imperium und seine Kollaborateure: das falsche, ausbeuterische Priestertum und die Schar der Halbherzigen, die sich anpaßten, die der kommende Messias oder Menschensohn wie lauwarmes Wasser ausspucken wird. Apokalyptisch dachten insbesondere die Zeloten, die Aufstandsbewegung gegen Rom, die Essener, die sich auf eine letzte Schlacht, ein letztes Gefecht zwischen den Kindern des Lichts und den Kindern der Finsternis vorbereiteten, aber auch die christliche Urgemeinde, die ursprünglich eine innerjüdische Sekte der »Heiligen der letzten Tage« war mit noch sehr unentschiedener Offenheit zur nichtjüdischen Menschheit, war von ähnlichen Vorstellungen durchdrungen. Nach Auffassung vieler neutestamentlicher Forscher muß auch Jesus im Rahmen der apokalyptischen Erwartungen gesehen und verstanden werden.

Das nachbiblische Judentum Palästinas ist an der Überhitzung, die das apokalyptische Denken erzeugte, gescheitert. Die Zeloten übernahmen im Jüdischen Krieg gegen Rom die Führung. Im Jahre 70 eroberten die Römer Jerusalem. Im Bar-Kochba-Aufstand (132–135) ergriffen die apokalyptischen Ideen noch einmal das Judentum auf dem Boden Palästinas. Bar Kochba, der »Sternensohn« – im Anschluß an die Bileam-Weissagung: »Es geht auf ein Stern aus Jakob, ein Szepter erhebt sich aus Israel« (4. Mose 24) – eroberte Jerusalem, der berühmte Rabbi Akiba huldigte ihm als Messias. Die Essener stellten sich Bar Kochba zur Verfügung. Das Drama des Endkampfes der Söhne des Lichts gegen die Söhne der Finsternis endete in der tiefsten Katastrophe des Judentums, der vollständigen Vertreibung aus dem Land der Väter. Rabbi Akiba, der Prophet des Sternensohns, starb unter dem römischen Beil als Märtyrer Israels; er starb mit dem Liebesbekenntnis zu dem Einen Gott, dem Schma Jisrael: »Höre, Israel, Jahwe, dein Gott, ist Ein Jahwe; und du sollst lieben deinen Gott mit ganzem Herzen, mit ganzer Seele und mit deiner ganzen Kraft.«

Das Volk der Zeit

Das Judentum hat die Zerstörung Jerusalems und die Zerstreuung (Diaspora) unter die Völker im Sinne eines vertieften Selbstverständnisses seiner Mission für die Völker und unter den Völkern gedeutet. Es darf wohl als ein tiefes Geheimnis angesehen werden, daß im gleichen Zeitraum, in dem sich die Kirche als Volk aus den Völkern (»Heiden«) sammelte, das Gottesvolk Israel die Wege der Kirche in die Völkerwelt, von der Kirche her gesehen wie ihr Schatten, mitwanderte als das Volk zwischen den Völkern.

Die Christenheit dagegen hat sich dazu verleiten lassen, die Vertreibung Israels aus dem Land als Strafe Gottes, ja als endgültige Verwerfung Israels als Gottesvolk zu deuten. »Sein Blut komme über uns und unsere Kinder«, läßt das Matthäusevangelium (27,25) Israel sagen als Ausdruck seiner angeblich kollektiven Zustimmung zur Kreuzigung Jesu. Die Kirche hat dadurch zugleich das Gespräch mit dem Judentum, von Ausnahmen abgesehen, abgebrochen und darüber hinaus dann sogar die jüdische Christenheit, die Judenchristen, verketzert und aus der Großkirche ausgestoßen.

Der Verfasser des Kolosserbriefes hat das Geheimnis der Kirche wie folgt ausgesprochen: »Das Geheimnis, das verborgen war, seitdem es Weltzeiten und seitdem es Geschlechter gibt – jetzt ist es seinen Heiligen geoffenbart worden. Ihnen wollte Gott kundtun, welches der Reichtum der Herrlichkeit *dieses Geheimnisses unter den Heiden sei: Christus in euch*« (1,26f.).

Auch wenn der Verfasser des Kolosserbriefes, der die Enthüllung dieses Geheimnisses als eine ihm und seinen Mitchristen zuteilgewordene Inspiration oder Offenbarung ansieht, darin keine Einschränkung erkennen mochte, sie enthält eine solche: die Enthüllung des göttlichen Weltenplans in Richtung auf die Völkerwelt (»Heiden«). Die Kirche wurde »Heidenkirche«, sie profilierte sich zur umfassenden und katholischen Kirche, indem sie sich »entjudaisierte«. Das ist ihr »Schatten«, der sie auf allen Wegen begleitet. Ihre dadurch unvollständige Katholizität beruht auf einem Trauma: die Juden, dem sich, wie wir noch zeigen werden, das Trauma Islam aus innerer Notwendigkeit zugesellen wird. Kirchliche Absolutheitsansprüche sind von allem Anfang an traumatische, die zugleich auf den Todeskeim der Kirche vor-weisen. Wenn wir das christliche Geheimnis von Tod und Auferstehung ernst nehmen, muß dieser Schock für das Christentum zur Stunde der Wahrheit werden. Es kann ja nur leben, was auch sterben kann.

Das darf nicht so verstanden werden, als hätten jüdisches Erbe und jüdische Impulse in der Kirche aufgehört fortzuwirken. Die Kirche nahm ein gut Stück Judentum mit auf ihren Weg durch das von der Kirche so genannte Alte Testament, das sie eben doch nicht ganz zu einem christlichen Buch umschaffen konnte. Das Alte Testament als geistige Macht befreite sich wohl auch immer wieder von den Fesseln, die die heidenchristliche Kirche um es legte.

Die Kirche als »Über-Volk« aus den Völkern, die sich zu christlichen Völkern wandelten und als solche dennoch getrennt fortbestehen, stand und steht in der Gefahr zum bloßen »Über-Bau«, zur Verwalterin des Jenseits und Himmels zu werden, zum Ort der Ideen, während sie die Erde und ihre leibhaftige Geschichte aufgibt. Weithin hat die Kirche Christus – und das schon zum Teil in den für Heidenchristen geschriebenen Evangelien – als eine reine Gestalt der »Über-Welt« aufgefaßt und verkündet und dadurch den irdischen, jüdischen Jesus von Nazareth geleugnet. Sie hat über die längste Zeit ihrer Geschichte das antisemitische Johannesevangelium über die auch schon heidenchristlichen Synoptiker gestellt, in denen Jüdisches trotz der antijüdischen Redaktionsklammer fortwirkt. Immer wieder war es aber das Jüdische im Christentum, das die Kirche auf die Erde, die Geschichte und das Ziel der Welt, die Arbeit an und in der Welt verwies.

Das Gottesvolk der Juden wurde der Kirche als mitwandernder Zeuge Gottes beigesellt. Alle Völker sind Raum-Völker, Israel aber ist das Volk der Zeit. Es lebt zwischen den Völkern als Zeuge eines künftigen, neuen und erfüllenden Menschheitsbundes im Ziel aller Zeit. Ekklesia (die Kirche) und Synagoga (die Judenheit) sind im Straßburger Münster als Schwestern dargestellt worden, die Synagoge mit der Binde ums Haupt.

Die Wahrheit ist jedoch, daß das Judentum in die tiefe Verborgenheit der Wege Gottes eintrat und in der Verborgenheit und Tiefe der jüdischen Existenz durchlebte, während die Christenheit in die Öffentlichkeit und Höhe eintrat und sich im Besitz des allein die Welt erleuchtenden Christus-Lichts sicher wähnte. Heute geht von der christlichen Menschheit die tiefste Sonnenfinsternis des Welt-Sinns, die tiefste Gottesfinsternis auf die Menschheit über. Man ist im Religionsvergleich versucht zu sagen: Das Übermaß geistig seelischer Energie, das die Kirche auf die Ausbildung einer Theologie gewandt hat, hat die Judenheit auf die Darlebung einer Theopraxie (wörtlich: Gott tun) gewandt.

Der göttliche Sinn jüdischer Existenz hat im Exil, in der Zerstreuung oder Diaspora, die Juden sagen Galut, seinen tiefsten mythisch-mystischen Ausdruck in der Lehre von der Schechina, der mitwandernden Gottesgegenwart, erfahren. Gott ist nicht nur in der Transzendenz, nicht nur die reine, weltüberlegene Gottheit, sondern zugleich auch als Schechina und, wie die Mystiker deuten, Gottesbraut des Menschen die Tiefe der Existenz, das Wandern durch die Welt, die Unerlöstheit aller Dinge und der Zeit, die Verborgenheit, durch die alles hindurch muß, wenn es wachsen soll als Kraft und Sinn der Welt, weil es erst dort Gott ganz finden wird, der selbst in die Verborgenheit und Verbannung gegangen ist und des Menschen bedarf, bedürfen will, der sich an Gottes Unerlöstheit in allem hingibt und, Gott aus der Zerstreuung in alles erlösend, die Schechina hinaufbringt zur überweltlichen Gottheit.

Der Verlust des Landes, um wieder an die Geschichte anzuknüpfen, führte zum Sieg des Rabbinats, das heißt der Frömmigkeitsform der Synagoge. Tora, Rabbinat und

Synagoge wurden zur inneren Heimat der Juden. Die Lehraussprüche der großen Rabbinen wurden im Talmud zusammengefaßt (350 jerusalemischer Talmud, 500 babylonischer Talmud). Von einer starren Gesetzesreligion kann und darf man da wirklich nicht reden. Weder die Tora (das Wort heißt ja im Ursinn nicht »Gesetz«, sondern »Weisung«) noch der Talmud werden als starres Gesetz, als Kodex, aufgefaßt, sondern letztlich als Teil einer weitergehenden mündlichen Überlieferung, als die sich ja auch die urchristliche, zum Neuen Testament erstarrende verstand.

Was Buber über die Pharisäer – gegenüber dem Zerrbild christlich neutestamentlicher Überlieferung – schreibt, gilt für die Rabbinen, die im ganzen bessere Seelsorger als die christlichen waren. Die Rabbinen, sagt Buber in »Kampf um Israel«, »sahen in der geschriebenen Überlieferung, die zwar grundsätzlich nichts anderes als Übernahme eines Übergebenen, eines mündlich Erhaltenen, sein wollte, aber in ihrer Wirklichkeit doch in jedem neuen Geschlecht zu neuer Situation neuen Spruch tat, neuen Spruch, der sich freilich aus seiner Verknüpftheit mit der Tradition legitimieren mußte, aber deren Bestand eben doch erweiterte, modifizierte, ja wandelte ... Indem sie sich unterfingen, das Schriftwort ›auszulegen‹, hoben (sie) es in den Raum des Weltgeschehens ein. Gerade weil ihre Auslegung letztlich dem wandlungsreichen Leben treuer war als dem unverwandelbaren Text, gerade weil sie den festen Buchstaben nur deuteten – um die strömende Wirklichkeit im Namen Gottes zu bewältigen, dienten sie Ihm, der seine Manifestation nicht verkapseln lassen will, sondern, wie das Werk seiner Schöpfung, so auch das seiner Offenbarung, ›an jedem Tag erneuert‹.«[18]

Das Judentum war trotz seiner Minorität immer zugleich Glied und Motor einer Hochkultur, also Kulturträger und Kulturbringer, wie sein Zusammenleben mit Christentum und Islam beweist. Auf die arabisch-jüdische Kultursymbiose in Spanien kann ich hier nur hinweisen. Der zweite Mose des Judentums, Moses Maimonides, hat unter dem

Druck christlicher und islamischer Lehre folgende dreizehn Glaubenslehren des Judentums formuliert:

»1. Ich glaube mit voller Überzeugung, daß der Schöpfer – gelobt sei sein Name – alle Geschöpfe erschaffen hat und lenkt und daß er allein alle Werke vollbracht hat, vollbringt und vollbringen wird.

2. Ich glaube mit voller Überzeugung, daß der Schöpfer – gelobt sei sein Name – einzig ist und keine Einheit der seinen in irgendeiner Beziehung gleicht und daß er allein unser Gott war, ist und sein wird.

3. Ich glaube mit voller Überzeugung, daß der Schöpfer – gelobt sei sein Name – kein Körper ist und Körperliches ihm nicht anhaftet und daß er seinesgleichen nicht hat.

4. Ich glaube mit voller Überzeugung, daß der Schöpfer – gelobt sei sein Name – der Erste und der Letzte sein wird.

5. Ich glaube mit voller Überzeugung, daß der Schöpfer – gelobt sei sein Name – allein Anbetung verdient und daß es sich nicht gebührt, ein Wesen außer ihm anzubeten.

6. Ich glaube mit voller Überzeugung, daß alle Worte der Propheten wahr sind.

7. Ich glaube mit voller Überzeugung, daß das Prophetentum unseres Lehrers Mose wahr ist und daß er der Meister aller Propheten war, die vor ihm waren und nach ihm kamen.

8. Ich glaube mit voller Überzeugung, daß die ganze Tora, wie wir sie jetzt besitzen, unserem Lehrer Mose – Friede sei mit ihm – gegeben wurde.

9. Ich glaube mit voller Überzeugung, daß diese Tora nie vertauscht werden und daß keine andere vom Schöpfer – gelobt sei sein Name – ausgehen wird.

10. Ich glaube mit voller Überzeugung, daß der Schöpfer – gelobt sei sein Name – alle Handlungen der Menschen und alle ihre Gedanken kennt; denn so heißt es: ›Er, der ihre Herzen allesamt gebildet hat, versteht auch all ihr Tun.‹

11. Ich glaube mit voller Überzeugung, daß der Schöpfer – gelobt sei sein Name – Gutes erweist denen, die seine Gebote beobachten, und diejenigen bestraft, die seine Gebote übertreten.

12. Ich glaube mit voller Überzeugung an das Erscheinen des Messias, und wenn er auch säumt, so harre ich trotzdem täglich seiner Ankunft.

13. Ich glaube mit voller Überzeugung, daß eine Auferstehung der Toten zu der Zeit stattfinden wird, die dem Schöpfer wohlgefallen wird. Gelobt sei sein Name, und gepriesen sei sein Andenken für immer und in alle Ewigkeit!«[19]

Einer der neuzeitlich bedeutendsten Beiträge des Judentums für das Geschick der Gesamtmenschheit ist der Chassidismus des osteuropäischen Judentums, das auf Israel ben Elieser, den Baal Schem Tow (den Herrn des wundersamen Gottesnamens) als Gründer zurückgeht.

Der Baal-schem-tow, Israel ben Elieser, schuf in den chassidischen Gemeinden ein Judentum, das Gott nur durch die Welt und ihre Fülle hindurch anbeten und verwirklichen will. Gottes Antlitz ruht, wie Buber als Deuter des Chassidismus sagt, im Block der Welt, damit wir ihn herausmeißeln.[20] Das in allem als unsere Aufgabe erkennen, sei das ewige Judentum der Menschheit.

Hans Joachim Schoeps nennt den Sinn des ewigen Judentums, wenn er zusammenfaßt: »Das Judentum hat durch die Jahrhunderte hindurch in vielfachen Formen und Gestalten der Welt seine Botschaft verkündet: daß die Welt nicht selber letztes Maß und letzte Norm bedeutet, sondern daß sie einen Herrn hat, vor dem sich die Menschen beugen sollen. Dieser Auftrag verbindet die Synagoge mit der christlichen Kirche und auch mit der islamischen Moschee, die beide einmal aus ihr hervorgegangen sind. Wenn aber der Mensch Gottes Willen tut – und nach jüdischem Glauben hat der Mensch die Freiheit und die Kraft, wenigstens damit anzufangen –, geht es um die Verwirklichung von Frieden und Gerechtigkeit, wächst das Reich. Das Reich ist nach jüdischem Glauben noch nicht angebrochen, sondern es ist im Kommen. Der Mensch – Jude, Christ und Heide – ist immer aufgerufen hin zum Sinai. Die jüdische Weltmission liegt darin, diesen Ruf immer wieder neu hörbar zu machen. Noch der moderne, tief in die allgemeine Säkularisierung der Welt hineinverstrickte Jude wird von diesem Pathos getragen, dem Walter Rathenau einmal in einem Briefe Ausdruck gab, als er einem Antisemiten schrieb:

›Sie lieben das Alte Testament und hassen – nein, mißbilligen – uns Juden. Sie haben recht, denn wir haben unsere Sendung noch nicht erfüllt. Wissen Sie, wozu wir in die Welt gekommen sind? Um jedes Menschenantlitz vor den Sinai zu rufen. Sie wollen nicht hin? Wenn ich Sie nicht rufe, wird Marx Sie rufen. Wenn Marx Sie nicht ruft, wird Spinoza Sie rufen. Wenn Spinoza Sie nicht ruft, wird Christus Sie rufen.‹

Das war freilich nur von der Peripherie des Judentums her gesehen, denn Marx, Spinoza, Christus sind für das seiner selbst bewußte fromme Judentum nicht in Anspruch zu nehmen. Aber der Ruf zum Sinai an den Menschen, der in der Ferne steht, daß die Gerechtigkeit Gottes angestrebt und bezeugt wird *inmitten* des menschlichen Unrechts, das ist das ewig Jüdische. Gerade dem von Gottes Wort abgelösten, ganz auf sich selbst gestellten Menschen unserer Tage gilt die Botschaft des Judentums, die sich durch die Jahrtausende nicht geändert hat und die einen chassidischen Rabbi seinen Schüler sagen ließ: ›Die große Schuld des Menschen ist, daß er in jedem Augenblick die Umkehr tun kann und sie nicht tut.‹ Am Umkehrenden aber geschieht nach jüdischem Glauben die Schöpfung aufs neue.«[21]

DIE »ABSCHLIESSENDE OFFENBARUNG«: ISLAM

Muhammad

Christen und Juden haben über mehr als ein Jahrtausend Muhammad als falschen Propheten, ja als *den* falschen Propheten oder Pseudopropheten hingestellt. Die Christen neigten dazu, Muhammad als christlichen Sektenstifter und Ketzer anzusehen, den Islam als eine Erscheinungsform des Antichristen, sofern sie ihn nicht kurzerhand als Heidentum auffaßten.

Christentum und Judentum haben sich im Blick auf Muhammad und den Islam meist spröder verhalten als im Blick auf andere Religionen. Das hängt mit der ungeheuren Nähe zusammen. Da ist – im Islam – kein anderer Gott als der Gott der Juden und Christen, und da ist ein Prophet, der mit den Ansprüchen eines von Gott Gesandten, also eines Apostels, auftritt. Die Christenheit stand daher vor der Frage, ob sie den Propheten Arabiens als Erneuerer und Vollender des Apostolats anerkennen oder verwerfen sollte.

Sie hat zunächst das letztere getan. Er mußte der Christenheit als Pseudoprophet und falscher Apostel gelten, da er die Grundaussagen (Dogmen) der abendländischen Christenheit, die Trinität Gottes und die Zweinaturenlehre (Christus als wahrer Gott und Mensch), in Frage stellte. Die Christenheit sah sich durch den arabischen Propheten aufs tiefste herausgefordert, ja beleidigt. Sie war daher über ein Jahrtausend nur imstande, Muhammad als Erzketzer und Antichrist zu begreifen, der nach Daniel 7,21 »Krieg führte mit den Heiligen und sie überwältigte«, bis der Jüngste Tag rettend eingreifen wird. Sein Mund ist, wieder nach Daniel 7, voller Blasphemien gegen den Höchsten und die Heiligen, bis Gott ihn im apokalyptischen Endkampf vernichten wird. Was die Christen zutiefst schockierte, war das Entstehen einer selbständigen monotheistischen Weltreligion post Christum natum vor ihren Augen, die der Christenheit die Hälfte ihres Besitzstandes wegnahm und, zu Luthers Zeit, durch das Türkische Reich vor Wien stand.

Noch im 18. Jahrhundert konnte sogar der große, auf Toleranz bedachte Aufklärungsphilosoph Voltaire in seiner Tragödie »Mahomet« den Stifter des Islam nur als großen Betrüger und unreinen Geist begreifen, der die Erhabenheit der Religion, des Gottglaubens, mit niedrigem Machtwillen schändete. Das spricht für die Hartnäckigkeit des christlichen Vorurteils.

Es fällt Juden und Christen schwer, in Muhammad und dem Islam etwas anderes als eine illegitime Erscheinung des Monotheismus zu sehen. Der Islam gilt – bewußt oder unbewußt – als »Bastard« der beiden biblischen Monotheismen. Er ist der Sohn der Hagar, also der Sklavin Saras und Abrahams, nicht der Sohn der Freien, der Sara, er ist die Religion Ismaels, des Sohnes der Hagar, nicht die Religion Isaaks, des »einzigen (eingeborenen) Sohnes« Abrahams. Das Verhältnis Muhammads und des Islam zu Abraham wird als illegitimes Verhältnis gedeutet.

Es kommt darauf an, ob die Sperren, die zwischen dem Islam und uns immer noch aufgerichtet sind, überwunden werden können. Wir werden dazu um so eher imstande sein, je mehr wir uns deutlich machen, daß Muhammad in seinem religiösen Ausgangserlebnis originell gewesen ist. Hinter der Vorstellung vom »Betrüger« steht ja zugleich die Meinung, er habe das, was er auf seinen Karawanenreisen bei Juden und Christen aufgriff, gegen bessere Kenntnis synkretistisch zusammengebracht. Nach dieser Auffassung ist der Islam das große Plagiat aus zum Teil zweifelhaften und mißverstandenen Überlieferungsstücken der beiden monotheistischen Religionen, ist Muhammad der große, weltgeschichtlich erfolgreiche Plagiator ohne eigentliche Originalität.

Die moderne Koran-Forschung widerspricht ausdrücklich diesem Vorurteil. Muhammad war originell, das heißt unmittelbar und echt im Ursprung seines religiösen Erlebnisses und ohne Verdacht, daß er eine Art Offenbarungsklitterung nachträglich in Offenbarungen durch Gott umgefälscht habe. Muhammad war ein Berufener, zumindest hatte er keine innere Möglichkeit, sich selbst anders zu verstehen.

Muhammad wurde um 570 n. Chr. in Mekka als Sohn des Abdallah und der Amina geboren. Seine Familie gehörte einem verarmten Nebenzweig (Sippe Haschim) des in Mekka dominierenden Clans der Kuraischiten an. Muhammad ist früh verwaist. Als auch die Mutter starb, war er sechs Jahre alt und kam für zwei Jahre in das Haus seines Großvaters Abd-al-Muttalib, nach dessen Tod zu seinem Onkel Abu Talib. Als Muhammad zwölf Jahre alt war, nahm ihn sein Onkel auf eine Karawanenreise mit. Die Legende berichtet, ein syrischer Einsiedler habe beobachtet, Muhammad sei auf der Reise ständig von einer Wolke beschattet worden, was auf sein künftiges Prophetentum deute.

Materielle Vorteile hat Muhammad aus der wohlhabenden und einflußreichen Verwandtschaft mit Abu Talib und den Kuraischiten nicht gezogen. Eine für seine religiöse Entwicklung wichtige materielle Unabhängigkeit erlangte er erst durch die Heirat mit Chadidscha, der Besitzerin eines bedeutenden mekkanischen Handelshauses, deren Angestellter er zuerst war. Als Karawanenbegleiter gelangte er unter anderem nach Syrien. Durch die Heirat wurde er zum reichen Handelsherrn. Muhammad war 25, Chadidscha war 40 Jahre alt, als die Ehe zustande kam, die überaus glücklich verlief. Auf den Reisen nach Syrien hatte Muhammad wohl Kontakte mit Juden und Christen gehabt, doch darf man diese, wie die moderne Koran-Forschung zeigt, für die religiöse Entwicklung des Propheten nicht überschätzen. Der wachsende Wohlstand gab Muhammad die Möglichkeit, seinen religiösen Grübeleien und mystischen Neigungen nachzugehen. Er fand in den inneren Krisen, die sein Suchen nach letzter religiöser Gewißheit begleiteten, Verständnis und seelischen Schutz in der Liebe Chadidschas, die eine bedeutende Frau gewesen sein muß.

Als Muhammad vierzig Jahre alt war, erlebte er in einer Höhle am Berg Hira die für sein Leben und das Schicksal der Welt entscheidenden Visionen. Muhammad hatte sich oft nach dorthin zurückgezogen. In der Nacht vom 26. zum

27. Ramadan des Jahres 610 ereignete sich der entscheidende Durchbruch, der als die Lailat al-kadr, die »Nacht der Macht« bzw. die »Nacht des Schicksals oder der Bestimmung«, wie man das Wort auch übersetzen kann, in die Religionsgeschichte eingegangen ist.

Die Religionsgeschichte nennt drei heilige Nächte: die heilige Nacht der Erleuchtung (Buddhismus), die heilige Nacht der Geburt (Christentum) und die heilige Nacht der Macht (Islam). Die Nacht, die voller Licht wurde, ist sicher ein tiefes Symbol, das die Integration des Unbewußten ins Bewußtsein zum Ausdruck bringt. Man sollte aber, wenn von den heiligen Nächten die Rede ist, immer auch die heilige Nacht der Erwählung oder der Freiheit (Judentum) mitnennen. In der Passanacht fragt der Hausvater den jüngsten Sohn: »Was unterscheidet diese Nacht von allen anderen Nächten?« Was die genannten vier Weltreligionen in ihrem Verhältnis zur Tiefe des Seins unterscheidet, kommt im Symbolgehalt ihrer heiligen Nächte am unmittelbarsten zum Ausdruck, die doch alle in eine letzte Seinstiefe zurückweisen. In der »heiligen Nacht der Macht« begann das »heilbringende Ereignis der Koranoffenbarung…, das im Fastenmonat Ramadan feierlich begangen wird«.[1]

Wir müssen, um Muhammads Prophetentum aus dem Innern heraus erfahren zu können, uns eine möglichst anschauliche Vorstellung von jener »Nacht der Macht« zu verschaffen suchen, die Muhammad in das Medium immer neuer, aus ihm herausgeschleuderter Offenbarungen umschuf. Wir müssen diesen ungeheuren Einbruch des Unbedingten während einer Nacht in der letzten Dekade des Fastenmonats Ramadan in der Höhle des Berges Hira aus den Quellen, dem Koran und den Traditionen, rekonstruieren. Es ist der Einbruch des Wortes oder des Buches, des Koran, wörtlich: Lesung oder Rezitation, in das Herz des Propheten. Das Buch Gottes, das der Prophet nach und nach zitieren, rezitieren soll, senkte sich ihm ins Herz. Dermenghem hat davon eine unübertroffen lebendige Darstellung durch Rekonstruktion gegeben:

»Während Muhammads Schlaf kam der geheimnisvolle Bote; in der Hand trug er eine mit Zeichen bedeckte Schriftrolle und gab den Befehl, zu lesen (wie man Psalmen rezitiert). Ich kann nicht lesen, sagt Muhammad. – Lies, sagt noch zweimal der Engel, indem er den Stoff um den Hals des Schläfers enger zieht. – Was werde ich lesen? – Lies:

> Lies im Namen deines Herrn, der alles erschaffen hat,
> Und der den Menschen aus geronnenem Blut erschuf.
> Lies, bei deinem Herrn, dem glorreichsten,
> Der den Gebrauch der Feder lehrte
> Und den Menschen lehrt, was er nicht gewußt.
> *Sure 96*

Der Auserwählte erwacht mit dem Bewußtsein, daß ein Buch in sein Herz herabgestiegen ist. Dem Traum folgt die Erscheinung. Er tritt aus der Höhle ... und nun hört er, wie eine Stimme ihn als den Gesandten Allahs grüßt. Den Kopf erhebend erblickt er einen riesengroßen Mann am Horizont. Geblendet wendet Mohammed sich ab, erblickt aber wiederum den Engel. Von allen Seiten des Himmels blickt ihn der große Engel an.«[2]

Dermenghem hat hier bereits die nachträglich auch von Muhammad vollzogene Gleichsetzung des riesengroßen Mannes am Horizont mit dem riesengroßen Engel (Gabriel?) eingesetzt. Das ist ohne Zweifel eine Verzeichnung der Erstoffenbarung und trifft daher nicht ganz die Übermacht dieser ersten Vision, die über Muhammad herfiel. Der riesengroße Mann, der dem arabischen Propheten in der unbearbeiteten Vision erschien, war im Selbstzeugnis des projizierten Seelenbildes Gott selbst. Muhammad geriet unter den Todesschrecken und Todesschock, Gott selbst geschaut zu haben. Die Spiegelung von allen Seiten des Himmels zeigt das Unentrinnbare und tödlich Gefährdende an. Daß er später für Gott den Erzengel (Gabriel?) einsetzte, stellt eine Bearbeitung des Urerlebnisses dar, die den Propheten davor bewahrte, in der Urschau zu verglühen, das heißt geisteskrank zu werden. Für Außenstehende, wohl auch für ihn selbst, war Muhammad auf Grund dieser Vision vorübergehend ein Geisteskranker geworden.

Man darf annehmen, daß die visionären Aussagen in Sure 53 in den Umkreis des Urerlebnisses gehören:

Bei dem Stern, der da sinkt,
Euer Gefährte (Muhammad) irrt nicht und ist nicht getäuscht,
Noch spricht er aus Gelüst.
Er (der Koran) ist nichts als eine geoffenbarte Offenbarung,
Die ihn gelehrt hat der Starke an Kraft,
Der Herr der Einsicht. Er stand aufrecht da
im höchsten Horizont;
Alsdann nahte er sich und näherte sich
Und war zwei Bögen entfernt oder näher
Und offenbarte seinem Diener, was er offenbarte.
Nicht erlog das Herz, was er sah.

Ich fahre fort mit der außerordentlich anschaulichen Schilderung Dermenghems: »Mohammed kehrt verstört nach Hause zurück; ist er wahnsinnig, ist er besessen? In seiner Verwirrung stürzt er zu Chadidscha, legt sein Haupt auf ihre Knie und erzählt ihr sein Erlebnis. Die edle Frau zeigt sich der Situation gewachsen. Obwohl alle Anzeichen darauf deuten, daß ihr Mann geisteskrank geworden ist, vertraut sie ihm. Mohammed ist ein aufrichtiger, wahrheitsliebender, gütiger und hilfreicher Mensch. Gott kann einen solchen Menschen nicht das Opfer teuflischen Trugs werden lassen. Mohammed wird der Prophet seines Volkes sein, und Chadidscha ist die erste, die an ihn glaubt. Ihre letzten Zweifel verschwinden, als der blinde Waraqa, ihr Vetter, ein religiös aufgeschlossener Mensch, sie in dem Glauben bestärkt, daß der geheimnisvolle Gesandte derselbe ist, der auch zu Moses und den Propheten gesprochen hat...

Für den Auserwählten ist es nun vorbei mit dem ruhigen

und angesehenen Leben. Sein Herz findet keinen Frieden. Allahs Wort ist schwer zu ertragen. Die Offenbarung ist unterbrochen. Mohammed durchlebt die Schrecken der finsteren Nacht. Er zieht wieder ins Gebirge und flieht vor der Welt und vor sich selbst. Auch am Orte seines Berufungserlebnisses geschieht nichts. Der Prophet spielt sogar mit Selbstmordgedanken. Immer wieder findet er Trost und neuen Mut bei seiner Gemahlin. Als er arm war, hat ihn Chadidscha bereichert; als alle ihn verließen, hat sie ihn getröstet; als er der Lüge bezichtigt wurde, hat sie an ihn geglaubt – so wird er später von ihr sagen.

Aber nun spricht der Engel (es war Gott, wie wir gegen Dermenghem annehmen müssen) ein zweites Mal.

Bei dem hellen Tag
Und bei der finstern Nacht!
Dein Herr hat dich nicht verlassen, auch haßt er dich nicht.
Wahrlich, das zukünftige Leben wird besser für dich sein als das Gegenwärtige.
Und dein Herr wird dir eine Belohnung geben,
Womit du vollkommen zufrieden sein wirst.
Hat er dich nicht als eine Waise gefunden
Und Sorge für dich getragen?
Hat er dich nicht im Irrtum gefunden und recht geleitet?
Hat er dich nicht arm gefunden und dich reich gemacht?
Darum bedrücke nicht die Waise
Und verscheuche nicht den Bettler,
Sondern verbreite die gnädige Wohltat deines Herrn.
Sure 93

Drei Jahre blieb die Sendung das Geheimnis weniger Vertrauten des Propheten: es waren dies Chadidscha, Ali, ein Vetter Mohammeds, Zaid, sein Adoptivsohn, Abu Bakr, sein Freund und zukünftiger Schwiegervater, und Othman der Omajjade, sein Schwiegersohn. Dann erging an den Propheten der Befehl zur offenen Verkündigung des Wortes bei den Qoraischiten:

O Prophet, verbreite, was von deinem Herrn auf dich herabgekommen,
Wenn du es nicht verkündest, hast du deine Sendung nicht erfüllt…
Sage, was gut, und sage, was schlecht ist, wie dir gesagt wurde.
Und fürchte die Heiden nicht.«[3]

Die Erlebnistiefe der Visionen Muhammads spricht für sich. Die neuere Forschung kann darüber hinaus zeigen, daß Muhammad auf Älteres und Ursprünglicheres arabischer Tradition zurückgriff, also im Ausgang seiner Gottesschau nicht abhängig war von jüdisch-christlicher Überlieferung, die er später aufgriff und umschmolz.

Ausgehen müssen wir wohl, wofür ich den namhaften Koran-Forscher Rudi Paret anführe, von dem gemeinsemitischen Gattungsbegriff für »Gott«. Dieser lautete im Arabischen »Ilah, was dem hebräischen Eloah genau entspricht, mit dem bestimmten Artikel versehen al-Ilah ›der Gott‹. Neben dieser mit dem Artikel versehenen Normalform muß es schon in alter Zeit die kontrahierte Kurzform Al-lah (mit Ausfall des i) gegeben haben, – dieselbe Form, die dann im Islam als Allah allgemeingültig geworden ist. Das gibt zu denken. Im lebendigen Sprachgebrauch hat man die mit dem Artikel versehene Bezeichnung für Gott, also al-Ilah, ›der Gott‹, anscheinend so häufig verwendet, daß sie im Lauf der Zeit zu Al-lah abgeschliffen worden ist. Mit anderen Worten, es war gang und gäbe, von ›Gott‹ überhaupt zu sprechen, anstatt etwa von Hubal oder irgendeinem anderen mehr oder weniger begrenzten Einzelgott. Damit ist allerdings noch nicht gesagt, daß schon im vorislamischen Arabien die vielen Einzelgötter in den einen und alleinigen Gott aufgegangen wären. Der Monotheismus hatte sich noch keineswegs durchgesetzt. Das geht aus den vielen Koranstellen hervor, in denen sich Mohammed gegen den Polytheismus seiner Landsleute ereifert… Es gibt jedoch auch Koranstellen, in denen Mohammed bei seinen Gegnern den Glauben an Allah als den Schöpfer der Welt und Förderer alles Lebens[4] und als den Helfer in Seenot[5] voraussetzt, und in denen er ihnen nur den Vorwurf macht, daß sie nicht folgerichtig einen Schritt weitergehen und Allah als alleinigen Gott anerkennen, neben dem es keine anderen Götter gibt. In Sure 12,106 wird der Sachverhalt kurz und treffend auf den Begriff gebracht: ›Die wenigsten glauben an Allah, ohne zugleich Polytheisten zu sein.‹«[6]

Paret zieht daraus den Schluß: »Der Glaube an Allah als einen Weltgott oder obersten Gott hatte sich schon weithin durchgesetzt. Aber im täglichen Leben hielt man sich an denjenigen der alten Stammes- und Lokalgötter, der sozusagen für einen zuständig war. Und man erkannte ohne weiteres an, daß es daneben auch noch andere Götter gab. So stand speziell in Mekka der Glaube an den Stadt- oder Stammesgott im Vordergrund, mochte man ihn nun Hubal nennen, oder ›Herr des Hauses‹ (d. h. der Ka'aba), oder einfach ›Herr‹ oder auch ›Gott‹ (Allah). Gleichzeitig waren al-Lat, al'Uzza und Manat als drei weitere, weibliche Gottheiten allgemein anerkannt und hoch geschätzt. Außerdem nahm man wohl als selbstverständlich an, daß in anderen Gegenden zusätzlich andere Gottheiten Verehrung genossen.«[7]

Diese Beobachtung ist insofern wichtig, weil sie zeigt, daß Muhammad die Vorstellung von Allah als dem höchsten Gott nicht erst von Juden und Christen übernommen hatte. Wenn die alten Araber von Allah als dem höchsten Gott sprachen, dann griffen sie die in allen Religionen durchhaltende Vorstellung vom Urgott oder Höchsten Wesen auf. Und es ist für diesen Zusammenhang bezeichnend, daß man Allah zwar als Schöpfer der Welt und Förderer allen Lebens voraussetzte und sich seiner in Katastrophen erinnerte, etwa in Seenot, sich sonst aber an die vitaleren Spezialgötter hielt. Der Höchste oder Schöpfergott war eben ein entfernter, zurückgezogener Gott. Die religiöse Leistung Muhammads wird darin bestehen, daß er Allah reaktualisierte, ihn also wieder als einen Gott der Nähe erlebbar machte.

Eine gewisse Rolle der Vorbereitung von Muhammads

Auftreten spielten die sogenannten Hanifen. Was immer auch der noch nicht ganz geklärte ursprüngliche Sinn des Wortes hanif gewesen sein mag, auf jeden Fall handelte es sich um altarabische Gottsucher, die, unzufrieden und irregeworden an der herrschenden Religion, nach einem rein monotheistischen Glauben strebten. Diese Hanifen haben vermutlich auch Kontakt zu Juden und Christen gehabt, schlossen sich aber nicht dem Juden- oder Christentum an, sondern eher an den erwähnten Urmonotheismus Arabiens. Was den jüdischen Einfluß anbelangt, muß man wohl auch daran denken, daß die Könige von Saba in Südarabien um 500 zum Judentum übergetreten waren. Muhammad wird, um das hier schon zu erwähnen, die Bezeichnung Hanif auf Abraham anwenden, wie das wohl vor ihm schon die altarabischen Hanifen getan haben.

Es soll also nicht bezweifelt werden, daß die Hanifen und dann Muhammad im Bereich der geistigen Ausstrahlung von Judentum und Christentum gestanden haben. Trotzdem zeigt die Forschung immer deutlicher, daß Muhammads Kenntnis von beiden *vor* seiner Berufung und in den Anfangsstadien seines Auftretens recht gering war. Gerade die frühesten Suren enthalten so gut wie nichts Biblisches oder Reminiszenzen aus jüdisch-christlicher Überlieferung. Sie sind, wenn man das einmal so sagen darf, ohne ihrem Offenbarungsgehalt zu nahe zu treten, von höchster dichterischer Eigenkraft und Originalität. Paret urteilt: »Bei genauerer Überlegung wird man ... zu dem Schluß kommen, daß der Prophet die überwiegende Mehrzahl (der biblischen) Geschichten nicht schon im Anfangsstadium seiner prophetischen Tätigkeit gekannt, sondern erst nachträglich und allmählich in Erfahrung gebracht hat.«[8] Muhammads frühe Suren setzen eine solche Kenntnis weder voraus noch bedürfen sie derselben. Sie erklären sich voll und ganz aus dem Durchbruch der geistigen Macht, die Muhammad zum Reden zwang. Das Aufregendste dabei ist, daß Muhammad zu Anfang nicht einmal wußte, was ein Prophet ist und daß er selbst ein Prophet sei. Auch das ist ihm erst nach und nach aufgegangen. Die

»Unschuld des Werdens«, die den Propheten auf seine Bahn trieb, ist wirklich überwältigend. Von den eigentlichen biblischen Propheten hat Muhammad zeit seines Lebens eine sehr ungenaue, um nicht zu sagen dürftige Kenntnis besessen.

Koran heißt, wie wir bereits sagten, Lesung oder Rezitation. Diese Bezeichnung besagt, daß Muhammad den Koran nicht geschaffen oder gedichtet, sondern buchstäblich nur rezitiert, zitiert habe. Das Buch, das heißt der jeweils zu rezitierende Abschnitt, steigt im Augenblick der Offenbarung in ihn hinab. Muhammad zieht eine scharfe Trennungslinie zwischen dem, was er sonst sagt, und dem, was er unter der Inspiration sagt. Die Inspiration ereignete sich Mal um Mal bis zum Lebensende des Propheten in einem Trancezustand, in den Muhammad fiel und so – als Medium – die koranischen Fragmente empfing, die später gesammelt und zum heiligen Koran zusammengestellt wurden.

Dermenghem, dem wir uns schon einmal anschlossen, hat eine überaus anschauliche und ergreifende Beschreibung der psychologischen Begleitumstände gegeben: »Wenn Mohammed das Nahen der Offenbarung spürte, überkamen ihn Frösteln und Schaudern, und er ließ sich gewöhnlich einen Schleier oder Mantel reichen..., unter dem man ihn stöhnen, röcheln und schreien hörte. Nach den Offenbarungen war er schweißgebadet und litt an Kopfschmerzen, die er mit Umschlägen behandelte. Erwähnt wird auch eine krampfartige Muskelspannung.«[9]

Das muß man vor Augen haben, um den altarabischen Hintergrund zu verstehen. In der altarabischen Religion spielte der Glaube an Geister (Dschinn) eine bedeutende Rolle. Die heidnischen Gegner in Mekka warfen Muhammad vor, daß er »besessen« sei, also einen Dschinn in sich habe. Im Zusammenhang mit dieser Unterstellung machte man ihm auch den Vorwurf, er sei ein Dichter, ein Scha'ir. »Die prophetische Inspiration wurde damit der dichterischen Eingebung gleichgesetzt. Man nahm wohl allgemein an, daß der Dichter seine Eingebungen einem Geisteswesen verdankte, mochte man es nun Dschinn oder sonstwie nennen. Für die Zeitgenossen hatte der Dichter überhaupt noch einen stark magischen Charakter ... Er besaß ein höheres, übersinnliches Wissen. Scha'ir, ›Dichter‹, bedeutet von Haus aus ›Wissender‹. Ähnlich glaubte auch Mohammed mit der übersinnlichen Welt in Verbindung zu stehen und von da her inspiriert zu sein. Nur war nach seiner eigenen Überzeugung das Geistwesen, das ihm seine Eingebungen vermittelte, nicht irgendein Dschinn, sondern ein Angehöriger der Engelwelt, ein ›edler Gesandter‹[10], der ›zuverlässige‹[11], der ›heilige‹ Geist.«[12]

Ähnliches gilt von den Wahrsagern (Kahin). Diese heidnisch-arabischen »Wahrsager« oder »Seher« wurden in wichtigen Stammesangelegenheiten befragt. »Sie konnten Träume deuten, verirrte Kamele ausfindig machen und Verbrechen aufklären. Ihr Wissen beruhte auf Inspiration, und diese verdankten sie ihrer Meinung nach einem Geistwesen, das verschieden benannt wurde: Sahib (Gefährte), Tabi (Begleiter), Ra'i oder Ri'i (Seher) oder einfach Dschinn. Das Geistwesen war eine Art zweites Ich des Wahrsagers. Die beiden standen fast in einem Verwandtschaftsverhältnis zueinander.«[13]

Der Kahin verwendete für seine Wahrsprüche den sogenannten Sadsch', die Reimprosa, »das heißt kurze, rhythmische, nicht wie in der Dichtung metrisch gebaute Sätze und Satzteile, die durchgehend oder auch wechselnd aufeinander reimten, also genau so, wie das vor allem bei den ältesten Stücken des Korans der Fall ist. Die formale Übereinstimmung zwischen den Sprüchen der Wahrsager und den alten koranischen Verkündigungen geht aber noch weiter. Die Rede erfolgt in der zweiten Person, denn der eigentliche Sprecher ist das Geistwesen, während der Wahrsager (ebenso wie Mohammed im Koran) angesprochen wird. Ganz besonders ist die Tatsache zu beachten, daß der Kahin seinen Wahrspruch mit auffallenden Eiden beteuert, indem er etwa bei Himmel und Erde, bei den Gestirnen, bei Licht und Finsternis, bei bestimmten Tieren oder Pflanzen schwört. Denn mit eben solchen auffallenden, uns zum Teil kaum verständlichen Schwüren hat Mohammed einige seiner frühesten Verkündigungen eingeleitet. Diese mehr als zufällige Übereinstimmung in der Verwendung sprachlicher Stilmittel muß schon den Zeitgenossen des Propheten aufgefallen sein. Sonst hätten sie ihn schwerlich eben als Wahrsager (Kahin) bezeichnet.«[14]

Paret stellt sich daher die Frage, ob Muhammad »dem fremden Vorbild nur in formaler Hinsicht gefolgt ist, oder ob er nicht auch seinerseits irgendwie in der Vorstellungswelt befangen war, in der und aus der die Wahrsager lebten«[15]. Paret beantwortet die Frage mit einem »Sowohl-Als-auch«, weil hier gar keine wirkliche Alternative vorliege. »Einerseits«, so führt Paret weiter aus, »ist zu bedenken, daß Mohammed zu Beginn seines öffentlichen Auftretens noch nichts von Prophetie wußte. Mit den alttestamentlichen Propheten ist er erst spät und zudem äußerst mangelhaft bekanntgeworden. Sie konnten ihm deshalb nicht schon bei seinem Berufungserlebnis als Leitbild dienen. Auch muß es eine gute Weile gedauert haben, bis er sich zu der Gewißheit durchgerungen hatte, ein ›Gesandter Gottes‹ zu sein. Jedenfalls lag der Gedanke, daß irgendein Mensch mit einer göttlichen Botschaft an sein Volk betraut sein könnte, seinen arabischen Zeitgenossen fern. Dagegen wußte man von Männern, die, von einem Geistwesen erleuchtet oder gar besessen, über ein höheres Wissen verfügten und dieses im Interesse von Individuen, Sippen oder ganzen Stämmen in der halb geheimnisvollen, halb verständlichen Form gereimter Wahrsprüche zum besten gaben. Unter diesen Umständen war es nur natürlich, wenn Mohammed in dem bewußten oder unbewußten Drang, eine neu gewonnene Glaubenseinsicht an seine Umwelt weiterzugeben, zuerst einmal daran gedacht oder wenigstens mit dem Gedanken gespielt hat, er könnte vielleicht eine Art Kahin sein.«[16] Einer verläßlichen Überlieferung zufolge soll Muhammad einmal zu Chadidscha gesagt haben: »Ich sehe ein Licht und höre eine Stimme. Ich fürchte wirklich, ein Kahin zu sein.«[17]

Muhammad mußte diesen Rahmen notwendig sprengen.

Paret drückt es durch ein Paradoxon aus: »Bevor er von Prophetie überhaupt etwas wußte, hatte er – objektiv betrachtet – bereits angefangen, ein Prophet zu sein.«[18]

Paret hat, um uns einen Begriff von der Reimprosa des Koran zu vermitteln, Sure 96,1–8, wie folgt übersetzt:

»Trag vor in des Herren Namen,
Der euch schuf aus blutigem Samen!
Trag vor! Er ist der Geehrte,
Der mit dem Schreibrohr lehrte,
Was noch kein Menschenohr hörte.
Doch der Mensch ist störrischer Art,
Nicht achtend, daß Er ihn gewahrt.
Doch zu Gott führt einst die Fahrt.«[19]

Vielleicht noch glühender Sure 90,1–16:

»Soll ich schwören bei dieser Stadt?
Beim Sämann und seiner Saat!
Wir erschufen den Menschen zu harter Tat.
Meint er, daß Niemand Gewalt auf ihn hat?
Er spricht: O wie vieles Gut ich zertrat!
Meint er, daß Niemand gesehn ihn hat?
Wer hat ihm die Augen bereitet?
Und die Lippen ihm geweitet?
Und auf dem Scheideweg ihn geleitet?
Doch er erklimmt nicht den hohen Rand.
Weißt du, was ist der hohe Rand?
Zu lösen der Gefangenen Band;
Zu speisen, wann der Hunger im Land,
Den Waisen, der dir anverwandt,
Den Armen, der dir unbekannt.«[20]

Städte, Reiche, Stämme

Es ist nach Klärung der individuellen Voraussetzungen nötig, die politischen und ökonomischen Bedingungen aufzuzeigen, unter denen Muhammad auftrat. Man darf sich eine Religion niemals losgelöst von politischen, gesellschaftlichen und wirtschaftlichen Bedingungen denken. Religiöse Lehren schweben nicht im luftleeren Raum. Ihre Wirkmächtigkeit, aber auch ihre Schranken werden erst auf diesem Hintergrund ganz deutlich. Erst nachdem wir diesen Hintergrund geklärt haben, hat es einen Sinn, Muhammads Lehre in ihren Hauptzügen vorzustellen.

Worum es geht, läßt sich am ehesten zeigen, wenn wir uns als Kontrast die Ausbreitung des Christentums vor Augen stellen. Das Christentum hatte sich im wesentlichen nur im Bereich des Imperium Romanum durchgesetzt. Das Römische Reich wurde kulturell durch den sogenannten Hellenismus zusammengehalten. Es war eine Einheitskultur, die die alten Stadt- und Volkskulturen in sich aufgesogen hatte. Das kulturelle Zentrum war nicht das Land, sondern die Stadt (polis). Doch fühlten sich die Bürger der Städte in der Einheitskultur als Weltbürger, als Kosmopoliten. In diesen kulturellen Rahmen traten die Christen ein. Das Christentum war eine Religion der Städte, es ging ein auf deren kosmopolitische Struktur. Das geschichtliche Christentum blieb seither mit den Strukturformen des Römischen Reiches verbunden, wie es die folgenden Stichworte andeuten: Reich Gottes und Römisches Reich, Altar und Thron, Christengemeinde und Bürgergemeinde, Kirche und Staat, sacerdotium (Papstmacht) und imperium (Kaisermacht), ministerium (Predigtamt) und magistratus (Obrigkeit).

Als die Germanen zum Christentum übertraten, taten sie dies unter der Anziehungskraft, die das Römische Reich und die Reichsidee auf sie ausübten. Die Völkerwanderung begann als Auswanderung von Stämmen, die zum Reich, zu

Königs- und Fürstentümern aufbrachen. Als die germanischen Stämme zum Christentum übertraten, waren sie schon dabei, sich von ihren Stammesverfassungen loszumachen. Das Christentum hat ihnen dabei entscheidend geholfen. Die christlichen Missionare und Bischöfe waren in Verbindung mit der Kaisermacht die Entwicklungshelfer von den Stämmen zum Reich, zum Volk, zur Nation, zum Staat. Das Christentum ist daher eigentlich nie eine Religion von Stämmen und für Stämme gewesen.

Meines Erachtens wird dieses Strukturgesetz durch die christliche Mission der Neuzeit nur bestätigt. Die neuzeitliche Mission stand objektiv in einem Zusammenhang mit der Imperiumsgewalt des Kolonialismus, hatte also nicht eigentlich die Stämme, die sie missionierte, zum Hintergrund und steht heute, in der Phase der Entkolonialisierung, im Gefälle des Übergangs von Stämmen in moderne Staaten. Daß sich das Christentum damit nicht zum willentlichen Helfer von Kolonialisierung, Imperialismus und Neokolonialismus hat hergeben wollen oder hergibt, muß, da es zweifellos auch »Sendboten« gab, die den dahingehenden Verdacht befestigten, leider immer noch betont werden. Solche Erwägungen ändern nichts an der objektiven Strukturbeschreibung, daß die Christenheit mit den Stämmen als Stämme nie etwas anzufangen gewußt hat.

Man muß das, was geschichtlich wirklich wurde, bildhaft-mythologisch ausdrücken, um Größe und Grenze des geschichtlichen Christentums zu begreifen: An die Stelle des heidnischen Olymps war der christliche Olymp getreten. An die Stelle des thronenden, von Untergöttern umgebenen Weltenzeus trat der Weltenkaiser Gott, trinitarisch thronend, mit Christus als Weltkönig oder Pantokrator (Allherrscher) und dem Geist als dem einigenden Band der Christenheit auf Erden, umgeben vom Hofstaat der Engel, Erzengel, Heiligen und Märtyrer, während auf der Erde der Kaiser (vorher der Sohn des ordnenden Weltenzeus) den Weltkaiser Gott, der Papst den König Christus vertritt und alle Weihe des Reiches, der Könige und Fürsten aus der Weihekraft der Kirche fließt, die den Geist verwaltet. In den modernen Staats- und Gesellschaftssystemen lagert sich entsprechend über die jeweilige politische Wirklichkeit der Himmel oder Olymp der Ideen, die insbesondere die »ewigen« Menschenrechte als Überbau aller Verfassungen zum Ausdruck bringen.

Ich spreche hier vom geschichtlichen Christentum, nicht vom Urchristentum, dem dieses Strukturgesetz nicht von vornherein vorgezeichnet war. Das geschichtliche Christentum hat sich jedoch – die Anfänge liegen bereits im Neuen Testament, das nicht das ganze Urchristentum repräsentiert – schon sehr früh – es betrachtete ja in der Regel die Verfolgungen durch das Römische Reich als bedauerliches Mißverständnis – in der genannten Richtung entwickelt. Das geschichtliche Christentum hat daher keine Botschaft für die Stämme entwickelt und hat dies bis heute nicht getan. Das Christentum war also dort, wo man zum Römischen Reich zwar gehörte, die Stammesbindung aber die eigentliche Lebensform der Menschen geblieben war, die uneigentliche, die letztlich nicht akzeptierbare, fremde, ja falsche Religion gewesen. Das gilt insbesondere für das afrikanische Mittelmeergebiet des Römischen Reiches, für Syrien, Palästina, Ägypten und das ehemals punische Gebiet (Karthago). Muhammads Sendung ist auch eine Rache für Roms gefeierte drei punische Kriege; denn Gott ist gerecht. Diese Gebiete gingen in Blitzkriegen äußerlich und innerlich zum Islam über, weil Muhammad eine Botschaft für die Stämme hatte.

Oswald Spengler hat den Hellenismus und das Christentum dieser Gebiete eine Pseudomorphose genannt. Muhammads Botschaft befreite die Stämme zu der Religion, die sie unter der Pseudomorphose des Christentums längst gesucht und geglaubt hatten. Muhammad hat sie zu ihrem eigentlichen Glauben befreit, weil er den Stämmen etwas zu sagen hatte, das sie aus der religiösen, kulturellen und politischen Zweitrangigkeit gegenüber den Städten, Staaten und Reichen zur Gleichrangigkeit befreite. Allen religiösen und theologischen Angriffen des geschichtlichen Christentums gegen Muhammad und den Islam muß man die eine Frage entgegenstellen: Ist Gott nicht auch ein Gott der Stämme? Auf diese Frage hat das Christentum bisher keine konkrete Antwort gegeben.

Das macht ein Wort zum Judentum in diesem Zusammenhang notwendig. Auch das Judentum lebt trotz des Staates Israel in biblischer Zeit und heute wesentlich in der Stammesstruktur. Stämme untergliedern sich in Unterstämme, Clans, Sippen, Familien. Juden leben in der Genealogie, Stammesangehörige zählen ihre Ahnenkette auf, wie der Karl-May-Leser weiß: Hadschi Halef Omar Ben Hadschi Abul Abbas Ibn Hadschi Dawuhd al Gossarah. Der Stammesangehörige ist eingebettet in diesen Zusammenhang seiner Familien-Sippen-Stammesabkunft. Daß einer nur Karl May heißt oder Kara Ben Nemsi ist nichts, gilt und trägt von der ganz anderen Voraussetzung nicht. Der Stammesangehörige lebt nicht in Reich oder Staat, sie bleiben für ihn im Grunde Fremdherrschaften, die ihm keine Identität verleihen. Da das Christentum für den Juden keine Antwort auf seine Identität in der Stammesstruktur geben konnte, hat das Christentum auch nicht die Religion für die Juden sein können, wie das Judentum seinerseits wegen der Exklusivität seines Stammesbewußtseins nicht die Religion der Stämme hat werden können, obgleich die Stämme gelegentlich Übertritte zum Judentum durchführten.

Die Reichs- und Stadtstruktur des geschichtlichen Christentums einerseits und die Exklusivität der Stammesstruktur des Judentums andererseits machten daher das Auftreten einer dritten monotheistischen Religion, eines Monotheismus für die Stämme, geschichtlich und religionsgeschichtlich, notwendig. Muhammad war notwendig. Entweder ist Gott der Gott aller, oder er ist niemandes Gott. Gott hätte sich nicht wirklich als der Eine Gott aller offenbart, wenn die Sendung des arabischen Propheten ausgeblieben wäre. Der Monotheismus steht daher wirklich auf drei Füßen: Moses, Jesus, Muhammad.

Auf dem Hintergrund der Stämme muß die Leidenschaft Muhammads und des Islam für Einheitsformeln verstanden werden. Muhammad ruft Juden und Christen bei allem

Bewußtsein der Zusammengehörigkeit zu, daß Gott trotz Juden und Christen der eine Gott aller ist. Gott ist wohl auch der Juden und der Christen Gott, aber zuallererst ist Gott Gott. Das auszusprechen aus dem Protest der Stämme ist Muhammads Sendung geworden. Die politisch, wirtschaftlich und religiös-kulturell als zweitrangig Abgetanen sind in der Geschichte immer die Sprecher der fehlenden, noch ausstehenden Ganzheit gewesen. Ohne Muhammad und den Islam ist Gott nicht ganz zur Menschheit gesandt. Darin wurzelt, wie ich vorgreife, daß Muhammad sich als letzten Propheten, ausdrücklich als Siegel der Propheten, verstanden hat. Muhammad hat sich dafür sogar ausdrücklich auf Jesus berufen, eine Behauptung, die sehr ernst zu nehmen ist und uns in der Folge noch beschäftigen wird.

Es ist für uns, die wir das Leben in Staaten mehr oder weniger als selbstverständliche Gegebenheit voraussetzen, nicht ganz einfach, uns in die Bedingungen eines vorstaatlichen Lebens in Stammesverbänden hineinzuversetzen.

Das Leben in Stämmen hat insbesondere die Lebens- und Wesensart des Arabertums geprägt. Der Araber lebt überwiegend als Nomade. Diese Lebensform wurde ihm durch die Geographie aufgezwungen. Das Leben in der Stammesstruktur stellt die bestmögliche Anpassung an die Herausforderung der Wüste dar. Umberto Rizzitano hat die hauptsächlichen Bedingungen zusammengestellt: »Er lebt als Nomade, sein wichtigster Gefährte ist das Kamel, seine Hauptbeschäftigung die Hirtentätigkeit. Das Kamel und der Beduine, die sich gegenseitig ergänzen, ja in einer echten Symbiose leben, tragen zur Entfaltung des Karawanenhandels, der Raubzüge, der Suche nach neuen Weideplätzen bei. Sie ermöglichten die Versorgung mit Lebensmitteln und schafften Verbindungen zwischen den wenigen bewohnten Zentren. In der Nachbarschaft von Quellen oder Heiligtümern entstanden Handels- und Messeplätze, die mit den Oasensiedlungen die einzigen bescheidenen Manifestationen der Seßhaftigkeit einer sonst nomadischen Kultur darstellten.«[21]

»Die Stämme«, fährt Rizzitano fort, »bildeten gewissermaßen Mikrokosmen in den sandigen Weiten: sie wurden von den gewählten Sajjid (heute Scheichs genannt) geführt, die im Rahmen des Stammes nur ›die Ersten unter Gleichen‹ waren. Ein jeder hatte das Recht, sich um diese Vorzugsstellung zu bewerben, wenn er nur die nötigen moralischen und intellektuellen Fähigkeiten mitbrachte. Von einigen unwesentlichen Einzelheiten abgesehen, war die Lebensweise von einem Stamm zum anderen die gleiche. Sie beruhte auf der Einhaltung der von alters her überkommenen Sitten und Gebräuche und auf der Beachtung des ›Gesetzes der Wüste‹, das sich auf folgende große Grundsätze zurückführen ließ: man sicherte seinen Lebensunterhalt durch Raubzüge, man betete diese oder jene Gottheit an – von denen einige nur in ganz bestimmten Gebieten verehrt wurden –, man übte Blutrache, man veranstaltete Dichter- und Kunstfertigkeitswettbewerbe. Das soziale und individuelle Leben gehorchte einfachen und doch zugleich auch wieder komplizierten Forderungen: der religiöse Zwang wirkte sich vor allem in den äußeren Lebensformen aus. Er bedrohte den Menschen nicht durch mehr oder weniger unheimliche Konzepte vom Weiterleben nach dem Tod, sondern drängte sich einer jeden Handlung als das A und O menschlichen Erdendaseins auf, das von einem unergründlichen Geschick geleitet wurde.«[22]

Diese summarische Übersicht Rizzitanos zeigt wohl schon an, daß die nomadische Stammeskultur ein anderes Menschentum fordert und formt als etwa Ackerbau- oder Stadtkulturen. Die ethischen Maßstäbe für Gut und Böse, für Recht und Unrecht, die Idealbilder menschlicher Vollkommenheit müssen in der Wüste zwangsläufig anders sein als unter dem Schutz von Feudalherren oder der Polizei des Staates.

Nehmen wir das krasseste Beispiel heraus: die arabisch-beduinische Institution der Raubzüge oder Razzia (Razzia ist ein arabisches Wort). Für den Araber war dies, wie gesagt, eine Institution, also eine Rechtsordnung. Er empfand dabei so wenig ein Unrecht oder ein Verbrechen, wie wir den staatlichen Zoll oder das Finanzamt nicht als Verbrecherorganisation verstehen. Um menschliches Leben in der Wüste und in Verbindung damit Handelskarawanen durch die Wüste aufrechtzuerhalten, war die Razzia als Institution kaum zu vermeiden. Es gab ja keinen Staat, der durch Zoll- und Besteuerungswesen einen Lastenausgleich hätte durchführen und für menschliche Kommunikation im Bereich der Karawanenstraßen Sorge tragen können. Andererseits – und auch das muß man sehen – wurde eine unerträgliche Härte dieser Institution durch ungewöhnliche Großherzigkeit, menschliche Treue zum einmal gegebenen Wort und sprichwörtliche Gastfreundschaft gemildert, ja in der Regel verhindert. Entsprechendes gilt für die Rechtsinstitution der Blutrache. Diese wird gerade nicht als Rachsucht verstanden, sondern als Schutz, insbesondere als Schutz der Schwachen.

Nur der Stamm ist es, der sich als Schutz über den Einzelnen wölbt, genauer und konkreter: der Unterstamm, der Clan, die Sippe, die Familie. Über den Stamm hinaus gibt es nur gelegentliche Zusammenschlüsse zu Stammesverbänden, etwa bei Kriegen; diese ad hoc geschlossenen Vereinigungen lösen sich nach dem gemeinsamen Unternehmen wieder auf. Das Leben im Stamm und seinen Untergruppen setzt Gemeinschaften und einen Gemeinschaftsgeist voraus, in denen sich die Mitglieder möglichst persönlich kennen und durch eine gemeinsame Interessenlage verbunden wissen. Daraus erklärt sich das Zusammengehen einer gesteigerten Kollektivität (Zusammengehörigkeitsgefühl und Aufgehen in der Stammesgemeinschaft) mit einer heroisch gesteigerten Individualität. Das »Gesetz der Wüste« verlangt, daß sich der Einzelne auszeichnet durch Todesverachtung, Mut und Ertragen von Widerwärtigkeiten, Schutz der Schwachen, Großherzigkeit und Treue. Die höchste Tugend der nomadischen Ethik ist daher nicht zufällig die Murruwa oder Männlichkeit. Zur Murruwa gehört ferner das großherzig gegebene Almosen an die sozial Schwächeren.

Aus der Murruwa erwächst mit dem heroischen zugleich der hochpoetische Geist arabischer Dichtung und Sprache bis in die Alltagssprache hinein. Die arabische Sprache ist vielleicht die am meisten dichterische Sprache der Erde. Die Schwierigkeit, sie zu erlernen, beruht nicht so sehr auf der Grammatik, sondern auf der Nuancenfülle und Endlosigkeit von Synonymen, die aber doch nicht willkürlich ausgetauscht werden können. Das Leben im Stamm bedeutet ein Leben in der Macht der Hochsprache, die immer das Dichterische als gesteigerten Seelenton anstrebt, während die Sprache der Städte und Staaten zur Versachlichung und Nüchternheit neigt.

Das hängt mit der ursprünglichen Schriftlosigkeit der Stämme zusammen. Der Dichter trat in den Stammesfesten vor Menschen, die für ihren Zusammenhalt auf eine immer neue Belebung durch den Sprachgeist als Stammesgeist angewiesen waren. Dies erforderte einen Ausdruck, der dichterisch-unmittelbar ergriff und mitriß. Dabei spielte die Weitergabe der geheimen Stammesüberlieferung in den Einweihungsriten eine besondere Rolle. Aus diesen ging in nur mündlicher Tradition die Strenge einer gestalteten Hochsprache hervor, die ursprünglich nur diesen Zwecken diente. Im Gegensatz dazu steht im Mittelpunkt der Stadtkulturen der Schreiber, der zugleich Beamter ist. Der Schreiber listet auf, verwaltet und schreibt Berichte, schließlich auch Bücher. Die Sprache verliert darüber ihren ursprünglich mantrischen Charakter, das heißt, sie verliert mit der Fülle ihrer Vokalität und Endungen den ursprünglichen Schwingungscharakter, der in die Tiefenschichten der Seele eindringt. Mit der Schriftkultur wird die Sprache zunehmend funktionalisiert, eine Entwicklung, die in den modernen Schriftsprachen ihren vorläufigen Höhepunkt erreicht hat.

Es ist nach dem hier Gesagten unschwer zu begreifen, daß für nomadische Stämme das Ideal der Bergpredigt nicht unmittelbar zündend sein kann. Es ist wohl auch einsichtig, daß ein Untertansein unter der Obrigkeit, die Gewalt über Menschen hat (Römer 13), nicht eigentlich in Frage kommen kann, da die bürgerliche Ruhe und Ordnung, die eine solche Unterordnung sich erkauft, für den

Beduinen nicht besteht. Er muß sich selbst seine relative Ruhe und Ordnung verschaffen; er darf nicht zivil sein; er muß, um sich als Mensch zu fühlen, gesteigert fühlen, heroisch, großherzig gesinnt sein. Sein Bergpredigtideal – die Bergpredigt zielt ja auf ein Mehrsein des Menschen über bloßes Existieren hinaus – kann nur die Murruwa, die Großherzigkeit des Sich-Lebens und des Sich-Schenkens sein.

Muhammad hat, um es vorgreifend zu sagen, die arabische Existenz der Stämme in diesem Sinn noch einmal gesteigert. Er hat die Kollektivität gesteigert und die Individualität. Er hat die heroische Schicksalsbereitschaft gesteigert in die stündliche Gegenwart der Worte Allahs und des Jüngsten Tages; er hat jeden einzelnen vor Gott gestellt und zugleich die Leidenschaft für eine Kollektivität geweckt, die in der Stammesstruktur doch die Stämme übersteigt. In diesem Sinne ist Muhammad der arabische Prophet.

Muhammad war wohl auch Hirte und Karawanenführer, er war aber kein Beduine, sondern Mekkaner. Neben dem Stammesnomadentum kommt Mekka eine weitere Bedeutung zu, die wir uns für das Verstehen der Botschaft Muhammads klarmachen müssen. Eine dritte Bedeutung wird Medina zukommen, der eigentlichen Stadt des Propheten. Wüste – Mekka – Medina stellen die Brennpunkte dar, aus denen die Botschaft des Islam aufflammt.

Mekka lag im Schatten der damaligen Kulturlandschaften. Das verbindet Mekka mit dem kulturellen Geschick der Wüste. Es war ursprünglich ein Oasensheiligtum mit der Ka'aba, ohne unmittelbares wirtschaftliches Hinterland. Die kulturell-geschichtlichen Landschaften – Syrien, Palästina, auch wohl Äthiopien, das Zweistromland, Iran, Indien – lagen von Mekka aus fern. Trotz aller Isolation wurde Mekka dennoch bedeutend als Schnittpunkt von Durchgangsstraßen zwischen West und Ost, Nord und Süd. Diese wirtschaftliche Schnittpunktlage trug dazu bei, daß Mekka schon in vorislamischer Zeit zum arabischen Zentralheiligtum wurde. Das Heiligtum garantierte – was für die Wirtschaft von außerordentlicher Bedeutung war – den Gottesfrieden innerhalb seiner Region, insbesondere im Zeitraum der großen Wallfahrtsfeste. Hier hatten die Stammesfehden und das »Gesetz der Wüste« räumlich und zeitlich aufzuhören.

Insbesondere die Kuraischiten haben es verstanden, die für den Karawanenhandel günstige Lage in Verbindung mit dem religiösen Element auszubauen. »Nachdem die Bewohner der Oase sich zunächst als bescheidene Zwischenhändler betätigten, wurden sie bald zur treibenden Kraft des gesamten Wüstenhandels. Gegen Ende des 6. Jahrhunderts nahmen sie die strategischen Vorteile wahr, die ihnen die geographische Lage ihres Landes einbrachte: die Tatsache, daß die Handelsstraßen, die das Abendland mit Indien verbanden, über Mekka führten, verschaffte der Stadt eine Monopolstellung, die sie auszunutzen wußte.«[23]

Zum nomadischen Stammestum tritt ein spekulatives Kaufmannstum hinzu. Kaufmännisches Rechnen bestimmte das Denken der Mekkaner, und es mag damit zusammenhängen, daß Muhammads Allah ein ausdrücklicher Rechner ist. Die Sprache des Koran hat etwas ausgesprochen Kaufmännisches. So heißt es Sure 2,286: »Gott verlangt von niemandem mehr als er (zu leisten) vermag. Jedem kommt (dereinst) zugute, was er (im Erdenleben an guten Taten) begangen hat, und (jedem kommt) auf sein Schuldkonto, was er sich (an bösen Taten) geleistet hat.« »Allah ist schnell im Zusammenrechnen« bzw. Abrechnen, heißt es in Sure 5,5 und anderswo.

Muhammad hat in der Folge zwar die Götter von Mekka abgeschafft, nicht aber die Ka'aba als Zentralheiligtum, die Wallfahrtsriten und den damit verbundenen mekkanischen Kult. Er hat dadurch sogar in einem gesteigerten Sinn Mekka zum Zentralheiligtum erhoben. Die Wallfahrt oder Haddsch gehört zu den Pflichten des Moslems, die er, wenn irgend möglich, ausführen soll.

Um den Brennpunkt Mekka voll würdigen zu können, muß aber noch folgendes hinzugefügt werden. »Auch in den Städten«, schreibt Paret im Vergleich zur beduinischen Lebensweise, »ist der einzelne in erster Linie an seine Sippe und darüber hinaus an seinen Stamm gebunden. Die städtische Wohngemeinschaft ist ein Konglomerat von Sippen und Geschlechtern. Diese haben selbstverständlich die Tendenz, einander in Ruhe zu lassen und bei einer Bedrohung von außen sogar gemeinsam zu handeln. Sonst hätten sie sich ja nicht zu einer großen Wohngemeinschaft zusammengeschlossen. Aber primär fühlten sich die Städter als solche nicht solidarisch... Mit anderen Worten, bei Personennamen wird die Zugehörigkeitsbezeichnung, die sog. Nisba, von der genealogischen Einheit abgeleitet, nicht vom Wohnort. Und eben das ist bezeichnend.«[24]

Trotzdem hat gerade das Kaufmannstum in Mekka den Individualismus stark gefördert und unter sich ein armes, städtisches Proletariat geschaffen. Die Plutokratie der Kuraischiten in Mekka führte zur Frage nach einer gerechteren Gesellschaft.

Man darf annehmen, daß Muhammads Auftreten in Mekka durch die sozialen Verhältnisse dort mitbestimmt war. Die innere Lockerung der freilich noch fortbestehenden Stammesbindungen, das fehlende Solidaritätsgefühl der Einwohner und ein breites, zum Bettlerdasein herabgewürdigtes Proletariat mußten ihm unvereinbar mit dem Willen des Weltenherrn Allah erscheinen, der zu ihm gesprochen hatte und unter immer neuen Offenbarungen Muhammad zu den Mekkanern, zuerst wohl als Kahin, sandte.

Vom arabischen zum letzten Propheten

Die Ablehnung durch Juden und Christen mußte Muhammads Sendungsbewußtsein weitertreiben. Nicht nur ein Gesandter für die Araber, sondern der letzte und abschließende Prophet, das »Siegel der Propheten« soll Muhammad sein (Sure 33). Muhammad wird sich seiner

universalen Berufung bewußt; der Islam – das ist die Folge der fehlenden Dialogbereitschaft von Juden und Christen – wird Weltreligion.

Im Zusammenhang damit wird Folgendes immer erstaunlich bleiben. Muhammad verlangt trotz der Enttäuschung und trotz der Universalität seines Sendungsbewußtseins nicht die Selbstaufgabe von Judentum und Christentum. Wenn man sich klarmacht, daß die Juden über die Christen den Synagogenbann ausgesprochen hatten und die Christen die Juden bis in die Neuzeit nur als das verworfene Gottesvolk sehen konnten und als Bedingung zum Heil die Taufe forderten, dann steht Muhammads auf eine Koexistenz gehende Standortbestimmung der drei monotheistischen Religionen einzigartig da.

Die Entwicklung Muhammads verläuft über drei Stadien: Vom Kahin für Mekka über den Propheten für die Araber zum letzten oder Siegel der Propheten, also zum abschließenden Propheten für die Menschheit überhaupt. Die beiden ersten Stadien gehören in die mekkanische Zeit, die dritte und abschließende nach Medina.

Die älteste – mekkanische – Verkündigung kreist um zwei Hauptgedanken: 1. den des gütigen Schöpfergottes und 2. den des Gerichts. Beide Gedanken gehören wie die beiden Brennpunkte einer Ellipse zusammen.

Wir können aus der Fülle koranischer Beispiele für die Botschaft vom gütigen Schöpfergott nur einige herausgreifen. Sure 80,24–32: »Der Mensch möge doch auf seine Nahrung schauen, wie wir das Wasser nur so (vom Himmel) geschüttet haben! Hierauf haben wir in der Erde lauter Spalten gemacht, und Korn auf ihr wachsen lassen, Trauben und frisches Grün, Ölbäume und Palmen, dicht bewachsene Gärten, Früchte und Futter, euch und eurem Vieh zur Benützung.« Die Schöpfung ist nicht nur einmal am Anfang der Welt von Gott geschaffen worden. Gott schafft sie in einem jeden Augenblick neu. Sie ist der Ausdruck von Gottes unmittelbarer Allmacht und Güte. Darum ist der allmächtige, gütige Schöpfergott kein ferner Gott. Er gibt dem Menschen Vertrauen und Mut ins Herz, so daß er sich Allah ganz hingeben kann. Sure 94: »Haben wir dir nicht deine Brust geweitet (d. h. haben wir dir nicht wieder Mut gemacht), dir deine Last abgenommen, die dir schwer auf dem Rücken lag, und dir deinen Ruf (dein Ansehen) erhöht?« Sure 93: »Beim Morgen und der Nacht, wenn sie still ist! Dein Herr hat dir nicht den Abschied gegeben und hat (gegen dich) keinen Haß. Wahrlich das Letzte ist für dich besser als das Erste ... Hat er dich nicht als Waise gefunden und (dir) Unterkunft gewährt, dich auf dem Irrweg gefunden und reich gemacht?« Aus der Erfahrung der Güte und Fürsorge Gottes erwächst unmittelbar die soziale Verpflichtung des Menschen. Sure 93 fährt fort: »Darum die Waise – unterdrückt sie nicht! Den Bettler – fahr ihn nicht an! Und von der Gnade deines Herrn – erzähle!«

Die gesamte Schöpfung bekennt Allah durch ihr faktisches Dasein. Sure 16,49f.: »Sehen sie denn nicht auf die Dinge, welche Allah geschaffen, wie sie Schatten werfen zur Rechten und Linken, um Allah zu verehren und sich vor ihm zu demütigen? Alles, was im Himmel und was auf Erden, verehrt Allah, alles Geschaffene, auch die Engel, und sie sind nicht zu stolz dazu« (ähnlich Sure 13,16). Die ganze Schöpfung wirft sich anbetend morgens und abends durch die gestreckten Schatten im Sonnenauf- und -untergang vor Allah nieder. Dem entsprechen Verbeugung und Niederwerfung beim Menschen zu den Gebetszeiten, wofür jeder Orientteppich bis heute Zeugnis gibt, der die vor Allah hingestreckte und darin paradiesisch aufblühende Schöpfung stilistisch ausformt.

Nur der Mensch ist gegen alles Zeugnis der Schöpfung imstande, durch Denken und Tun den nahen, gütigen Schöpfergott zu leugnen, wenn er Gott in eine Ferne bannt, die ihn vom wirklichen Leben trennt, und wenn er die Güte Gottes nicht durch Erweisen von Güte und Gerechtigkeit am Mitmenschen fortsetzt und sich dabei ganz Allah anvertraut.

Aus der Nähe des Schöpfergottes erwächst daher unmittelbar die Gerichtspredigt.

Wenn die Sonne sich verschleiert
und die Sterne verblassen,
wenn die Berge schwanken,
Kamelstuten sind verlassen,
wenn die wilden Tiere sich rotten,
wenn das Meer aufjagt,
wenn die Seelen sich (mit ihren Körpern) paaren,
wenn man die getöteten Töchter fragt,
um welcher Schuld sie ermordet,
wenn die Rechnung ist vorgebracht,
wenn der Himmel enthüllt ist,
das höllische Feuer entfacht,
wenn nahe der Paradiesesgarten,
dann erkennt die Seele, was sie gemacht.[25]
Sure 81

»Von Allah ist alles gekommen und zu Allah kehrt alles zurück«: Dieser oft wiederholte Gedanke verbindet Schöpfer- und Gerichtsgott. Daß Allah in jedem Augenblick die Schöpfung ins Sein ruft oder, wie der Koran sagt, auferstehen läßt, legt den Auferstehungsgedanken in den Schöpfungsgedanken hinein. Allah ist die alles umgreifende tragende Macht. In seinem Willen ist alles beschlossen, zugleich schuf er den Menschen zur Freiheit des Willens. Glauben bedeutet, Allah anerkennen, ihm mit dem Leben dankbar sein.

Muhammad hat ursprünglich vielleicht andere Götter neben Allah bestehen lassen wollen, die er sich als ihm untergeordnete Helfer dachte. Aus der Gewalt des aktualen Monotheismus, den Muhammad erlebte, mußte indes ein unbedingter Monotheismus hervorgehen, der für andere Götter keinen Platz ließ. Die entscheidende Formel steht Sure 112: »Sprich: Gott ist Einer. Er ist der Ewige. Er ist nicht gezeugt und hat nicht gezeugt. Ihm gleich ist keiner.«

Dieser Satz richtet sich ursprünglich nicht gegen das christliche Trinitätsdogma, sondern zunächst nur gegen die altarabische Auffassung, als habe Allah Kinder erzeugt, insbesondere Töchter, Göttinnen, die im mekkanischen

Kult eine große Rolle spielten. Muhammad wendet sich vehement gegen jede Vorstellung von Göttern neben Gott, also gegen die Zugesellung oder Schirk, wie er sie nennt. Das wird zunehmend zur zentralen Botschaft Muhammads und verdichtet sich dann zum islamischen Glaubensbekenntnis: »Es gibt keinen Gott außer Allah, und Muhammad ist sein Prophet.«

Muhammad stieß durch diesen seinen unbedingten Monotheismus mit den herrschenden Kreisen in Mekka zusammen. Daß Muhammad überhaupt seit seinem Berufungserlebnis im Jahre 610 bis zu seiner Hidschra (Auswanderung) nach Medina 622 in Mekka wirken konnte, hängt damit zusammen, daß Muhammad, wenn auch über einen verarmten Seitenzweig, zum Clan der Kuraischiten gehörte. Sein Onkel Abu Talib, der den Kuraischiten vorstand, lehnte Muhammads Verkündigung ab, gab ihm aber den Schutz des Sippenverbandes.

Man versteht, daß die Kuraischiten konservativ eingestellt waren, daß sie nicht daran dachten, die Vorteile, die das vorislamische Mekka und die vorislamische Ka'aba ihnen boten, zugunsten einer in ihren Auswirkungen noch unerprobten neuen Botschaft aufzugeben. Hierin liegt der eigentliche Grund, warum auch in Muhammads Fall ein Prophet nichts in seiner Vaterstadt galt.

Muhammads Anhänger der mekkanischen Zeit entstammten vornehmlich dem Proletariat. Muhammads Botschaft einer von Allah geforderten und durch den nahen Gerichtstag dringlich gebotenen großherzigen Sozialfürsorge konnte sich zwar auf die altarabische Beduinenmoral stützen, fand aber keinen tieferen Widerhall bei der mehr kaufmännisch gesinnten, zum sich ablösenden Individualismus neigenden Herrenschicht Mekkas. Da Muhammad durch seine Familienzugehörigkeit geschützt war, traf die Verfolgung und Unterdrückung seiner Botschaft nicht unmittelbar ihn, sondern die mehr oder minder ungeschützten Armen.

Den Verfolgten, die von seiner Botschaft begeistert sein mußten, gab Muhammad auf Grund von Offenbarungen den Rat, aus Mekka auszuwandern, zuerst nach Äthiopien, dann in »die Stadt«, nach Medina. 622 folgte Muhammad den Auswanderern in »die Stadt«. Nicht so sehr, weil er selbst verfolgt wurde, sondern weil er sich selbst auf die Seite der von seiner Botschaft Getroffenen stellen wollte. Außerdem hatte ihn eine Gesandtschaft aus Medina aufgefordert, nach dort überzusiedeln. Das Jahr der Übersiedlung des Propheten nach Medina ist aus gutem Grund das Jahr der Zeitenwende des islamischen Kalenders. In Medina wendet und erweitert sich das Geschick der Botschaft des Propheten zum Sieg.

Der Name Medina wurde Symbol. Medina wurde zur Kurzfassung von »madinat en-nabi«, »Stadt des Propheten«. Ihr anderer Name ist Jathrib. Sie hat sicher schon, wofür jüdische Quellen und der Koran sprechen, vorislamisch einfach »die Stadt« geheißen. »Stadt des Propheten« ist also eine nachträgliche Deutung, die aber, vom Symbolgehalt her, genau den Sachverhalt trifft.

Der Islam fand in »der Stadt« so einzigartige, einmalige Bedingungen, daß nur sie im wahrsten Sinne des Wortes zur »Stadt des Propheten« werden konnte. Vermutlich haben diese Bedingungen ihr schon vorislamisch die Bezeichnung »die Stadt« eingebracht. Ihre Verfassung, wenn man das überhaupt so nennen will, war weder beduinisch noch mekkanisch. Medina war äußerst labil organisiert. Es war ein Nebeneinander. Hauptgrund dafür war, daß Medina keine rein arabische Stadt war. Es gab dort vielmehr eine große und einflußreiche jüdische Bürgerschaft, die schon seit Generationen in Medina wohnte. Auch der religiöse Einfluß der Juden gegenüber dem altarabischen Heidentum war erheblich. Medina war eine sowohl jüdische wie arabische Stadt. Die geistig-religiöse Überlegenheit, wohl auch die kaufmännische, lag eindeutig bei den Juden, die darum auch ihrerseits nicht von Jathrib, sondern von »der Stadt«, *ihrer* Stadt, sprachen. Ich vermute, daß es die Juden waren, die zu dieser geschichtsträchtigen Umbenennung den ersten Stein legten.

Das alles mußte den politischen und religiösen Individualismus der Medinenser fördern. Zugleich aber bestand das Bewußtsein, daß »die Stadt« noch nicht zu einer ihr angemessenen Verfassung gefunden habe. Es lebten eben nicht nur altarabische Familien und Stämme neben- und miteinander, sondern zwei Völker, monotheistische Juden und altarabische Heiden mit urmonotheistischem Hintergrund. Diese Situation wurde nun zum Siedepunkt beschleunigt, als immer mehr islamische Emigranten aus Mekka nach Medina kamen. Den Medinensern, die diesen Emigranten beistanden, gab Muhammad den religiösen Elitenamen der Ansar oder »Helfer Allahs«. Als Muhammad 622 selbst nach Medina emigrierte und dadurch die Führung der Helfer Allahs übernahm, mußte das für alle islamisch Gesinnten das provokatorische Zeichen sein, nach Medina zu kommen, um die Schar der Helfer Allahs zu verstärken.

Dazu kommt folgendes Moment, das für die Entwicklung des Islam bedeutend wurde. Als Muhammad 622 nach Medina auswanderte, war auch er damit aus dem Schutz altarabischer Stammesbindung ausgewandert. »Das Gefühl, im Kreis der eigenen Sippe geborgen zu sein – für einen Araber die Voraussetzung jeder normalen Existenz –, war ihm verlorengegangen.«[26] Muhammad war nach den Normen des alten Arabertums praktisch recht- und schutzlos. Das gleiche galt für die Emigranten, deren Schar in Medina täglich zunahm. Nimmt man hinzu, was wir über die Situation Medinas sagten, dann liegt es auf der Hand, daß mit dem Wachsen der Emigrantenschar die Forderung nach einer eigentümlichen Verfassung der Stadt unaufschiebbar wurde, daß die Stadt täglich dringender eine politische Führung brauchte, die sich auf neue Grundsätze stützte. Ob Muhammad wollte oder nicht, er mußte in Medina zum politischen Führer, schließlich, durch die Verhältnisse dazu aufgefordert und von Allah darin bestätigt, zum Feldherrn werden. Bei Lage der Dinge trat die arabische Einwohnerschaft Medinas in hellen Scharen zum neuen Glauben über. Nicht mehr die Stammes- und Familienbindung, sondern der Islam sollte das eigentliche Gemeinschaftsband aller werden, sollte die Umma, die Gemeinschaft, tragen und darin jeden einzelnen.

Die Frage war, wie sich die Juden entscheiden würden. Da es zu den hartnäckigen Geschichtsirrtümern gehört, dem Islam religiöse Intoleranz und Ausbreitung des Glaubens mit Feuer und Schwert vorzuwerfen – Vorwürfe, die viel eher die christliche Praxis bis nahe an die Neuzeit treffen –, ist es wichtig zu wissen, welche Haltung Muhammad gegenüber Juden und Christen eingenommen hat. Muhammad wollte die Juden für sich gewinnen, er wollte sie als gleichberechtigt in die Umma einbeziehen. Muhammad wollte nicht, daß die Juden vom Judentum abfallen, er wollte sie nicht abtrünnig machen; er erwartete, daß sie ihn als den Propheten Gottes für die Araber anerkannten. Entsprechend erhoffte er sich eine Anerkennung durch die Christen. So wie Allah Moses zum Volke der Juden gesandt hat, so habe Allah nun Muhammad zum Volke der Araber gesandt. Juden – so Muhammad – sind bereits Moslems, weil Mose sie in den Islam geführt hat, Christen sind Moslems, weil Gott ihnen Isa ben Maryam, Jesus, den Sohn der Jungfrau Maria, gesandt hat. In die Medinenser Zeit fallen daher auch die immer häufigeren Einarbeitungen jüdischer und christlicher Überlieferungen in die Botschaft des Propheten.

Das Judentum hat es abgelehnt, Muhammad als Propheten und Gesandten Gottes anzuerkennen. Eine entsprechende Ablehnung erfuhr Muhammad durch die Christenheit. Die Welt- und Religionsgeschichte hätte damals noch einen sehr anderen Verlauf nehmen können. Der arabische Prophet muß von gegenmissionarischen Absichten freigesprochen werden, er war offen für Juden und Christen. Die Ablehnung durch das Judentum traf Muhammad unerwartet. Das hatte religiöse und politische Folgen.

Die Ablehnung durch die Juden verhinderte bzw. verzögerte den Aufbau der Umma und der durch sie herzustellenden Einheit Medinas als Urprogramm eines islamischen »Staats«. Medina blieb gespalten, die islamischen Emigranten waren noch nicht integriert. Es kam darauf an, die wachsende Zahl der Anhänger wirtschaftlich einigermaßen sicherzustellen. Diese Situation ist die Geburtsstunde des »heiligen Krieges«, der an die altarabische Rechtsinstitution der Beutezüge oder Razzien anknüpft. Da die Karawanenstraßen von Mekka nach Syrien verhältnismäßig nah an Medina vorbeiführten, eignete sich Medina ausgesprochen für solche Beutezüge, die gleichzeitig als Strafaktionen gegen die feindlichen Mekkaner angesehen werden konnten.

Ausdrücklich wird Muhammad durch eine koranische Offenbarung (Sure 22,38–40) das Recht zugesprochen, Krieg zu führen, wo die Ausübung der Religion (nicht nur der eigenen) durch Gewalt bedroht wird: »Gott sorgt für die Verteidigung der Gläubigen ... Denen, die kämpfen, ist die Erlaubnis erteilt worden, weil ihnen Unrecht geschah. Und siehe, Gott hat wahrlich die Macht, ihnen zu helfen, welche zu Unrecht aus ihren Wohnungen vertrieben wurden, nur weil sie sagen: ›Unser Herr ist Gott.‹ Und wenn Gott nicht den einen Menschen durch die andern gewehrt hätte, wahrlich, so wären Klöster und Kirchen und Synagogen und Moscheen, in denen unablässig der Name Gottes genannt wird, zerstört worden. Aber bestimmt wird Gott dem helfen, der ihm hilft.«

Der heilige Krieg ist also zunächst gegen Mekka gerichtet, wendet sich dann aber auch gegen die medinensischen Juden, denen Paktieren mit den Mekkanern zur Last gelegt wird. Zur Bewertung der Koranstelle ist aber über den Anlaß ihrer Offenbarung hinaus zu bedenken, daß diese an einen grundsätzlichen Schutz aller Religionsausübung denkt, wenn sie nicht nur von den Moscheen, sondern zugleich auch von den Kirchen, Synagogen und Klöstern spricht. »Die Toleranz des Islams ist keine passive, sondern eine praktisch-aktive« (Sadr-ud-din).[27]

Es kann hier nicht die Aufgabe sein, dem Auf und Ab dieser Kämpfe nachzugehen. Muhammad blieb Sieger. 629 zog Muhammad in Mekka ein und erklärte die Ka'aba zum heiligen Tempel des Islam. Im Jahre 630 (11.1) nimmt er Mekka endgültig in Besitz und reinigt die Ka'aba von den

Götzenbildern. Im Jahre 632 vollführt Muhammad die große Wallfahrt nach Mekka, die Haddsch. Sie wird seine Abschiedswallfahrt. Muhammad stirbt am 8. Juni in Medina.

Wichtiger für uns sind die religiösen Folgen. Muhammad erkennt trotz seiner abschließenden Sendung Juden und Christen ausdrücklich als »Schriftbesitzer« an, denen Duldung zu gewähren ist. Nur der Götzendienst soll zur Ehre Allahs abgeschafft werden. Ausdrücklich heißt es im Koran, daß niemand zum Glauben gezwungen werden darf. Zu den zu Duldenden zählte Muhammad auch die sogenannten Sabier, die Täufergruppen, die sich auf Johannes den Täufer beriefen, insbesondere die Mandäer. Sure 2,63: »All denen – seien es Gläubige, Juden, Christen oder Sabier –, wenn sie nur an Gott glauben, an den Jüngsten Tag und das Rechte tun, wird einst Lohn von ihrem Herrn, und weder Furcht noch Traurigkeit wird über sie kommen.« In Sure 2,257 heißt es ausdrücklich: »Zwinget keinen zum Glauben!«

Der sogenannte heilige Krieg diente auch nach Muhammads Tod nicht der Glaubensausbreitung mit dem Schwert, sondern dem Aufbau islamischer Gemeinschaften. Der Götzendienst wurde abgeschafft, der Islam wurde verkündet. Die »Schriftbesitzer«, die nicht zum Islam übertreten wollten, wurden als autonome Gruppen in die islamische Gemeinschaft einbezogen. Christen und Juden unterstanden ihrem geistlichen Oberhaupt, sie durften ein Eigenleben führen, mußten allerdings eine »Kopfsteuer« entrichten, da sie von der Beteiligung am heiligen Krieg ausgeschlossen waren. Andere religiöse Gruppen, sofern sie eine entsprechende Offenbarungsschrift und einen Gesandten nachweisen konnten, wie die Mandäer, die Zarathustrier, erhielten eine entsprechende Anerkennung und Autonomie.

Muhammad hat durch die Idee der Umma die Stammesbindungen nicht abgeschafft, aber sie aufgebrochen und überhöht in die islamische Gemeinschaft. Er gab durch das Gebot der Armensteuer auch dem sozial Schwächsten wirtschaftlichen Schutz. Innerhalb der Gemeinschaft waren grundsätzlich alle gleich. Gleichzeitig individualisierte Muhammad die Massen. Alle waren vor das Gericht Allahs gestellt. Es gab keine Fürsprecher vor Allah. Die fünf Hauptsäulen des Islam sind: 1. das Glaubensbekenntnis, 2. das fünfmal täglich zu verrichtende Pflichtgebet, 3. die pflichtmäßige Armensteuer, die für Arme und Kranke verwendet wird, 4. das Fasten im Monat Ramadan, 5. die Wallfahrt nach Mekka.

Ein Wort muß in diesem Zusammenhang zur Stellung der Frau gesagt werden. Bis zum Tode Chadidschas (619) lebte Muhammad in der Einehe. Seine immer einflußreichere Stellung, schließlich als Feldherr und Herrscher, legte ihm die Verpflichtung auf, über einen Harem zu gebieten. Das entsprach altorientalischer Auffassung. Muhammad schloß sich hier nur der geltenden Sitte an, die er aber zugunsten der Frauen änderte. Verboten wurde die sehr häufige Tötung der Mädchen nach der Geburt. Die Prostitution der Sklavinnen wurde abgeschafft. Die Frauen erhielten das Recht auf Erbschaft (ein Halbteil). Er verlangte die Einhaltung gegenseitiger Pflichten und Rechte durch die Ehepartner. Den Frauen sollte der Weg zur Bildung geöffnet werden. Die Zahl der Ehefrauen wurde auf vier begrenzt.

In Medina kommt es dann auch zur Offenbarung jener Koranstelle, die den Islam in den Rang einer Weltreligion erhebt (Sure 33,41): »Muhammad ist der Gesandte Allahs und das Siegel der Propheten.« Das bedeutet: Muhammad, der arabische Prophet, ist der abschließende Prophet, der dadurch zugleich eine überarabische Mission empfangen hat. »Einst«, so heißt es Sure 2,214, »hatten die Menschen nur einen Glauben; später (als sie sich spalteten) sandte Allah ihnen Propheten, Heil zu verkünden und mahnend Strafe anzudrohen.« Die koranische Botschaft ruft nun alle Menschen in ihren eigenen Religionen zu dem ursprünglich einen Glauben zurück, der als Uroffenbarung einer jeden zugrunde liegt. Die Verkündigung des Islam im besonderen aber geschieht (Sure 3,105), »auf daß ein Volk aus euch werde, welches die beste Religion verehrt«;

3,111: »Ihr seid das beste Volk, das je unter Menschen entstand.« Also: Muhammad der abschließende Prophet, der Islam die beste Religion, die islamische Umma das beste Volk.

Diesem Bewußtsein der Überlegenheit entspricht es, daß Muhammad nun die Gebetsverneigung (Qibla) nach Mekka (statt nach Jerusalem) einführte. Mekka wurde dadurch ausdrücklich aus einem zentralarabischen zum zentralislamischen Heiligtum. Muhammad konnte das tun, indem er eine Verbindung zwischen Abraham und Mekka herstellte. »Ihr Schriftbesitzer«, heißt es Sure 3,66ff., »streitet doch nicht über Abraham; ward ja die Tora und das Evangelium erst nach seiner Zeit offenbart... Abraham war weder Jude noch Christ, sondern er war Hanif und Muslim und kein Polytheist. Diejenigen stehen dem Abraham am nächsten, welche ihm folgen, und dieser Prophet (Muhammad) und die Gläubigen.« Die 3. Sure fährt dann fort (96ff.): »Folget darum der Religion des rechtgläubigen Abraham, der kein Götzendiener war. Das erste Bethaus für die Menschen war das zu Bekka (= Mekka), zum Segen und zur Richtschnur der Welt... Es ist die Stätte Abrahams... Allah befahl den Menschen, denen es möglich ist, nach diesem Hause zu wallfahren.«

Die Überlieferung, auf die der Koran hier anspielt, hat etwa folgenden legendarischen Hintergrund, der vom orthodoxen Islam als geschichtliche Wirklichkeit angesehen wird. Bereits Adam sei durch die arabischen Lande gewandert. In der Gegend von Mekka habe er einen milchweißen, leuchtenden Stein erblickt und um diesen die Ka'aba gebaut und diese siebenmal umschritten. Als die Sintflut die Ka'aba bedeckte, habe die Arche Noah die Stelle siebenmal umschwommen. Viertausend Jahre später war die Ka'aba verfallen. Als Hagar, von Abraham verstoßen, durch die Wüste irrte, in den Armen das verdürstende Söhnchen Ismael, betete sie in einem ausgetrockneten Tal zu Gott um Hilfe. Da entsprang zu ihren Füßen die Quelle Semsem. Es war das Tal der Ka'aba. Hagar und Ismael ließen sich dort nieder. Nach dem Tode Hagars kam Abraham und baute mit Hilfe Ismaels die Ka'aba wieder auf, nachdem er das Fundament Adams wiedergefunden hatte. Ismael empfängt vom Erzengel Gabriel den berühmten, in die Ka'aba eingelassenen Stein, der aber aus Trauer über den Götzendienst in der Welt zum schwarzen Stein geworden ist.

Es ist bekannt, daß in der Bibel nichts von einer solchen Verbindung Abrahams mit Mekka steht. Aber auch sonst enthält der Koran viele Anspielungen auf biblische Berichte und Erzählungen von biblischen Personen, die wir nicht der Bibel entnehmen können. Dazu kommen sogenannte Irrtümer. So wird beispielsweise Jesus als Sohn der Maria und Jungfrauensohn bezeichnet, gleichzeitig aber soll Maria die Schwester Aarons sein. Muhammad verwechselte also die Schwester Aarons Mirjam (= Maria) mit der gleichnamigen Mutter Jesu. So soll ferner Jesus selbst nicht gekreuzigt worden sein, sondern ein anderer an seiner Stelle, den die Juden mit Jesus verwechselten, während Allah Jesus entrückte. Man könnte Beispiele dieser Art noch vermehren. Man muß nur wissen, daß sich Christen und Juden in ihrer Überlieferung sehr viel mehr – und oft sehr Phantastisches – über biblische Personen erzählten, als in der Bibel steht; Erzählungen, die sie zum Teil sogar nach den damals geltenden Auslegungsmethoden aus der Bibel herauslasen bzw. hineinlasen.

Überlieferungen dieser Art hatte Muhammad besonders seit der Auseinandersetzung mit den »Schriftbesitzern« kennengelernt und auf seine Weise bearbeitet. Es ist daraus ein neues religiöses Geschichtsbild entstanden, von dem Muhammad überzeugt war, daß Allah selbst es ihm offenbart habe. Danach haben alle Propheten vor Muhammad bereits den Islam verkündet, hat Muhammad die Abrahamsreligion erneuert und nach Juden und Christen die dritte und letzte monotheistische Religion von Allah empfangen. Wenn Juden und Christen ihm vorhielten, daß der Sachverhalt in der Bibel oft anders dargestellt ist, mußte er – überzeugt von der Wahrheit der ihm zuteilgewordenen Offenbarungen – annehmen, daß die Schriften der Juden und Christen unvollständig oder sogar gefälscht worden seien, so daß der Koran geradezu die Quelle sei, um die Irrtümer in Tora und Evangelium richtigzustellen.

Muhammad beruft sich insbesondere auf Jesus. Sure 61,7: »Und Jesus, der Sohn der Maria, sagte: ›O ihr Kinder Israels, wahrlich, ich bin euch ein Gesandter Allahs, der die Tora bestätigt, welche bereits vor mir euch geworden ist, und ich bringe frohe Botschaft über einen Gesandten, der nach mir kommen und dessen Name Ahmed sein wird.‹« Um zu verstehen, was Muhammad damit sagen will, muß man folgendes hinzunehmen. Der Name Ahmed hat dieselbe Bedeutung wie der Name Muhammad: der Gelobte, Gepriesene. Der Gelobte, der Gepriesene aber heißt auf griechisch Periklytos. Danach hat Jesus einen Gesandten, der nach ihm kommen soll, vorausgesagt, der den Namen Periklytos tragen wird.

Nun hat Jesus in den sogenannten Abschiedsreden des Johannesevangeliums folgendes gesagt: »Aber ich sage euch die Wahrheit: Es ist gut für euch, daß ich fortgehe. Denn wenn ich nicht fortgehe, wird der Parakletos nicht zu euch kommen; wenn ich aber gehe, werde ich ihn zu euch senden ... Wenn aber jener kommt ..., wird er euch in die ganze Wahrheit leiten« (Johannes 16,7ff.). Die Übersetzung von Parakletos ist schwierig, man übersetzt mit Anwalt, Rechtsbeistand und Tröster. Daß das Wort ähnlich wie Periklytos klingt, liegt auf der Hand, zumal die damalige Aussprache Periklitos, Paraklitos lautete. Die Muslims nehmen an, daß Periklytos ursprünglich, Parakletos eine Verfälschung ist. Wichtiger ist die sachliche Aussage: Jesus weist auf einen zweiten Gesandten hin, der nach ihm Jesu Botschaft nicht nur aufnimmt, sondern vollendet (»der wird euch in die ganze Wahrheit leiten«). Indem Muhammad, wozu die Etymologie Ahmed = Muhammad = Periklytos Anlaß gab, sich auf die Parakletenüberlieferung bezog, erklärte er seine Botschaft zur abschließenden Religion überhaupt (»die ganze Wahrheit«) und zur von Jesus selbst vorausgesagten Erfüllung des Christentums. Jesus weist auf Muhammad.

Muhammad, der Paraklet und die neue Welt des Geistes

Jeder Muslim ist auf Grund der Aussage von Sure 61,7 davon überzeugt, daß er Jesus gehorsamer ist als die Christen; denn Jesus hat gesagt, wir sollen auf Muhammad hören. Die Frage ist, ob wir christlicherseits daran vorbeikommen, Muhammad als den letzten Gesandten Gottes anzuerkennen.

Die kirchliche Auslegung des Parakletenworts, die sich das Johannesevangelium bereits zu eigen gemacht hat, identifiziert den Parakleten mit dem heiligen Geist. Der Paraklet ist der heilige Geist, der die Gemeinde Jesu mit ihrem auferstandenen Herrn verbindet und die Glieder der Gemeinde zur Bruderschaft untereinander zusammenschließt (»Gemeinschaft der Heiligen«), der christliche »Gemeingeist«, der zugleich der Geist Christi ist: »Der Herr ist der Geist« (Paulus, 2. Korinther 3,17). Das stellt sicher nicht die älteste Auffassung dar; wie hätte sich sonst im zweiten nachchristlichen Jahrhundert Montanus, ein frühchristlicher Prophet und von der Großkirche verketzerter Reformator, als Paraklet unter dem Wehen des prophetischen Geistes verstehen können?

Dieses feststellen bedeutet aber zugleich die Grenze des Christentums feststellen. Der Geist des Herrn ist der Geist der Christengemeinde, nicht der Bürgergemeinde. Christengemeinde und Bürgergemeinde treten damit auseinander. Der Geist Christi wird dem Geist der Welt als ein anderer Geist gegenübergestellt. Die Christen wandern aus der Welt aus in die Gemeinde. Die Christenheit bildete in ihren ersten Jahrhunderten eine Subkultur, Kirche und Welt, Kirche und Staat, Kirche und Kultur blieben seitdem in einem spannungsvollen Verhältnis. Die Kirche kann wohl eine Ausstrahlung des Christusgeistes in die Welt, in Kultur und Gesellschaft zugeben. Sie bemüht sich selbst darum und begrüßt im allgemeinen solche direkten oder indirekten

Auswirkungen des Christusgeistes in Sitte, Ethos, Recht und Gesellschaftsordnung der Welt.

Bisweilen kann die Kirche sogar bis zu einem Programm der Verchristlichung der Welt vorstoßen, findet dabei aber aus guten Gründen Widerstand nicht nur aus der Welt, sondern gerade auch aus ihren eigenen Reihen. »Verchristlichung der Welt« ist für Vertreter eines kirchen- und institutionskritischen Christentums das Antichristliche, das Widerchristliche schlechthin, das zu einer Verfälschung des echten Christusgeistes führt. Mit anderen Worten: Wie weit sich die Kirche auch der Welt öffnet, sie betont doch als ihr Proprium, als das ihr Eigene und Eigentümliche, daß der Geist Christi der die Kirche, die Gemeinde, durchwaltende Geist ist, daß er im eigentlichen Sinn nur in ihr, in der Wort- und Sakramentgemeinschaft, die sie darstellt, zu finden ist. Sie reagiert daher oft schon gegen das Wort »Christentum« empfindlich, weil dieses Wort eine Verwischung der Grenzen zwischen Kirchengemeinschaft und Kulturgemeinschaft enthält.

Anschluß an Christus bedeutet nach kirchlicher Interpretation Anschluß an die Kirche, nur dort ist eigentliche Teilhabe am Geist Gottes, der zugleich der Geist Christi ist. Der dritte Glaubensartikel des Apostolikums spricht das aus: Ich glaube an den heiligen Geist, eine heilige katholische (christliche) Kirche, die Gemeinschaft der Heiligen…

Die Folge dieses Verhältnisses von Kirche und Welt, Kirche und Gesellschaft, Kirche und Kultur war aber, daß die Welt immer weltlicher wurde. Indem die Kirche den eigentlichen Geist, den Geist Gottes und Christi, in sich hineinzog, entleerte sie die Welt von eben diesem Geist. Der Verkirchlichung des Geistes geht die Verweltlichung der Welt zur Seite. Auch wenn die Kirche häufig genug die Verchristlichung des weltlichen Bereichs angestrebt hat, in Wirklichkeit hat sie die Welt verweltlicht. Sie hat sie dadurch in einem tieferen Sinn »verchristlicht«. Verweltlichungen oder Säkularisierungen hat es immer wieder in allen Kulturkreisen gegeben. Im Kulturraum des Christentums nahm dieser Vorgang einen prinzipiellen Rang an: Unser modernes Kultur-, Gesellschafts- und Wertdenken ist weltlich (säkular) definiert. Es ist das geradezu das Kennzeichen der Neuzeit oder Moderne. Wir leben in einer entgötterten, weltlich gewordenen Welt. Das Religiöse, das Christliche eingeschlossen, ist Privatsache von der Welt her gesehen. Das Private kann aber nicht welthaft sein.

So gesehen, stehen wir heute an einem geschichtlichen Umbruchspunkt: Kirche kann als bloße Kirche, Welt kann als bloße Welt nicht weiter vom Fleck. Wenn Kirche nur Kirche bleibt, zwingt sie die Welt, die Sinnfrage ihrer Geschichte über die Kirche hinaus zu beantworten. Die entgötterte Welt, die ja nicht einfach zu den alten Göttern zurückkehren kann, muß gegebenenfalls antichristlich ihren Geist und Geschichtssinn einfordern, den ihr der kirchlich gebundene Christusgeist verweigert. Der Antichrist und sein Kommen ist die notwendige Geschichtserwartung auf die exklusive Verkirchlichung des Christusgeistes.

Nun trägt aber die Kirche von Anbeginn an einen Widersacher in sich, der älter und ursprünglicher ist als die Kirche: die Botschaft vom Reich Gottes. Man hat einmal gesagt: Jesus predigte das Reich Gottes, und es kam die Kirche. Damit kann nur gesagt sein, daß die geschichtliche Entstehung der Kirche und des Christentums nicht die letzte Einlösung der Verkündigung Jesu ist, daß die Kirche und das Christentum sich nur dazwischengeschaltet haben, daß Jesus auf etwas zielte, das Kirche und Christentum transzendiert.

Um es schroff zu formulieren: Jesus selbst war weder Christ, noch war er der Stifter des Christentums. Er ist es nachträglich geworden durch die visionären Ostererlebnisse seiner Jünger. Ursprünglich war er mehr: der Künder und Bringer des hereinbrechenden Reiches Gottes. Das Reich Gottes aber ist nicht Kirche und Welt, sondern Aufhebung der Welt in das Reich. Die Kirche sollte – und insofern hängt die Kirche, die über die Ostervisionen entstand, mit der Reichspredigt zusammen – der Vorläufer des Reiches sein, der Fortsetzer der Reichspredigt Jesu. Aber das letzte

Ziel ist nicht die Kirche und die Verchristlichung, sondern die Verwandlung der Welt, ja des Alls, in das Reich. Wenn die Kirche Christus den »Herrn der Kirche« nennt, dann bekennt sie damit, daß Christus mehr ist als die Kirche, die Christen und die Christenheit, daß die Kirche nichts anderes zu sein hat als die »Magd des Herrn«, Maria, die Dienerin seines Willens, der über Kirche und Christentum hinaus ist in Richtung auf das Reich.

Worum es mir hier geht, ist, zu zeigen, daß sogar dann, wenn es das Parakletenwort Jesu nicht gäbe (das im Johannesevangelium bereits kirchlich gedeutet ist), Botschaft und Person Jesu selbst über Kirche und Christenheit hinaus sind, daß Jesus als der Herr und Träger des Geistes nicht nur Mit-Christ, sondern auch Nach-Christ ist – Nach-Christ mit ausdrücklichem Gefälle auf die Transzendenz der Kirche und des Christentums in Richtung auf das Reich Gottes, das seinem Wesen nach Kirche und Welt transzendiert.

Genau diese Transzendierung (Überschreitung) macht das Wesen der Neuzeit aus. Die Neuzeit wurde uns, der Christenheit, durch die Begegnung mit dem Islam vermittelt. Die Kreuzzüge sind der eigentliche Beginn der Neuzeit.

Das ist Anlaß genug, auf die in jeder Hinsicht hochgeehrte Stellung Jesu im Islam einzugehen. Jesus ist einerseits der Vorläufer Muhammads. Aber damit ist sein Rang im Islam nicht vollständig ausgesagt. Jesus heißt im Koran Sohn der Maria, Isa ben Maryam. Ausdrücklich wird die Jungfrauengeburt Jesu anerkannt, ja betont.

Die Dogmen der Christenheit wurden nicht von der Urchristenheit, sondern von der frühkatholischen Kirche, abschließend von der Reichskirche geprägt. Es gab eine Fülle von Überlieferungen und Strömungen in der ältesten Christenheit, von denen nur ein Teil von der frühkatholischen Kirche und der späteren Reichskirche akzeptiert wurde. So gab es beispielsweise nicht nur die vier Evangelien, die von der Kirche im Laufe der Zeit anerkannt wurden, es gab vielmehr sehr viele Evangelien, die die Kirche später als häretisch verwarf. Solche Evangelien waren, um nur einige zu nennen, das Petrusevangelium, das Hebräerevangelium, das Ebionitenevangelium, das Nazaräerevangelium usw.

Eine der wichtigsten Aufspaltungen der frühen Christenheit war die in Heiden- und Judenchristen. Einige der hervorstechendsten Unterscheidungen zwischen Heiden- und Judenchristen waren in judenchristlicher Sicht folgende: Jesus ist der Sohn Gottes durch Adoption, nicht durch Natur oder Geburt. Jesus ist der neue Lehrer, der neue Prophet, der Menschensohn, der Messias. Die Vorstellung von der Jungfrauengeburt wurde im allgemeinen abgelehnt; wenn man sie billigte, dann nur in dem Sinn, der auch dem Koran vorschwebt, daß Gott durch sein schöpferisches Wort bzw. durch seinen heiligen Geist Jesus im Schoß der Maria geschaffen habe. Jesus wurde dadurch nicht selbst Gott oder Gott gleich, sondern der Anfänger einer neuen Menschheit, der genau wie Adam unmittelbar durch Gott geschaffen wurde. Abgelehnt wurde von den Judenchristen der Apostel Paulus als Verführer und Verderber des Gesetzes Christi. Er wurde von der judenchristlichen Polemik mit dem Magier Simon identifiziert, der der ältesten Christenheit als Erzketzer galt. Die Auseinandersetzung zwischen Juden- und Heidenchristen geht also bis in die Anfänge des Christentums zurück.

Es dürfte ferner – im Sinne des Judenchristentums – deutlich sein, daß sich der historische Jesus niemals als Gott bezeichnet hat; er hätte eine Vergottung vielmehr entschieden zurückgewiesen. »Was nennest du mich gut«, sagt Jesus im Markusevangelium (10,18). »Niemand ist gut als Gott allein.« Gut kann der Mensch nach der jüdischen Auffassung Jesu nur sein, wenn er sich ganz dem Willen und Wirken Gottes hingibt, wenn Gott in ihm und durch ihn der allein Wollende und Wirkende ist. Genau das hat Muhammad Islam genannt. Islam bedeutet soviel wie sich Gott völlig ergeben. Der Islam meint also eine religiöse, innere Haltung, in der sich der Mensch völlig Gott gegenüber aufgegeben hat. Wer in diese Haltung eintritt, hat »den Islam angenommen«, ist ein Moslem (Partizipalform). Islam und Moslems gab es daher schon vor Muhammad. Darum waren Abraham, Mose, Jesus vollkommene Moslems.

Wenn also das Judenchristentum Jesus als Sohn Gottes bezeichnen konnte, dann meinte es damit nichts anderes, als daß Jesus der Mensch, das Geschöpf Gottes war, der in einem ausgezeichneten Sinn sein ganzes Wollen und Wirken an das Wollen und Wirken Gottes band, daß Jesus, wie es ja auch die moderne Theologie sagt, Gott ereignete. »Es geschah aber«, heißt es im judenchristlichen Hebräerevangelium, »als der Herr aus dem Wasser heraufgestiegen war (bei der Taufe), da stieg die ganze Quelle des heiligen Geistes (vom Himmel) herab und ließ sich auf ihm zur Ruhe nieder und sprach zu ihm: ›Mein Sohn, in allen Propheten habe ich dich erwartet, daß du kommen möchtest und ich in dir ruhen könnte. Denn du bist meine Ruhe, du bist mein erstgeborener Sohn, der du regierest in Ewigkeit.‹«

Es würde zu weit führen, das Bild des Judenchristentums hier weiter auszuführen. Es genügt die Feststellung, daß das judenchristliche Bild von Jesus mit dem Bild, das der Koran von Jesus gibt, übereinstimmt, wobei Muhammad auf judenchristliche Überlieferungen zurückgreifen konnte, die er mündlich von orientalischen Christen empfing.

Muhammads Apostolat und der von ihm verkündete Islam stellt also eine intuitiv auf Ältestes zurückgreifende Vollendung der in Jesus und der Judenchristenheit gesetzten Anfänge dar. Mit anderen Worten: Muhammad kann sich mit ebenso guten Gründen auf Jesus als seinen Vorgänger berufen, wie die Heidenkirche (die katholischen Kirchentümer, von denen die protestantischen ein Teil sind) sich auf ihn zurückführt und die Juden bis heute der Meinung sind, daß Jesus Jude war, der sich an Juden wandte (»Ich bin nicht gesandt; denn nur zu den verlorenen Schafen vom Hause Israel«, Matthäus 15,24), in dessen Blickfeld also noch keine Kirche gelegen hat.

Wir haben damit nichts anderes gesagt, als daß Jesus den Juden ein Jude, den Christen ein Christ und den Moslems ein Moslem geworden ist. Jede der drei monotheistischen

Weltreligionen darf ihn für sich beanspruchen, weil jede etwas von Jesus zur Geltung bringen kann, was die anderen abschwächen.

Jesus spielt aber nicht nur als Vorläufer Muhammads, sondern zugleich als Vollender des Islam eine bedeutende Rolle. Der Islam baut die persisch-jüdische-judenchristliche Lehre von den letzten Dingen (Apokalyptik) aus. Die Welt treibt der Endzeit zu, die Verhältnisse auf der Erde verschlechtern sich. Dann aber tritt ein Mahdi, ein von Allah »Geleiteter«, auf und bringt das goldene Zeitalter. Nach diesem Zwischenreich eilt die Welt endgültig ihrem Ende entgegen. Der Antichrist (Daddschal) erscheint. Danach erfolgt die Wiederkunft Jesu. Jesus, der nach Auffassung des Islam nicht den Kreuzestod erlitten hat, sondern zu Gott entrückt worden ist, wird den Antichrist töten, heiraten und den Islam verkündigen. Nach 40 Jahren wird er in Medina sterben. Dann wird der erste Posaunenstoß des Engels Israfil erschallen, der alles tot niederstreckt. Der zweite Posaunenstoß bewirkt die Auferstehung der Toten. Nunmehr erfolgt das Jüngste Gericht.

So tritt im Blick auf die letzten Dinge im Islam nicht die Gestalt Muhammads, sondern die Gestalt Jesu vor den Augen der Gläubigen auf.

Reich Gottes, Weltgericht, die letzten Dinge werden in den monotheistischen Religionen im Mythos eines Enddramas vorgestellt. Es entsteht also die Frage, inwieweit sich das, was der Mythos symbolisch vorstellt, jetzt schon verwirklichen läßt. Der Islam hat die Verwirklichung insofern immer schon angezielt, weil es in ihm die für die Christenheit typische Trennung von Kirche und Welt von Anfang an nicht gab. Es kam nicht zur Gründung einer islamischen Kirche, sondern einer islamischen Umma, also einer inneren Einheit von Religion und Kultur, Religion und Welt, Religion und Gesellschaft.

Die Christenheit bricht seit den Kreuzzügen zu einem neuen Selbstverständnis auf. Um es abgekürzt zu sagen, sie bricht seither auf in eine Neue Welt. Die Neue Welt mochte zunächst das Heilige Land, dann Indien, das irdische Paradies, dann Amerika heißen. Neue Zeit und Neue Welt aber sind letztlich eschatologische Worte. Die Zeit sollte sich nach vorne hin erneuern, die Welt sollte nicht, wie bisher, asketisch verlassen, sondern in eine Neue Welt verwandelt werden. Zum Jenseits über uns tritt religiös das Jenseits vor uns.

Die Moslems hatten, wie die staunenden Kreuzfahrer entdecken mußten, die Welt in ein märchenhaftes Paradies verwandelt. Die islamische Kultur, der abendländischen überlegen, verwandelte das irdische Dasein in einen Glanz, der alle Zauber des Morgenlandes in eine einzige Manifestation Allahs überhöhte, als schritte man in erfüllte Träume hinein.

»Der Geist Gottes«, so hat Hegel gesagt, »lebt in der Gemeinde; er ist der innere treibende Geist; aber es ist in der Welt, daß der Geist realisiert werden soll.« Statt der bisherigen Trennung von weltlich und geistlich entdeckt der Mensch an der Schwelle der Neuzeit, »daß das weltliche Treiben ein geistiges Geschäft ist«.[28]

Am Ende des 12. Jahrhunderts, also im Zeitalter der Kreuzzüge, verkündete der Zisterzienserabt Joachim von Fiore die Ankunft eines neuen, dritten Zeitalters oder Reiches der Menschheit durch die Herabkunft des von Christus verheißenen Parakleten, des heiligen Geistes. Der französische Schriftsteller J. K. Huysmans hat seine Lehre, wie folgt, eindrücklich dargestellt: »Es gibt drei Reiche, das Reich des Alten Testamentes, des Vaters, das Reich der Furcht. Das des Neuen Testamentes, des Sohnes, das Reich der Sühne. Und schließlich das durch das Evangelium des heiligen Johannes repräsentierte des Heiligen Geistes, das ein Reich der Erlösung und der Liebe sein wird. In diesen drei Reichen sinnbildet sich Vergangenheit, Gegenwart und Zukunft: gleichsam Winter, Frühling und Sommer; das eine, sagt Joachim von Fiore, hat die Halme gebracht, das andere die Ähren, das dritte wird den Weizen spenden. Von den Personen der heiligen Dreifaltigkeit haben sich zwei gezeigt, die dritte muß logischerweise noch erscheinen.«[29]

Joachim von Fiore ist der eigentliche Reformator der

Christenheit, er ist zugleich ein Prophet. Das Christentum wartet noch auf seine letzte, vollendende Gestalt durch den Parakleten. Ein drittes Reich des Geistes soll kommen, ein Reich des Geistes und der Liebe, das alle Menschen umschlingt. Statt der Trennungen also, islamisch ausgedrückt, eine große Umma aller Menschen in einem neuen Geist der Liebe. Die Menschheit ist seitdem im Aufbruch zu diesem Einen Reich der Menschheit, zur höheren geistigen Einheit des Einen Menschenstammes aus allen Völkern, Nationen, Sprachen und Religionen. Alle oft heftigen Gegenbewegungen bestätigen letztlich nur, daß wir, die Menschen der Neuzeit, die unbedingte Zukunft wollen, das Reich der erfüllenden Zukunft.

Alle bahnbrechenden Personen und Bewegungen der Neuzeit tragen darum Züge des Parakleten in sich. Sie sind Verheißungsträger und Vollstrecker von Verheißung. Das revolutionäre Prinzip Hoffnung und der Geist der Utopie beherrschen uns in der Tiefe, auch wo wir dies realistisch verdrängen oder reaktionär bekämpfen. Parakletenbewegungen waren unter anderen die Französische Revolution und, jedenfalls in ihrer Urintention, die Russische Revolution. Von Lenin hat Ernst Bloch einmal gesagt: »Wo Lenin ist, da ist Jerusalem.« Damit hatte er ihm den Parakletennamen gegeben.

Es fällt uns zweifelsohne schwer, solche Aussagen angesichts des Umschlagens der Französischen Revolution in Terrorismus und der Russischen Revolution in Stalinismus, Bürokratismus und Imperialismus, sicher auch angesichts des sogenannten »Dritten Reiches« Hitlers, dessen Weltanschauung und Volksgemeinschaft Thomas Mann treffend einen »Hintertreppen-Islam« genannt hat, ohne Skepsis zu betrachten. Behält Luther nicht doch recht, wenn er in der Auflösung der Zwei Reiche, also des Gegenübers von Kirche und Staat, nur den enthusiastischen Geist der Schwarm- und Rottengeister erblicken kann, Rotten des Antichrist, des falschen Propheten und des Satans?

In der Tat: Das Bewußtsein des Abendlands ist im Grunde christlich und antichristlich zugleich bestimmt. Das Antichristliche ist der durch Christus als reinste Lichtgestalt verdrängte und zum gefährlichen Schatten gewordene weltliche Gehalt des Reichs, das kommen soll. Darum brauchen wir einen zweiten Gesandten, wie Jesus selbst vorausgedeutet hat, den Parakleten, der in die *ganze* Wahrheit leitet. Mit dem Sich-Nähern des Parakleten tritt folgerichtig auch der Antichrist in Erdennähe ein. Nur unter der Heraufkunft des Antichristen kann der Paraklet selbst erscheinen, da es ums Ganze geht. Man wird sich darum auch hüten müssen, die Parakletenbewegungen der Neuzeit einseitig unter dem antichristlichen Aspekt zu sehen. Die Spannung bleibt, sie ist durch Christus der Geschichte selbst eingestiftet. Die gestellte Aufgabe bleibt. Die Menschheit kann nur nach vorne hin der Welt einen Sinn geben. Sie muß es tun, eine Notwendigkeit liegt auf ihr, weil sie, um den Zerstörungskräften ihrer Trennungen zu entgehen, die tief bis in die Gespaltenheit des Individuums hinabreichen, Eine Welt werden muß.

Aber dort, wo wir die Zerstörungskräfte, aus denen die Ängste aufsteigen, als Schatten begreifen, den wir selbst werfen – es ist immerhin der Schatten Christi –, wächst uns aus der vertieften Nacht das hellere Licht auf. Die Geistesflamme, durch Christus aus Gott in uns hineingelegt, soll als Feuer- und Liebesflamme durch die Verwandlung der Welt hindurch zu Gott gesteigert zurückflammen.

Der erste, der einer in Staat und Kirche (Kaisertum und Papsttum) eingerichteten Christenheit die Flammen des Parakletengeistes in das scheinbar gefestigte Haus trug, ist Muhammad gewesen. Die islamische Kunst bringt den Parakletengeist, den Muhammad empfing, dadurch unübertreffbar genau zum Ausdruck, daß sie den Strahlenschein, die Aura, mit der sie den Propheten umgibt, als eine goldene Flamme darstellt, die nach oben, doch zugleich leuchterhaft in die Weite zurückstrahlt, während sie das Gesicht des Propheten leer läßt, als wollte sie dadurch – unbewußt – zum Ausdruck bringen, daß Muhammad nicht einer ist, sondern Urbild und Stelle für ein Geschehen, das noch unabgeschlossen durch viele Gesichter, Personen, Bewegungen hindurchgeht, ehe der Paraklet selbst zurücktritt und die Geschichte zu ihrem Ziel und ihrer ewigen Überhöhung als Gestaltenfülle der Ewigkeit gekommen ist. Dann, wenn auch Christus zurücktritt vor dem Einen, wie der Apostel Paulus sagt, und Gott alles in allen sein wird (1. Korinther 15,24–28).

Die Sure 94 spricht davon, daß Allah Muhammads Brust geweitet bzw. geöffnet habe. Der Islam lehnt das Kreuz wegen seines stellvertretenden Opfercharakters ab. Jedem Gläubigen soll vielmehr die Brust geöffnet werden, er soll der Opfermensch sein, durch den Allah alles ist. Wer den Koran, die Rezitation, rezitiert, wird in dieses Ganzopfer des Menschen hineingenommen. Gott öffnet ihm die Brust. Gott ist alles in allen: Das Ich und das Du, das Er und das Wir, das Ihr und das Sie. Gott wird hier zur Sprache selbst in allem Sprechen, die absolute Sprache. Das bestätigt die islamische Vorstellung eines Ur-Korans als »Mutter des Buchs« in Gott.

Gott ist das Wort, wie das auf den Parakleten verweisende Johannesevangelium in seinem Prolog sagt. Gott ist nicht Begriff, sondern Wort oder Name. Allah ist Gott und der Name in einem.

Das deutsche Wort Gott war ursprünglich ein Neutrum, guddam, das soviel wie das »Ausgerufene« bedeutete. Unter dem Eindruck des Gottes Christi verstanden die Germanen, daß dieser Gott nur der Eine Ausgerufene sein konnte: das Ausgerufensein Gottes, das eine ganze Weltzeit überruft.

Der Islam bringt das in seinem Symbol, dem zur Flammenschrift arabischer Schriftzeichen auflohenden Glaubensbekenntnis, zum Ausdruck, das als Flammenschrift Allahs den Kreis, das Zeichen der Ganzheit, überloht.

Muhammad konnte sich die Menschheit nur als in Stämme gegliedert vorstellen. Darin liegt, auf unsere Zeit bezogen, ein ausdrücklicher Widerstand gegen eine zur Überstaatlichkeit entartende Technokratie. Muhammad war der erste Tertiarier, der die dritte Kraft gegen Reiche und Staaten einsetzte, damit der freie Mensch Träger des Reiches sei, also der gesteigerte Individualist um der gesteigerten Kollektivität willen.

In einem übertragenen Sinn sollten wir heute von den Stämmen lernen. Das gilt von den Errungenschaften der Stämme überhaupt, nicht nur der arabischen. Man denke dabei an ihre vielfältigen Initiationen, ihr spirituelles Verhältnis zur Natur, ihr Wissen von einer geheimnisvollen Kraft, die den gesamten Kosmos durchdringt. Von den Stämmen können wir lernen, von einer geistigen Ahnin oder einem geistigen Ahnen her zu leben. Ablösung vom Schoß der Familie ist, wie die Initiationsriten bereits zeigen, die Voraussetzung dafür, um aus einem geistigen Schoß neugeboren zu werden. Darum wählen sich heute junge Menschen oft exemplarische Frauen- oder Männergestalten, aus denen für sie revolutionäres Denken oder neugestiftetes religiöses Leben hervorgeht, um sich durch solche Her-kunft aus der bloßen Ab-kunft aus dem Familienschoß zu lösen. Dabei geht es ihnen nicht nur um ein neues Denken, sondern zugleich um eine neue Weise des Miteinanderlebens.

In traditioneller Form treten die Urheber solcher spirituellen Stämme im mystischen Islam als Scheikh, im Hinduismus als Guru, im antiken Judentum als Rabbi, im Chassidismus als Zaddik, im Buddhismus und Christentum als Abt oder Äbtissin hervor. Jede dieser Gestalten steht in einer festen Kette geistiger Väter und Mütter, die durch Weitergabe des Urhebergeistes einen Stamm geistiger Söhne und Töchter hervorbringen.

Für unsere Zeit kommt es darauf an, Überlieferungs- und Gemeinschaftsformen hervorzubringen, die die Kraft besitzen, Generationen zu überbrücken und sich aus ihrem Ursprungsgeist immer wieder zu erneuern. Sie wirken als unabhängige Kraftzentren in die Zeit und in die Gesellschaft hinein. Ziel solcher spirituellen Stämme kann aber immer nur sein, dem Menschen zu seinem wahren Selbst und damit zur Individuation zu verhelfen, nicht aber, seine Individualität zugunsten eines Typus aufzuheben.[30]

Die ökumenische Bewegung wird sicher nur dann ganz

verstanden, wenn wir sie als Parakletenbewegung begreifen. Kirchen und kirchliche Gemeinschaften überschreiten in ihr ihre Mauern in Richtung auf eine Einheit, die zugleich in die Richtung auf eine Ökumene der Religionen und der ganzen Menschheit zielt.

DIE
BOTSCHAFT INDIENS –
DER HINDUISMUS

Geschichtlicher Überblick

Der Hinduismus bildet eigentlich ein System von Religionen, ein Ineinander, in dem alle früheren Religionsstufen und religionsphilosophischen Systeme beibehalten werden. Der Hinduismus ist daher durch die größte religionsgeschichtliche Kontinuität gekennzeichnet. Das unterscheidet ihn insbesondere von den drei monotheistischen Religionen, die durch ein Nacheinander und einen radikalen Bruch gegenüber den Vorgängern gekennzeichnet sind.

Judentum, Christentum und Islam sind durch das tragische Moment der Trennung gekennzeichnet. Der Übertritt zu ihnen wird sehr häufig als Diskontinuität, als Bruch mit dem früheren Unglauben und Bekehrung zum wahren Glauben hingestellt und seelisch erlebt. In der Mitte steht hier China, das ein Nebeneinander von drei Religionen – Konfuzianismus, Taoismus und Buddhismus – in der vorrevolutionären Zeit seiner Geschichte in der Weise kannte, daß jeder einzelne Chinese in der Regel allen drei Religionen angehörte.

Die Worte Hindu und Hinduismus stammen wie das Wort Inder von dem Sanskritnamen des Flusses Indus, Sindhu, her. Die Bezeichnung Hindu wurde den Angehörigen indischer Religion von den islamischen Eroberern gegeben, die den Subkontinent 1192–1300 eroberten. Der islamische Einfluß wurde bereits ab 1000 n. Chr. spürbar.

Der Hinduismus bewahrt die religiösen Errungenschaften der das Indertum prägenden Stufen geschichtlicher Entwicklung:

1. Um 2500 v. Chr. besteht bereits eine den Flußkulturen in Ägypten, Mesopotamien und China vergleichbare Hochkultur am Indus, mit den (durch Ausgrabungen freigelegten) Städten Mohenjo Daro und Harappa als Zentren. Diese Induskultur war den gut ein Jahrtausend später einwandernden Ariern durchaus überlegen. Die Ausgrabungen

brachten die Darstellung eines in Yoga-Stellung wie Shiva dasitzenden Gottes ans Licht, heilige Tiere und Bäume, Phallussteine (das Lingam) und das Hakenkreuz (Svastika) als Symbol, also religiöse Ausdrucksformen, die die spätere Entwicklung bestimmen.

2. Zwischen 1500–1250 wandern die Arier über die Pässe des Nordwestens ins Panjab ein. Sie vernichten zunächst die Urbevölkerung, geraten aber mehr und mehr unter deren Einfluß. Es sind Hirtenkrieger, deren Religion der Veda aufbewahrt. Veda bedeutet Wissen und ist als vierfacher Veda überliefert: Rigveda (Hymnen an die Götter), Samaveda (Opfergesänge), Yajurveda (Opfersprüche), Atharvaveda (Zauberlieder).

3. Ab 1000 v. Chr. entwickelt sich mit der Entstehung eines Feudalismus die altarische Hirtenkriegerreligion zur Brahmanenreligion oder Brahmanismus. Es kommt zur Ausbildung der Kastenordnung mit den vier Ur-Kasten: Brahmanen (Priester, Lehrer und verantwortliche Staatsminister – oft in einer Person), Kshatriyas (Kriegeradel, Fürsten und Ritter), Vaishyas (ursprünglich freie Bauern und Gewerbetreibende) und Shudras (abhängige Diener und Arbeiter). Das Wort Kaste stammt aus dem Portugiesischen (Casta = Geschlecht, Art, Rasse); das Sanskritwort für Kaste heißt Varna = Farbe. Die Shudras waren die unterworfenen dunkelhäutigen Ureinwohner, die unter diesem System immerhin überleben durften. Die veränderte gesellschaftliche Situation spiegelt sich in den Brahmana-Texten, die sich an den vierfachen Veda anschlossen, priesterliche Lehre und Opferritualismus enthielten, und in der Geheimlehre, den Upanishaden, die das Tiefste indischer Religionsphilosophie enthalten, um 800 v. Chr. den Veda abschlossen, daher Vedanta, Veda-Ende, genannt werden. Im Zusammenhang mit dieser ungeheuren Verinnerlichung gewinnt der aus dem von den Ariern noch unbezwungenen Dschungel auftauchende Yogin an Bedeutung. Mit der Philosophie der Upanishaden und der Yoga-Praxis strömt vorarische Religiosität ein und überformt die vedische Religion.

4. Um 500 v. Chr. setzen bedeutende antibrahmanische Reformbewegungen ein, die ihren Höhepunkt im Entstehen des Jainismus, des Buddhismus und der Bhakti-Religion Krishnas (Bhagavadgita) finden.

5. Um 250 v. Chr. ist Indien unter dem Kaiser Ashoka überwiegend buddhistisch (der Buddhismus ist Staatsreligion) bei Tolerierung anderer religiöser Haltungen.

6. Unter der buddhistischen Vorherrschaft stärken sich die Erneuerungskräfte gesamtindischer Religiosität. Vom 9. Jahrhundert n. Chr. an kommt es, unter Verdrängung des Buddhismus vom Subkontinent, zur Ausbildung des Hinduismus. Der bedeutendste Religionsphilosoph des Hinduismus erstand um 800 in Shankara. Das Wort Hinduismus hat seitdem eine engere und weitere Bedeutung. Die weitere Bedeutung umschließt im Sinne größter Kontinuität die ganze indische Zeit, die engere Bedeutung unterscheidet Brahmanismus und Hinduismus.

7. Die islamische Eroberung (1192–1310) hat zu einer bis heute nachwirkenden tiefen Spaltung indischen Volkstums geführt (Entstehung der islamisch-indischen Staaten Pakistan und Bangla Desch). Die »Minorität« von etwa 30 Millionen Moslems in der Indischen Republik (Bharat) stellt heute noch den drittgrößten Bevölkerungsanteil von Moslems (nach Indonesien und Pakistan-Bangla Desch) in einem geschlossenen Staat dar. Es entspricht indischem Kontinuitätsdenken, daß in der Sikh-Religion (Ende des 15. Jahrhunderts) der Versuch gemacht wurde, Hindutum und Islam im Sinne eines bildfreien Monotheismus zu vereinigen. Sie hat heute in der Indischen Republik etwa 7 Millionen Anhänger.

8. Die britische Oberherrschaft (1757–1947) hat unter der Einwirkung abendländischer Ideen zu einem modernen Reform-Hinduismus geführt (u. a. Rabindranath Tagore, Ramakrishna, Vivekananda, Aurobindo, Gandhi, Rhadakrishnan), der auf das Abendland zurückstrahlt.

Archaischer Kult, Mythos und Archetyp

Die tiefen religionsphilosophischen Lehren des Hinduismus könnten dazu verleiten, das Gespräch mit dem universalen Geist Indiens hier anzusetzen. Der Reform-Hinduismus bringt ja mit großer Überzeugungskraft seine erstaunliche Verwandtschaft mit der abendländischen Philosophie und Mystik zum Ausdruck, ausdrücklich mit der großen deutschen Philosophie, die von Lessing über Kant, Fichte, Schelling und Hegel, auch Marx, zu Meister Eckhardt, Jakob Böhme und zum, von der deutschen Philosophie zum geistigen Urheber erklärten und verklärten, holländisch-jüdischen Baruch de Spinoza weist und reicht.

Oft hat man, wenn man unbefangen der religiös-denkerischen Stimme Indiens zuhört, den Eindruck, daß der diese bestimmende hinduistische Hintergrund eine angemessenere Folie unserer eigenen, insbesondere deutschen Geistestradition hergeben könnte als das auf Abgrenzung bedachte kirchliche Christentum. Wieviel Indien ist doch, über die genannten Denker hinaus, in Arthur Schopenhauer, Richard Wagner und Friedrich Nietzsche!

Wenn man jedoch wirklichen Zugang zu einer Religion finden will, sollte man nicht bei Theorien beginnen, sondern beim Kult, der solche erst möglich macht.

Kult ist Weltsymbol. Kult ist Drama oder Begehung; Begehen und Einsetzen der eigenen Welt. Kult-Geschehen (Ritus) ist Kult-Geschichte (Mythos) der Welt. Geschichte der Welt geht daraus hervor.

Der Kult setzt die eigene Welt ein und grenzt sie ab gegen das Ungeordnete, das Ungestalte, das Chaos. Das muß anschaulich erzählt werden, weil anschauliches Erzählen zur Wesensform des Kults gehört. Aus der Urform indischen Kults läßt sich alles bis in das Späteste ableiten. Die Urform enthält die durchhaltende Struktur indischer Religion und indischer Philosophie.

Urformen zeigen die Welt des archaischen Menschen. Für den archaischen Menschen gibt es noch nicht die bewußte Aufteilung in heilig und profan. Es gibt darum auch noch nicht die Aufteilung in Religion, Kunst, Politik, Gesellschaftslehre und Wissenschaft. Die Religion enthält eine archaische Kunst, Politik usw. Der archaische Mensch will in der Mitte der Welt leben, er zentriert im Kult seine Welt. Das indische Opferfeuer ist der kultisch eingesetzte »Weltnabel«.

Darum beginnt das altindische Opferfest mit dem Anruf an Agni, den Gott Feuer:

Ich rufe Agni her, den Hauspriester,
den göttlichen Opferpriester,
den Herbeirufer (der Götter), der uns Schätze gibt.
...
Der Gott komme mit den Göttern.
Rigveda I,1.5

Agni wird herbeigerufen, um seinerseits die Götter herzurufen. Für die Götter ist beim Feuer eine aus Gras bestehende Opferstreu (der Barhis) hergerichtet. Dort sollen sie in der Opferversammlung Platz nehmen. Das Fest wird von Göttern und Menschen gemeinsam gefeiert.

Götter und Menschen haben in den polytheistischen Religionen einen gemeinsamen Ursprung. Sie stammen beide letztlich von der Erdmutter ab und treten auseinander wie Himmel und Erde. Sie stammen aus dem einen gemeinsamen Sein, stehen zueinander wie Urbild und Abbild. Der archaische Mensch will aus und mit den Urbildern (den Göttern) leben. Er will nicht einmaliges Individuum sein, sondern das Urbild wiederholen. So ist Indra der Götterkönig. Die Menschenkönige werden darum »Menschenindras« genannt. In der indischen Sage wird König Nala mit den Worten vorgestellt:

Zuhöchst bei Menschen-Indras stand
er da wie dort der Götter-Herr;

hoch glänzte über alle er
der Sonne gleich in ihrem Glanz.[1]

Der archaische Mensch will die Götter als seine Urbilder (Archetypen) wiederholen. Das urbildliche Sein ist das gesteigerte Sein, das Sein voller Seinsfrische. Das erfährt er im festlichen Sein. Fest ist ursprünglich immer Opferfest. Fest in der Mitte der Welt, ihrer Urbilder und des Ursprünglichen. Der König soll sein Indratum erleben, erneuen, auffrischen, er soll nicht steckenbleiben im Grau und Elend der Alltagspolitik. Die gesamte Gesellschaft wird neu von ihren Urbildern und Ursprüngen her gefeiert und wiedereingesetzt. Das Fest wiederholt das Erstmalige und Ursprüngliche.

Das urbildliche Sein als gesteigertes Sein ist ekstatisch, rauschhaft. Der Mensch will den Gott bzw. die Götter in sich erleben. Das gesteigerte Sein wird durch das Rauschmittel erlebt. Das Rauschmittel des altindischen Opfers ist der Soma-Trank. Soma ist in gesteigertem Sinn: Mut und Wut. Wir würden heute sagen: die ganze Gewalt der Emotion, die ursprünglich noch ungeschiedene archaische Einheit von Libido (Lusttrieb) und Aggression (Zerstörungslust). Indra, der altarische Götterherr, ist ein gewaltiger Trinker. Ohne den Soma-Rausch kann er nichts tun.

Der Somasaft wurde aus einer im Iran wie im nordwestlichen Indien heimischen Pflanze gewonnen.[2] Es ist ein steifer Gebirgs-Busch, drei Fuß hoch, mit dichten, aufrecht stehenden blattlosen und gegliederten Stengeln.[3] Die Wirkung des Soma wird durch Mad bezeichnet = berauschen, begeistern (stammverwandt mit »Met«). Es ist das Amritam (Ambrosia), der Unsterblichkeitstrank. Soma war nie ein profanes Getränk. Seine Herstellung wurde kultisch vollzogen und seit Anfang mystisch gedeutet, bis hin zur sexuellen Analogie (die Preßsteine als weibliches Genital, die Somapflanze als Phallus, das Auspressen als sexueller Verkehr). Für den archaischen Menschen sind alle grundlegenden Lebensvorgänge Sakramente, also auch Essen,

Trinken und Sexualität, er nimmt durch sie am Urbildlichen und Ursprünglichen teil.

Man muß damit die Aus-Nüchterung vergleichen, die für die modern-westliche Religiosität in ihren offiziellen Erscheinungsformen herrschend geworden ist. Eine Religion ohne Rauschmittel, das in die erhöhten Stunden festlicher Gemeinschaft gehört, ist zweifelsohne eine unvollständige Religion. Es sei wenigstens erwähnt, daß das Rauschmittel bei Buddhisten der Tee, bei Moslems der Kaffee ist.

Es geht um das urbildliche Sein. Die Götter und die maßgeblichen Menschen archaischer Religion sind daher auch nicht individuelle Persönlichkeiten mit unvertauschbarer Biographie wie moderne Menschen etwa seit der Goethezeit. Zugespitzt formuliert: Der archaische Mensch hatte keine individuellen Bedürfnisse. Wir messen große Persönlichkeiten daran, daß sie etwas Originelles tun, etwas Einmaliges, bisher nicht Getanes und Dagewesenes. Darum gibt es erst in der Moderne den Prioritätenstreit und das geistige Eigentumsrecht. Für den archaischen Menschen lagen die Verhältnisse genau umgekehrt. Auch der archaische Mensch war »originell«. »Originell« kommt von Origo = Ursprung. Der archaische Mensch wollte die ursprüngliche Welt, das ursprüngliche Leben, die ursprünglichen Taten stets wiederholen. Die ursprüngliche Welt wurde von den Göttern im Ursprung oder Anfang geschaffen. Die Ursprungswelt, die Ursprungszeit, die Ursprungsordnung, die Ursprungstaten, das Ursprungsleben sind für den archaischen Menschen die eigentliche Wirklichkeit oder absolute Realität (im Unterschied zu jeder modern privaten, relativen Realität). Die Feste sind die geordnete Wiederkehr der Ursprungswelt. In den Festen werden die Menschen zu Zeitgenossen der Ursprungszeit, zu Zeitgenossen der Götter, zu Zeitgenossen der Schöpfung.

Mircea Eliade, dem wir diese religionsphänomenologischen Einsichten verdanken, nennt daher den Mythos ein exemplarisches Modell, wobei wir im Blick behalten, daß der Mythos als Kultgeschichte in den Zusammenhang des Kults gehört. »Der Mythos erzählt eine heilige Geschichte, als ein uranfängliches Ereignis, das am Anbeginn der Zeit, ab initio, stattgefunden hat. Eine heilige Geschichte erzählen, bedeutet aber soviel wie ein Mysterium enthüllen, denn die Personen des Mythos sind keine menschlichen Wesen; sie sind Götter oder kulturbringende Heroen, und deshalb bilden ihre *Taten* Mysterien, die der Mensch nicht erfahren könnte, wenn sie ihm nicht enthüllt würden. Der Mythos ist also die Geschichte von dem, was sich in illo tempore zugetragen hat, der Bericht über das, was die Götter und die Heroen am Anbeginn der Zeit getan haben. Einen Mythos ›sagen‹, heißt verkünden, was ab origine geschehen ist. Sobald der Mythos einmal ›gesagt‹, das heißt enthüllt worden ist, wird er zur unumstößlichen Wahrheit: er gründet die absolute Wahrheit. ›Das ist so, weil es gesagt wurde, daß es so ist‹, erklären die Netsilik Eskimos, um die Gültigkeit ihrer heiligen Geschichten und religiösen Überlieferungen zu begründen. Der Mythos verkündet das Erscheinen einer neuen kosmischen ›Situation‹ oder eines uranfänglichen Ereignisses. Er ist also immer der Bericht von einer ›Schöpfung‹; man erzählt, wie etwas ausgeführt wurde, wie es *zu sein* begann. Aus diesem Grund steht der Mythos in engem Zusammenhang mit der Ontologie; er spricht nur von *Realitäten*, von dem, was sich *real* ereignet, sich voll manifestiert hat.«[4]

Thomas Mann hat das archaische Wirklichkeitsverhältnis des antiken Menschen durch eine glänzende Darstellung in *Freud und die Zukunft* veranschaulicht: »Das antike Ich und sein Bewußtsein von sich war ein anderes als das unsere, weniger ausschließlich, weniger scharf umgrenzt. Es stand gleichsam nach hinten offen und nahm vom Gewesenen vieles mit auf, was es gegenwärtig wiederholte, und was mit ihm ›wieder da‹ war.«[5]

Der Mythos ist also exemplarisches Modell, als solcher Welt-Modell und Verhaltensmodell. Die Gestalten des Mythos (Götter und Heroen) stellen das originelle Verhaltensmuster bereit für das Verhalten des Menschen. Der Mythos ist daher zugleich das originelle Gesellschaftsmodell. Durch den im kultischen Fest zelebrierten Mythos ist der

Kosmos Modell für die Gesellschaft, die Gesellschaft Abbild des Kosmos; der Mensch übernimmt in der Welt (Welt = Kosmos *und* Gesellschaft) eine *Rolle,* er lebt das Leben der Götter, er wird eine Persona = Maske = Rollenträger. Der Mensch ist der Schauspieler Gottes.

Aus dem Kult-Fest gehen alle ursprünglichen Ordnungen hervor. Das zeigt das indische Grundwort Rita (verwandt mit lateinisch Ritus). Ritam bedeutet Opfer, Ordnung, göttliches Gesetz, Wahrheit, Recht, heiliges Werk, Ritu die bestimmte Zeit, die Opferzeit, Ordnung und Regel. Ordnung, Gesetz, Wahrheit, Recht und Leben in der Zeit und im Raum sind für den Menschen durch das gewirkte Werk (ex opere operato) des Opfers da, das er im nachvollziehenden Werk (ex opere operantis) des Kults und des Zurücktretens hinter die göttlichen Rollen (im Christentum das Zum-Christus-Werden des Christen) wiederholt, die ihn in allen Religionen in eine jeweils neue kosmische Situation stellen. An der ontologischen Tathandlung des ex opere operato in der Opferfeier haben die katholische Kirche und Luther unbeugsam wie um das Letzte, das Menschen gesagt wurde, festgehalten. Ganz im kultisch-ontologischen Sinn nennt Luther die Abendmahlsworte Tat-Worte.[6]

Die indische Religion hat den ontologischen Tatcharakter des Kults, des Ritam, am seinsmächtigsten offenbart und bis in die Geistesäußerungen ihrer Philosophie eindrucksvoll durchgehalten. Das Leben muß rituell richtig sein, also im Einklang mit der Welt-Ordnung. Die spätere philosophische Lehre von einem Welt-Gesetz (Dharma), das alle Wirklichkeit durchherrscht, ist in der ursprünglichen Fülle des Ritam längst angelegt. Es besteht daher auch für indisches Denken, das durchaus imstande ist, jeden westlichen, durch Abspaltung von der eigenen Tradition relativierten Gedanken einzuholen und einzubeziehen, die Möglichkeit, von der Archaik des Veda Abstand zu nehmen. Das indische Denken wurzelt in der weltstiftenden Tat des Opferwerks.

Der Mythos, der mit dem Opfer-Kult zusammengehört, ist alles andere als primitiv. Der mythische Mensch nahm zwar, im Unterschied zu uns, die Aussagen des Mythos ganz real; der Mythos sprach für ihn das Allerrealste, die absolute Realität, aus. Trotzdem darf man nicht glauben, daß er sich darum für eine spätere »Vergeistigung« als starr und unübersteigbar erweisen müsse. Die Entwicklungsgeschichte des indischen Mythos kann uns das auf eine geradezu exemplarische Weise zeigen. Unser westliches Denken kann von daher vielleicht eine lebenswichtige Korrektur und Ergänzung erfahren.

Wenn wir von Mythos hören, fallen uns Stichwörter wie »Entmythologisierung« (Bultmann) und »religionsloses Christentum« (Bonhoeffer) ein. Es besteht in der Nachfolge von Feuerbach, Marx, Freud und Max Weber die zur Selbstgewißheit verfestigte Meinung, daß wissenschaftlicher Umgang mit Religion »Religionskritik« sein müsse. Daß die Religion durch die Kritik hindurch muß, ist eine Selbstverständlichkeit. Kritik bedeutet ja nichts anderes, als nach den Bedingungen der Möglichkeit zu fragen, die unsere Teilhabe an der Wirklichkeit ausmachen. Das sind aber die Religionen schlechthin. Hinter den Programmworten »Entmythologisierung« und »religionsloses Christentum« hält sich die Entwicklungsgeschichte der abendländischen Mythen, die durch einen chronischen Bildersturm (C. G. Jung)[7] gekennzeichnet ist, angefangen mit dem Bilderverbot im Dekalog. Der westliche, antikultische und antimythische Bildersturm ist daher selbst ein Teil der Tathandlung des Mythos. Das wird meist übersehen.

Der Mythos, wie es die Entwicklung des Hinduismus darstellt, ist gerade, weil exemplarisch, offen und entfaltungsfähig. Die tiefsten philosophischen Einsichten wurzeln im ursprünglichen Modell.

Die alte vedische Religion mit ihren Göttern spielt im heutigen Hinduismus kaum noch eine unmittelbare Rolle. Trotzdem gilt der Veda als die eigentliche heilige Schrift und Überlieferung. Der Veda gilt als Shruti (von Shru hören = Kunde, Offenbarung) im Unterschied zur Smriti (von smri sich erinnern, gedenken = Erinnerung, Tradition). Das hat eine gewisse Ähnlichkeit zum katholischen Prinzip: Schrift und Tradition.

Der Veda ist nach indischer Auffassung anfangslos und unvergänglich. Er wurde von den Rishis, den großen Sehern der Vorzeit, in der Verzückung »erschaut«. Nach späterer Vorstellung hat ihn der oberste Gott Brahman ausgehaucht. In ihm weht also der Odem Gottes.

Dieses Festhalten am Veda ist um so erstaunlicher, da von den drei obersten Göttern des Hinduismus, Brahman, Vishnu und Shiva, Brahman im Rigveda überhaupt nicht vorkommt, Vishnu erscheint nur in sechs Hymnen des Rigveda und nimmt eine untergeordnete Stellung ein, Shiva wird ebenfalls nicht genannt, später aber mit Rudra identifiziert, einer Art Sturmgott. Auch Rudra nimmt im Rigveda eine untergeordnete Stellung ein. Das fällt um so mehr ins Gewicht, da der Rigveda immerhin 1017 bzw. 1028 Hymnen enthält.

Hier zeigt sich eine Eigenart indischen Denkens: die Fähigkeit eines identifizierenden Wiedererkennens. Luther hat einmal den alttestamentarischen Gott Jahwe mit dem germanischen Gott Wotan verglichen. Die Inder würden aus einer solchen Beobachtung den Schluß ziehen: Die göttliche Macht, die sich bei den Germanen als Wotan manifestiert hat, ist den Israeliten als Jahwe erschienen.

Auf der religiösen Kraft identifizierenden Wiedererkennens beruht die Kontinuität indischer Religiosität vom alten vedischen Mythos bis zu den ausgeformten Systemen hinduistischer Lehre. Sie bringt zum Ausdruck, daß die Menschheit von Anfang an an der Wahrheit der Religion teilgenommen hat, und bewahrt das Anfängliche in den Entfaltungen und Vergeistigungen einer über Jahrtausende reichenden Entwicklung. Dabei haben die älteren Stufen den Vorteil des Elementaren. Ihre Kraft ruht mehr im Affektiven als im rational Kognitiven. Sie bewahren einer Religion die affektive Kraft, die in tiefere Schichten menschlichen Seins vorstößt als ihre theologischen und philosophischen Intellektualisierungen. Darum steht auch die Bibel über den großen theologischen Entwürfen, steht der Veda über den großen indischen Einheitslehren.

Die Tiefe der Religion bricht daher auch immer wieder

aus ihren elementaren, affektiven Schichten durch. Es scheint mir aus diesem Grunde kein Zufall zu sein, daß einer der intellektualisiertesten Menschen seiner Zeit, der große Mathematiker Blaise Pascal (1623–1662), Gott neu in seinem elementarsten Namen »Feuer« (indisch: Agni) ausrief, wie wir dem Schriftstück entnehmen, das man nach seinem Tode im Futter seines Rockes eingenäht fand:

Im Jahre der Gnade 1654.

Montag, den 23. November, am Feste des hlg Klemens, Papst und Märtyrer, und anderer (Heiliger) im Martyrologium.

Am Vortage des Festes des hlg Chrysogonus, Märtyrer, und anderer (Heiliger).

Von etwa zehn einhalb Uhr abends bis um eine halbe Stunde nach Mitternacht.

Feuer.

»Gott Abrahams, Gott Isaaks, Gott Jakobs.«

Nicht der Philosophen und der Gelehrten.

Gewißheit. Gewißheit. Gefühl. Freude. Friede.

Gott Jesu Christi.[8]

Alle künftigen Stufen indischer Religion sind bereits im vedischen Agni angelegt. Jedes Opferfeuer ist Agni, aber auch jedes Hausfeuer. Agni ist das Feuer im Kosmos: Sonne, Mond, Sterne. Agni ist das Feuer im Blitz. Er ist das Feuer in den Wolken, das Feuer im Meer des himmlischen Ozeans, das sich unter Gewittern entlädt. Agni wohnt in allem Brennbaren. Aus Erde wird Wasser, aus Wasser werden Pflanzen, aus Pflanzen Tiere und Menschen; gemeint ist damit, daß alle Verwandlungen, z. B. durch Nahrungsaufnahme, Verbrennungsvorgänge darstellen. Feuer reift die Früchte, die Speisen, vollzieht die Verdauung. Feuer ist der Urvater des Menschengeschlechts, der zeugende Same. Das Feuer trägt die Opfergaben zu den Göttern. Feuer ist das Rad, dessen Speichen seine Flammen sind, daher der Wagen, der die Opfergaben zum Himmel, die Himmlischen zum Opferplatz fährt. Das Prasseln des lodernden Feuers ist die Rezitation der Opferformeln und Opferhymnen, ihre knisternde Spannung. Feuer ist der Opferrezitator, der Urpriester. Feuer ist die Rezitation, das weltschaffende Wort. Feuer erweist die Echtheit des Goldes, es ist die Feuerprobe oder Wahrheit. Feuer ist die aufleuchtende Wahrheit der Welt, die die Finsternis vertreibt. Feuer ist Licht, insbesondere das innere Licht, das die heilige Dichtung möglich macht. Agni-Feuer ist der Ur-Dichter, der die Welt und ihre Ordnung erzählt:

> Dieser (nämlich der im Opferfeuer auflodernde Agni) ist der erste Rezitator, seht ihn an! Dieser ist das lebendige Licht in den Sterblichen. Dieser ist es, der bei der ewigen Verehrung (= dem Opfer) niedergesessen ist, der Unsterbliche, der durch sich selbst wächst.
>
> (Er ist) das ewige Licht, niedergesetzt, damit man sehen kann; (er ist) das Denken, das schnellste unter den dahineilenden (Versen). Alle Götter kamen – *einer* Einsicht, *einer* Absicht – auf verschiedenen Wegen zu dem *Einen,* um Geisteskraft (zu erlangen) – mit Erfolg.
>
> *Rigveda VI,9,4f.*[9]

Kann man hier eigentlich noch mit unseren geläufigen Begriffen von Polytheismus sprechen? Muß man nicht vielmehr sagen: Alles ist Agni, alles ist in Agni und durch Agni! Es gibt nur monotheistische Religionen. Der sogenannte Polytheismus ist nur eine besonders interessante, durch Fülle gekennzeichnete Form des Monotheismus: »Alle Götter kamen – *einer* Einsicht, *einer* Absicht – auf verschiedenen Wegen zu dem *Einen.*« Das Ergebnis ist nicht zufällig: denn Agni ist das Opferfeuer, also die Weltmitte und das Weltmodell. Überall, wo Agni als das Selbstopfer – Agni ist ja das Eine und das Alles – leuchtet, ist Mitte. Alles, was ist, lebt in und aus einer Mitte, alles ist zentriert, schon das Atom, das um einen Kern schwingt. Die vielen Zentren oder Feuer, in denen sich das Ur-Feuer wie nach Gesetzen der Musik variiert, sind die Zweige des einen Baumes Agni. Agni ist daher auch der Weltenbaum und der Lebensbaum.

Die moderne Evolutionslehre hat das uralte großartige Symbol des Welten- und Lebensbaums mit seinen vielen Zentren, in denen sich das Sein veröffentlicht, wieder vor unseren Blick gebracht. Wir nennen es den Stammbaum des Lebens und der Arten, der nicht nur die biologischen Erscheinungsformen der Wirklichkeit umfaßt, sondern das ganze aufwachsende All vom Energiegefälle bis in die Verästelungen und Verzweigungen des Menschengeschlechts. Auch die scheinbar gegenläufigen Bildvorstellungen vom Aufwachsen und Gefälle sind im uralten Symbol erfaßt. Das Sein selbst veröffentlicht sich als Sturz in die Fülle. Der Weltenbaum wird im Indischen als aus der Höhe niederhängender Baum vorgestellt, so wie man einen Baum im Wasser gespiegelt sieht.

Agni ist also das Umfassende, das Eine. Er ist die Wirklichkeit und als das Wirklichste und Eine das Heilige. Heilig ist das, was Anteil an der absoluten Wirklichkeit hat. Das Heilige ist die absolute Realität, das Sein selbst. Wir sagen dafür Gott. Gott ist für die vedische Religion da als Agni, als elementares Symbol in allen Religionen, die über den Veda zum elementaren Gehalt ihrer Symbole zurückfinden könnten. Die Inder haben in Agni nicht irgendeinen Gott verehrt, sondern Gott. Im Feuer manifestierte sich ihnen das umfassende Eine.

An die Stelle Agnis ist in der weiteren Entwicklung Brahman getreten. Dieser Satz ist, wenn man es bei dieser Formulierung beläßt, ausgesprochen westlich gedacht. Indisch muß es vielmehr heißen: Aus der Gestalt Agnis tritt die Gestalt des Gottes Brahman hervor. Ich erwähnte bereits, daß der Rigveda keinen Gott Brahman nennt. Aber das Wort kommt vor. Brahman kommt vor als neutrisches und als männliches Wort. Beide, das Brahman und der Brahman, gehören zusammen. Das Brahman ist die Erhebung des Gemüts, die Begeisterung, das Gebet, der Lobpreis, der Dank, die Andacht, das Andenken und so auch das Denken. Es ist also die Kraft und Macht, die den, der das Opfer feiert, zu den Göttern erhebt. Zugleich ist es die Kraft, durch die die Götter ihre Taten wirken, also die ursprüngliche Schöpferkraft. Das Brahman ist mithin die ursprüngliche Schöpferkraft, der Schöpfergeist, durch den alles entstanden ist und entsteht.

Der Herr dieses Brahman, der Brahmanas Pati (meist Gebetsherr übersetzt) ist Agni.[10] Der Brahman hingegen ist der Beter, der die heiligen Sprüche beim Opfer sagt oder singt, der Sänger und Priester. Der ursprünglichen Bedeutung kommen wir am nächsten, wenn wir Brahman zunächst mit »Dichter« wiedergeben. Da die vedische Religion keinen Tempel und keine Götterbilder kennt, liegt es dem »Dichter« ob, »die Vorstellungen zu entzünden und für die Einbildungskraft lebendig zu machen. Ohne ihn bliebe alle Vorstellung vom Göttlichen abstrakt, farblos und dürftig... Als der eigentliche, der einzige Künder vom Göttlichen wird der Dichter zum Priester, zum Mittler zwischen Gott und Welt, zur zentralen, führenden Figur der menschlichen Gesellschaft in den bewegenden Fragen der Religion, der Ethik, schließlich der Philosophie und vorwissenschaftlichen Wissenschaft.«[11]

Der Brahmane stammt also von jenen begeisterten Sängern und Dichtern her, die das Brahman ergriff, die daher schon im Blick auf Agni das Eine ergriff: Andacht – Denken. Hier liegt die Wurzel für die spätere Einheitslehre der Brahmanatexte und der Upanishaden.

Als Brahmanas Pati, Herr des Brahman, Urpriester, Ursänger, Urdichter und Urdenker, wird Agni zum Urbild des irdischen Brahman, zum Brahmanen schlechthin. Von dort aus wird es verständlich, daß der Gottesname Agni gegenüber dem Gottesnamen Brahman zunehmend zurücktritt. Es wäre aber witzlos, wenn wir annehmen wollten, daß nur ein Name gegen einen anderen ausgetauscht worden sei. Namen sind nicht Schall und Rauch, auf keinen Fall dort, wo es sich um Götternamen, um Gottes Namen handelt.

Es macht daher auch einen Unterschied, ob wir den Gott unserer Tradition, Jahwe, die Vorsehung, das höchste Wesen, den Vater Jesu oder den dreieinigen Gott nennen. Mit jedem Namen wohnen wir anders in der Welt. Auch die materialistischen Namen wie Kraft und Stoff oder »Materie«

sind ja nur Gottesnamen, die Gott ebenso scheinbar »materialistisch« vertreten wie der vedische Gott Feuer. Gottesnamen sind immer zentral, sie zentrieren. Sie stiften eine Mitte. Wer Gott neu nennt, ernennt eine neue Wirklichkeit.

Wenn der Gott als Modellausdruck der Einen Wirklichkeit nicht mehr Agni, sondern Brahman (= Brahma) genannt wird, dann ist damit im kosmischen und gesellschaftlichen Sinn eine neue Wirklichkeit ernannt und eingesetzt worden. Geschichtlich steht hinter diesem Namenwechsel der Übergang von der indoarischen Hirtenkriegerkultur zur Vorherrschaft der Brahmanen über Stammeskönige in feudalistischer Zeit. Diese Beschreibung erfaßt aber noch nicht den ganzen Wandel.

Hermann Goetz schreibt dazu: »Der Dschungel jedoch war die unheimliche Welt der feindlichen Dämonen, der Gottheiten der Einheimischen. Je mehr die Arier in diese eindrangen, je mehr sie als Eroberer mit den Einheimischen in ständige Berührung kamen, um so mehr empfanden sie die feindlichen Mächte als etwas, womit man nicht einfach durch Mut und Kraft fertig werden konnte. Gegen die Fremden mußten die eigenen Götter, gegen Zauber die eigene Magie helfen. Schon früh hatten die Priester den Anspruch erhoben, daß ihre Opfer, Hymnen und heiligen Sprüche für den Sieg der Stammeshäuptlinge verantwortlich wären. Sie bauten die Opfer immer kunstvoller aus; und die Hymnen und Sprüche, welche einst der Eingebung der Frommen entsprungen waren, wurden eine Geheimwissenschaft ihres Standes. Die Könige begünstigten diesen Anspruch … Schließlich wurden nun die Brahmanen diejenigen, welche entschieden, wer zur arischen Gesellschaft gehörte. Sie unterstützten die, welche ihre Ansprüche anerkannten. Dadurch aber konnten sich auch nichtarische Stämme und deren Häuptlinge, selbst sehr dunkelhäutige, durch Annahme der arischen Lebensweise und Religion behaupten und wurden schließlich als Mitglieder der ›arischen‹ Aristokratie anerkannt. Ebenso aber drangen nichtarische Priester und ›Medizinmänner‹ (Rishis) in die Kreise der Brahmanen ein oder traten mit ihnen in Wettbewerb. Die Folge war, daß die Götter immer mehr ihren stürmisch-heroischen Charakter verloren und zu schattenhaften Mächten einer Welt herabsanken, welche von den unerbittlichen Gesetzen des Zaubers beherrscht war... Die die Welt beherrschende Zaubermacht aber war das Opfer, ›Brahman‹, schließlich in dem Gott Brahma personifiziert.

Jedoch das Opfer war ein Vorrecht der Brahmanen und der Höfe geworden. So erzwangen sich auch andere Methoden, Zaubermacht zu erlangen, Anerkennung, vor allem Askese (Tapas). Sie hatte ursprünglich nichts mit Buße oder irgendeinem ethischen Ideal zu tun. Kasteiung und Rauschgifte sind ja Mittel, wodurch die Medizinmänner und Schamanen der Naturvölker mit dem Göttlichen in Verbindung treten. Rauschgifte ... haben bei indischen Asketen immer eine wichtige Rolle gespielt. Aus den schamanistischen Verzückungspraktiken und Visionen hat sich die psychologisch so raffiniert durchgearbeitete Yoga-Technik entwickelt. Sexuelle Enthaltsamkeit schließlich galt dem Opfer gleichwertig. In der nichtarischen Religion wurde ja der Phallus als Schöpfungsprinzip verehrt. Enthaltsamkeit bedeutete daher Ansammlung schöpferischer Energie, welche weit über den menschlichen Bereich sich zu kosmischer Macht steigern ließ. ... Der Asket trat so neben den Priester, verlor aber seine Eigenständigkeit dadurch, daß viele alternde Brahmanen selber Asketen wurden.«[12]

Dieses Zitat eilt in vielem den Entwicklungsschritten voraus. Wenn statt Agni jetzt Brahman genannt wird, dann wird der zentrierende, weltstiftende Gott auf den Dichter, Priester und Denker eingeschränkt, an den sich der Yogin anschloß. Diese Einschränkung bedeutet aber zugleich eine Ausweitung eben dieser Funktionen. Agni war sehr elementar, geradezu blutvoll, wie ja die Farbe des Feuers die Farbe des Blutes, des Lebens ist. An die Stelle der Feuersglut tritt die Andachtsglut, das Brahman, das mildere Feuer der Andacht, des Andenkens, des Geistes. Der Gott Feuer und sein Element, das Feuer, werden unter Bildern verheerenden Zerstörens vorgestellt, geradezu im Sinne des: »Alles, was besteht, ist wert, daß es zugrunde geht.« Agni, der große Gott der Veda-Religion, wird zum bloßen Reiniger der Opfer, er tritt hinter Brahman zurück. Der in die Andacht versenkte Brahman, der der Ur-Brahmane und der Ur-Yogi ist, tritt in die Mitte der Welt.

Brahman wird, wie folgt, vorgestellt. Aus dem Nabel der Welt wächst im Weltozean die Lotusblume hervor. Lotusblume und Nabel sind Symbole für den weiblichen Aspekt des Seins: Die Götter werden geboren. Auf der Lotusblume thront der Erstgeborene des Alls, der Brahman. Brahman ist vierhändig und vierarmig. Er symbolisiert damit den Raumaspekt der Wirklichkeit, die Himmelsrichtungen, und bezeichnet sich selbst dadurch als die Mitte. In den Händen hält er die vier Veden, die seinem Atem entstammen. Auf die Raumvorstellung übertragen, besagt das Bild, daß das schöpferische Wort, das im Veda lebt, weltschöpferisches Wort ist, daß der Atem in ihnen der Gottesatem ist, der die Welt durchweht. Ansatzpunkt übrigens für die Verbindung von Yoga und Atemtechnik.

Der Atem der Welt ist das Brahman, der Atem in jedem Lebewesen der Atman (urverwandt mit Atem), also in allem, was Odem hat. Atem und Seelenkern sind in dieser Vorstellung eins, Brahman ist die Weltseele, der Weltgeist, Atman ist das Göttliche in der Einzelseele, das Selbst. Oft wird das Wort Atman aber auch für die Allseele selbst gebraucht, Brahman und Atman sind eins, lautet die große Formel der brahmanischen Identitätslehre. Jedes Lebewesen trägt im Kern seiner Existenz das Göttliche, das Brahman, den Atman. Der Mensch ist gegenüber den untermenschlichen Lebewesen dadurch ausgezeichnet, daß er in der Meditation (Yoga) zum Kern seiner Existenz, zum Atman, vorstoßen und sich so mit dem Göttlichen, dem Brahman, vereinigen und identifizieren kann.

Die Gleichung Brahman = Atman ist unter anderen Formulierungen in vielen Religionen ausgesprochen worden. Sie bildet die Grundlage aller Mystik. Goethe sagt in der Einleitung seiner Farbenlehre: »Hierbei erinnern wir uns der alten ionischen Schule, welche mit so großer Bedeutsamkeit immer wiederholte, nur von Gleichem werde Gleiches erkannt, wie auch der Worte eines alten Mystikers, die wir in deutschen Reimen folgendermaßen ausdrücken möchten:

Wär nicht das Auge sonnenhaft,
Wie könnten wir das Licht erblicken?
Lebt nicht in uns des Gottes eigne Kraft,
Wie könnt uns Göttliches entzücken?«[13]

Das Wort Mystik bedarf hier einer Inschutznahme gegen Mißverständnisse. Es hat für uns, zum Teil unter Mitwirkung neuerer Theologien, einen herabsetzenden Beiklang angenommen für alles Unklare im religiösen Bereich, für etwas begrifflich Verquollenes, Nebelhaftes und Irrationales. Die großen Mystiker hatten aber in der Regel eine sehr rationale Erkenntnistheorie. Die echte Mystik beruht auf dem Identitätssatz, daß Gleiches nur von Gleichem erkannt wird. Der Mensch würde nicht von Gott, Welt und dem Menschen reden können, wenn Gott, Welt und *der* Mensch nicht wurzelhaft Teil seines eigenen Wesens wären. Aus dem Menschen geht *der* Mensch als das sich geschichtlich entfaltende, noch unabgeschlossene Wesen hervor.

Die Mystik bezieht sich auf diese Anlage. Aus dem Menschen geht mit seiner Selbstauslegung seine in immer größere Universalität sich ausdehnende Welt hervor. Der Mensch ist also angelegt auf *die* Welt. Die Mystik bezieht sich auf diese Anlage. Aus dem Menschen geht mit seiner Selbstauslegung und Weltauslegung die Auslegung des Einen hervor, des gemeinsamen Grundes von Selbst und Welt, das wir das Göttliche, das Unbedingte, das Sein, in unserem Kulturkreis vorherrschend Gott nennen. Der Mensch ist also angelegt auf dieses Eine. Die Mystik bezieht sich auf diese Anlage.

Die Mystik behauptet also, daß der Mensch im Grunde seines Selbst offen ist für den Grund des Seins, daß Gott, Welt und Mensch insgesamt das Korrelat menschlichen Existierens sind. In der Tiefe sind Gott und der Mensch, die Welt und der Mensch, der Mensch und *der* Mensch eins.

Die Mystik aller Zeiten beschreibt eine Wesensstruktur des Menschen. Wesensstrukturen besagen nicht, daß sich der Mensch in jedem Moment so versteht. »In der Tiefe« besagt, daß der Mensch durchschnittlich und alltäglich der Offenheit seiner Struktur zu sich, zur Welt und zum Sein verschlossen ist. Er sieht sich als Geschöpf unter anderen in einem vorerstellten Kasten, den er die Welt nennt, die er einem andern, nicht sich selbst zuschreibt, Gott oder der Natur. Er übersieht, daß nur *er* Welt hat, daß nur *er* die Frage nach sich selbst und dem Sein stellen kann.

Diese mehr hinweisenden Bemerkungen sollten zunächst einen unangemessenen Begriff von Mystik zurückweisen. Sie sollen zugleich ein für die indische Religion charakteristisches Phänomen unterstreichen. Während nämlich in Judentum, Christentum und Islam die so verstandene Mystik immer nur eine Unterströmung darstellt, tritt sie als Identitätslehre Brahman = Atman ins Zentrum der indischen Religion und Philosophie.

Gott als kosmisches Urwesen und Uropfer

Um es auf eine kurze und prägnante Formel zu bringen: In der indischen Religion und Philosophic ist Gott *der* Mensch, ist die Welt *der* Mensch, ist der Mensch nur insofern Mensch, wie er an *dem* Menschen teilhat. Die Wirklichkeit ist »der ewige Mensch«.

Daß wir damit mitten in eine zentrale Diskussion von Philosophie, Theologie und Religionswissenschaft heute hineinzielen, dürfte deutlich sein. Feuerbach hat als erster den Satz formuliert: »Theologie ist Anthropologie.« Bloch will an die Stelle des Deus absconditus (des verborgenen Gottes) den Homo absconditus (den verborgenen Menschen) setzen. Bei Teilhard ist der Mensch die Hauptachse der Evolution in Richtung auf Omega, Christus (= der ewige Mensch). Die moderne Physik vergleicht das Universum eher mit einem Menschen, der wächst, als mit einem mechanistisch aus vorgefertigten Bauelementen zusammengesetzten Weltenhaus. Ist dann etwa alles *nur* Anthropologie?

Wenn wir diese heute aufbrechenden Fragen ernst nehmen, dann muß uns der indische Lösungsvorschlag als Orientierungsmodell und Diskussionsbeitrag willkommen sein. Er ist durch eine umfassende Betrachtungsweise gekennzeichnet. Er steht von Anfang an nicht unter dem polemischen Druck, der die abendländische Diskussion charakterisiert. Unsere geistigen Siege beruhen auf Trennen, auf These und Antithese, letztlich auf dem Zweifel, der dann auch wieder mit allen Kennzeichen von Unverträglichkeit »gläubig« niedergeschlagen wird.

Der Hymnus von Purusha, dem Menschen, stellt den eigentlich zentralen Text indischer Religion dar.

> Tausendköpfig ist Purusha (*der* Mensch),
> tausendäugig, tausendfüßig.
> Er bedeckte die Erde von allen Seiten
> und ragte zehn Finger darüber empor.
> *Rigveda X,90,1*[14]

Purusha ist das kosmische Ur- und Allwesen. Man übersetzt Purusha mit »Mann«, was aber, wie das englische »man«, den Menschen, hier *den* Menschen oder Urmenschen meint. Hinter der Vorstellung vom uranfänglichen tausendköpfigen, tausendäugigen und tausendfüßigen Purusha steht die Idee, daß er die ganze vergangene, gegenwärtige und künftige Vielheit von Menschen in sich enthält. Tausend ist hier archaische Zahl für unübersehbare Vielheit. Purusha enthält in sich die ganze künftige, aus ihm hervorgehende tausendköpfige, tausendäugige und tausendfüßige Menschheit. Sie ist Eins als hervorgehend aus dem Einen Purusha. Sie ist insgesamt der Eine Purusha und stellt ihn im Ganzen dar. Purusha ist, so verstanden, eine Kollektivperson, die personifizierte Gattung Mensch, der Inbegriff all seiner schon verwirklichten und noch unverwirklichten Gattungskräfte. Purusha heißt: Die Menschheit ist in *dem* Menschen. Purusha ist der Inbegriff aller Menschenmöglichkeit. Die Menschheit – dieser Tausendfüßler Mensch – ist Ein Mensch.

Wie in allen Schöpfungsmythen – denn um einen solchen handelt es sich – wird zuerst die noch unentfaltete Ausgangssituation der Welt (das »Chaos«) geschildert. Diese Ausgangssituation enthält das »Urmaterial«, die prima materia, in der sich die Potenzen befinden, die Möglichkeiten und noch unentfalteten Mächte, die erst, wie der Hymnus im folgenden zeigt, durch das Opfer als Schöpfungsakt aktualisiert, entfaltet und geordnet werden.

Daß das Opfer *der* Schöpfungsakt ist, bringt der vedische Indramythos dadurch zum Ausdruck, daß Indra jenes chaotische Urwesen, den Vritra, zerschlägt und dadurch die potentiellen Energien, die hinter diesem Wesen liegen, freisetzt (die Wasser, die Kühe, die Bedingungen dieser Gesellschaft). Im Purusha-Hymnus ist der Urmensch, das Urwesen Purusha, selbst die Chaosmacht; Purusha bedeckt (Vritva) die Erde, wird also als eine Umzäunung oder Wall vorgestellt, der die Möglichkeiten der Erde einschließt, bedeckt, bindet und sperrt. Das alles liegt in dem verwendeten Verb Vri. Der Mensch muß also geopfert, in Stücke gehauen, geteilt werden, damit seine Möglichkeiten in Wirklichkeiten übergehen, damit potentielle Energie aktuelle Energie wird.

Jeder Mensch, um es zu verdeutlichen, opfert auf dem Weg seiner Verwirklichung einen Teil seiner Möglichkeiten. Wer Lehrer wird, wird irgendwann einmal nicht mehr Ingenieur; wer Naturwissenschaftler wird, wird irgendwann einmal nicht mehr Germanist. Jede Selbstverwirklichung beruht auf der Opferung einer ursprünglichen Allmöglichkeit. Opfer ist ein anderes Wort für Selbstverwirklichung.

Ehe aber Purusha geopfert, also zur aktualen Vielheit der Welt zerteilt wurde, heißt es von ihm:

Purusha ist dieses alles,
was geworden ist und werden wird.
Und er ist Herr über das Unsterbliche,
über das er durch (Opfer-)Speise hinauswächst.
Rigveda X,90,2

Purusha wird hier als der einheitliche Grund der Wirklichkeit vorgestellt. Er umgreift den Kosmos als Zeit-Raum, er umgreift Jenseits und Diesseits. Jenseits heißt hier die noch unverwirklichte Möglichkeitsfülle, Diesseits die endliche Verwirklichung.

Wenn Purusha »Herr über das Unsterbliche« genannt wird, dann besagt das nichts anderes als: Auch die Götter wirken nur, sofern sie das Urwesen Mensch zur kosmischen Vollendung treiben. Wenn es dann noch heißt, daß Purusha durch die Opferspeise auch noch über das Unsterbliche, die Götterwelt, hinauswächst, dann ist damit gemeint, daß der ins Opfer eintretende Mensch den Urmenschen ausformt und verwirklicht.

Das Unsterbliche ist daher nicht nur die Götterwelt, sondern die noch uneingelösten Möglichkeiten des Menschen. Die Transzendenz des Menschen ist seine noch uneingelöste, unverwirklichte Möglichkeitsfülle.

Solchermaßen ist seine Größe,
und noch größer als das ist Purusha.
Ein Viertel von ihm sind alle Wesen;
drei Viertel von ihm das Unsterbliche im Himmel.

Aus ihm wurde die Viraj geboren,
aus der Viraj Purusha.
So geboren reichte er über die Erde
vorn und hinten hinaus.
Rigveda X,90,3.5

Die Viraj ist die Materie, die Frau. Der Urmensch – das hören wir jetzt – ist weder Mann noch Frau, sondern der Androgyn, die Mann-Frau. Die Scheidung in Männliches und

Weibliches ist eine Urscheidung wie die in Geist und Materie; der Geist selbst sehnt sich nach der Materie; die Materie ist nicht geistlos, sondern sehnt sich nach dem Geist. Erst durch die Materie, des Geistes Frau, kann sich der Purusha entfalten. Zusammen mit der Materie wird der Geist erst durch diese seine Frau aus einem Ur-Purusha zum entfalteten Purusha. Die Materie gebiert ihn neu. Sein Geist- und Kraftgefühl wächst.

Als sie den Mann zerlegten,
in wieviel Teile zerteilten sie ihn?
Was ward sein Mund, was die Arme,
was die Schenkel? Was werden die Füße genannt?

Der Brahmane ward sein Mund,
seine Arme wurden zum Rajanya gemacht,
seine Schenkel sind das, was der Vaishya ist,
aus seinen Füßen entstand der Shudra.

Der Mond ist aus seinem Geist entstanden,
aus seinem Auge entstand die Sonne,
aus seinem Mund Indra und Agni,
aus seinem Atem entstand der Wind.

Aus dem Nabel ward der Luftraum,
aus dem Haupte ging der Himmel hervor,
aus den Füßen die Erde, die Himmelsrichtungen aus dem Ohr
So gestalteten sie die Welt.

Sieben waren seine Umlegehölzer,
dreimal sieben Brennhölzer wurden gemacht,
als die Götter das Opfer veranstalteten
und den Mann als Opfertier anbanden.

Mit dem Opfer beopferten die Götter das Opfer;
dies waren die ersten (Opfer-)Satzungen.
Diese Mächte nun gelangten zum Himmelsgewölbe,
wo die früheren Götter, die Sadhyas, sind.
Rigveda X,90,11–16[15]

Dieser Text und seine indische Interpretation stellen eine erstaunliche Kontinuität vom urzeitlichen Menschenopferritual bis zu den Einheitslehren hinduistischer Philosophie her. Brahman, der Weltschöpfer, wird Ur-Purusha genannt, Ur-Mensch. Ebenso werden die Hochgötter Vishnu und Shiva als Purusha bezeichnet. Purusha wird bald als überweltlicher Riese, bald als zwergenhafter Mensch vorgestellt. In letzterer Gestalt ist er das verborgene inwendige Menschwesen im Menschen, der inwendige Mensch oder Geist. Zugleich wird Purusha als Weltgeist, Höchstes Wesen und absoluter Geist aufgefaßt.

Die indische Religion identifiziert also Brahman und Purusha. Brahman ist das Urwesen, der ewige Mensch und zugleich das ewige Opfer, aus dem die Welt hervorging. Die Welt, das Universum, entstand, weil Brahman sich zur Welt hinopferte. Indem der Brahman starb, wurde das Brahman frei, das Unbedingte und Heilige, die ewige Substanz des Seins, darin alle Lebensmöglichkeiten wurzeln, der geopferte Purusha. Der Brahman opfert sich in das Brahman, die ewige Substanz oder das Sein.

Im Zentrum indischer Lehre steht das Opfer. Der Mensch nimmt am Sein und damit an seiner Selbstverwirklichung in dem Maße teil, wie er sich selbst in das Ur-Opfer hineinstellt. Dahinter steht die gründende Vorstellung, daß Welt und Selbstverwirklichung für uns nur dadurch entstehen und bestehen können, daß wir die Allfülle unserer Möglichkeiten, *den* Menschen oder Purusha in uns, zugunsten einer bestimmten, konkreten Verwirklichung hingeben. Der Mensch bringt den allgemeinen Menschen, der in ihm angelegt ist, dadurch zur Verwirklichung, daß er einen Teil seiner Möglichkeiten aufopfert und sich bewußt bleibt, daß er so im Wirklichen am allgemeinen Menschen teilnimmt.

Wer wollte aber bestreiten, daß diese Einsicht bei uns in einen Funktionalismus, in Angepaßtheit und in ein Spezialistentum geraten ist, die unsere Teilhabe an der gemeinsamen Seins- und Sinntiefe des Menschentums aufs äußerste gefährden? Von Purusha heißt es hingegen: »Ein Viertel von ihm sind alle Wesen; drei Viertel von ihm das Unsterbliche im Himmel.« Darin wird ausdrücklich der überragende Transzendenzanteil menschlicher Existenz gegen alle Verflochtenheit des Menschen in den Funktionszusammenhang seiner Welt reklamiert. Indische Religion hat immer betont, daß der Mensch seiner Verantwortung für das Ganze menschlicher Verwirklichung nicht schon dadurch gerecht wird, daß er sich konformistisch in die Rollenanforderungen seiner Gesellschaft einfügt und darüber die Verantwortung für sein Selbst unterdrückt. Die Identitätslehre Brahman = Atman stellt unter diesem Aspekt einen großartigen Kommentar zu dem Jesuswort dar: »Was hülfe es dem Menschen, wenn er die ganze Welt gewönne und nähme doch Schaden an seiner Seele.«

Es ist zugleich an dieser Stelle anzumerken, daß die Vorstellung vom ewigen Opfermenschen, durch den Gott sich zur Welt offenbart, nicht nur über die Baalsreligion und die persische Religion Zarathustras zum Judentum und so auch zu frühem Christentum gelangt ist. Hinter der persischen Idee vom »Urmenschen« steht die ältere Gestalt des Purusha, *des* Menschen, durch den Gott zum Erstgeborenen des Alls und der Menschheit wurde, zum All und Haupt des Alls, zum ewigen Menschen und Inbegriff allen Menschentums. Wenn die ersten Christen Jesus als den »Menschensohn«, also als den ewigen Menschen bezeichneten, dann deuteten sie Jesu Lebenswerk letztlich aus den Errungenschaften der indischen Religion, ja aus ältestem und tiefstem Wissen der Menschheit überhaupt, das der Veda bewahrt hat.

Der Kolosserbrief bringt den Purusha-Christus-Zusammenhang zum Ausdruck, wenn es vom vorweltlichen, kosmischen Christus heißt:

Er ist das Ebenbild (das energieumwandelnde Symbol)
des unsichtbaren Gottes (des Seins selbst),
der Erstgeborene (das Modell)
der ganzen Schöpfung (der Ur-Tat aus dem Möglichen ins Wirkliche);
denn in ihm ist das All,

das aus dem Himmlischen und dem Irdischen besteht
(also aus Wesen und Existenz, Transzendenz und Immanenz),
seien es Throne oder Hoheiten oder Gewalten oder
Mächte (die Götterwesen oder ewigen Seinsgestalten),
geschaffen worden (ins Sein getreten aus unbedingter
Macht oder Seinsmächtigkeit).
Das All ist durch ihn und auf ihn hin erschaffen
(durch das Symbol zielhaft umgewandelte Energie),
und er ist *vor* dem All:
das All hat in ihm sein (dynamisches) System.
Kolosser 1,15–17

Wir sagten, daß die Lotusblume, auf der Brahman der Herr sitzt, aus dem Nabel der Welt aufwächst. Wir müssen uns hier – um der Aktualität der Religion willen – korrigieren. Brahman wird im Hinduismus wohl genannt, aber kaum noch verehrt. Die vitalen, aktualen Götter heißen Vishnu und Shiva. Brahman meditiert; Vishnu aber ist der schaffende, Shiva der zerstörende Aspekt der Gottheit selbst. Die Gottheit wird im Hinduismus als Trias (Trimurti) aufgefaßt. Gestaltung setzt Auflösung voraus, Vishnu setzt Shiva voraus. Trotzdem muß man, eben wegen der wechselseitigen Voraussetzung, warnen vor einer allzu logischen Aufteilung in einen Erhalter- und Zerstörergott. Vishnu ist in Shiva, Shiva in Vishnu. Das Endliche hat an der Ewigkeit teil, die im Indischen keine starre, unbewegliche Ewigkeit ist. Sie ist Bewahrung und Aufhebung zugleich. Vishnu und Shiva sind die beiden zusammengehörigen Aspekte der Aktualität der Brahman-Meditation. Leben und Tod umgreift der Gott, sie nehmen erst in ihrer letzten Einheit teil am alles durchwaltenden Leben Gottes. Vishnu und Shiva werden in einem besonders aktualen Sinn Purusha genannt.

Für Vishnu bezeichnend sind seine Avataras. Der Avatara ist das Hinabsteigen des Gottes in menschliche Erscheinungsform (Inkarnation). Krishna, Rama, Buddha, aber auch Jesus werden nach hinduistischer Lehre als Avataras Vishnus aufgefaßt. Shiva wird sowohl durch den Phallus

(Lingam) als auch durch den Asketen (Yogin) vorgestellt. Beide Vorstellungen scheinen sich auszuschließen. Die hinduistische Lehre bringt diesen Zusammenhang durch das Sprachsymbol zum Ausdruck, das ihr im Namen Shiva zu liegen scheint. Nimmt man aus dem indischen Schriftbild das phallusähnliche Vokalzeichen für i heraus, dann muß der Name Shava gelesen werden. Shava bedeutet die Leiche. Shava wacht im Phallus auf zu Shiva. Der Gott ist immer Shava und Shiva zugleich, Yogin und Phallus. Er will für sich selbst nichts, ist Shava – darum gibt er als Shiva den Raum frei für die Fülle des Lebens. Opfer und Weltfülle gehen aus Gott hervor, aus dessen den Tod umgreifender Askese die universale Fülle des Lebens aufwächst. Das Sprachsymbol Shava – Shiva ist ein universales Symbol.

Geburt und Tod, Chaos und Kosmos stehen in der indischen Religion einander weniger schroff gegenüber als in der christlich-jüdischen Überlieferung. So wächst Vishnus Weltleib aus der großen Weltschlange, dem uralten Chaossymbol, hervor.

In einem ähnlichen Sinn kann das ganze Universum als der Riesenleib Vishnus vorgestellt werden. So in der grandiosen Vision, die König Ardschuna zuteil wird, als er mit seinem Heer dem Heer seiner Verwandten, der Söhne Dhritaraschtras, zur Entscheidungsschlacht gegenübersteht:

Alle Wesen, alle Götter,
Seh' an deinem Leib ich hangen,
Brahma auf dem Lotussitze
Samt den Sehern und den Schlangen.

Viel Gesichter, Arme, Leiber,
Viele Augen, du Gewalt'ger,
Aber weder Ziel noch Anfang
Seh' an dir ich, Vielgestalt'ger.

Auf dem Haupte glänzt die Krone,
In der Hand trägst du die Keule,

Unermeßlich, schwer zu schauen,
Strahlst du wie des Feuers Säule.

Unvergänglich-Höchster bist du
Und des Urgesetzes Hüter,
Bist der Hort des Universums
Und des Weltenalls Gebieter.

Mond und Sonne sind dir Augen,
Arme reckst du, ungeheuer,
Opferflamme loht vom Mund dir,
Sengt das All mit ihrem Feuer.

Erd und Himmel, Ost und Westen
Wird von dir allein umhüllet,
Und das All, das Wunder schauend,
Wird von banger Furcht erfüllet.

Händefaltend Götterscharen
Dich besingend zu dir treten,
Seher, Heilige und Weise
Dich verehrend zu dir beten.

Zitternd sehn die Wesen deinen
Leib mit manchem Aug' und Munde,
Mancher Hüfte, manchem Fuße,
Manchem weitgesperrten Schlunde.

Seh' ich dich mit off'nen Mündern
Glühend bis zum Himmel ragen,
Seh' ich deine Augen funkeln,
Muß ich voller Furcht verzagen.

Deine Münder, zähnestarrend,
Einem Weltenbrande gleichen,
Seh' ich's, schwinden mir die Sinne,
Und ich muß vor Angst erbleichen.

Alle Söhne Dhritaraschtras
Samt den Helden, ungezählten,
Und von uns'rer Seite alle
Krieger, alle kampfgestählten,

Strömen ein in deine Rachen,
Die hier abgrundtief rings gähnen,
And're mit zermalmtem Haupte
Hängen zwischen deinen Zähnen.

Wie im Meere endlich eingehn
All' der vielen Flüsse Wogen,
Werden sie von deiner Münder
Grausen Flammen eingesogen.

Wie die Motten zu dem Feuer
Eilen, bis sie sich versengen,
Also scheinen sie zum Tode
Sich nach deinem Mund zu drängen.

Alle Wesen, Vishnu, scheinst du
Mit dem Munde zu verschlingen,
Mit den Strahlen deines Glanzes
Dieses Weltall zu durchdringen.
Bhagavadgita XI,15ff.[16]

Es ist keine Frage, daß uns diese Seite im Gottesbild größte Verstehensschwierigkeiten macht. Für westliche Religiosität besteht hier die Versuchung, von einer dämonischen Entstellung Gottes zu reden und diesem ungeheuerlichen Gott den geheuren Gott der Liebe oder einen von allen Affekten und Anthropomorphismen gereinigten Gott gegenüberzustellen. Man übersieht dabei, daß ein solcher »reiner« Gott leicht zum entmächtigten, impotenten Gott wird, der die Beziehung zur Tiefe und zum Ganzen der uns umgreifenden und durchgreifenden Wirklichkeit verloren hat. Die im biblischen Gottesbild verankerten Vorstellungen von Gott als einem »fressenden Feuer«, dessen Anblick niemand ertragen kann, wird allzu schnell als »unterchristliche« Aussage der Bibel unterdrückt und ausgeschieden, das heißt nur verdrängt, und gewinnt dadurch eine undurchschaute Eigenmächtigkeit, aus der, wovon noch die Rede sein wird, die tiefste Bedrohung für unser Leben und unsere Welt hervorbricht.

So fremd und befremdend die Schreckensvision Gottes in der Bhagavadgita zunächst auch sein mag, ganz fremd ist uns das darin enthaltene religiöse Vorstellungselement nicht. Beispiele dafür sind Luthers Schreckensvision vom verborgenen Gott, der alles in allen wirkt, in seiner Schrift *Vom unfreien Willen* (De servo arbitrio), die Beschreibung Gottes als Zusammenfall (Koinzidenz) der Gegensätze durch Nikolaus von Cues, das All-Eine in Goethes Werther, der sowohl der Alles-Schaffende wie der Abgrund des ewig offenen Grabes ist, und Nietzsches im Grunde mythische Weltchiffre vom Willen zur Macht.

Der mit »am 18. August« überschriebene »Brief« in Goethes *Werther* stellt ein ungeheures, »unmittelbares« Zeugnis religiöser Seinserfahrung dar, darin sich Gott als die Tiefe des Seins unter neuzeitlichen Bewußtseinsbedingungen ausspricht. Es ist, wie mir scheint, eine eindrückliche Parallele zur Vishnuvision:

»Das volle warme Gefühl meines Herzens an der lebendigen Natur, das mich mit so vieler Wonne überströmte, das ringsumher die Welt mir zu einem Paradiese schuf, wird mir jetzt zu einem unerträglichen Peiniger, zu einem quälenden Geist, der mich auf allen Wegen verfolgt.

Es hat sich vor meiner Seele wie ein Vorhang weggezogen, und der Schauplatz des unendlichen Lebens verwandelt sich vor mir in den Abgrund des ewig offenen Grabs. Kannst du sagen: Das ist! da alles vorüber geht? da alles mit der Wetterschnelle vorüberrollt, so selten die ganze Kraft deines Daseins ausdauert, ach in den Strom fortgerissen, untergetaucht und an Felsen zerschmettert wird? Da ist kein Augenblick, der nicht dich verzehrte und die Deinigen um dich her, kein Augenblick, da du nicht ein Zerstörer bist, sein mußt; der harmloseste Spaziergänger kostet tausend armen Würmchen das Leben, es zerrüttet ein Fußtritt die mühseligen Gebäude der Ameisen und stampft eine kleine Welt in ein schmähliches Grab. Ha! nicht die große seltne Not der Welt, diese Fluten, die eure Dörfer wegspülen, diese Erdbeben, die eure Städte verschlingen, rühren mich; mir untergräbt das Herz die verzehrende Kraft, die in dem All der Natur verborgen liegt, die nichts gebildet hat, das nicht seinen Nachbar, nicht sich selbst zerstörte. Und so taumle ich beängstet. Himmel und Erde und ihre webenden Kräfte um mich her: ich sehe nichts als ein ewig verschlingendes, ewig wiederkäuendes Ungeheuer.«[17]

An anderer Stelle hatten wir bereits davon gesprochen, daß alle Offenbarungen Gottes bei den noch unverwirklichten Möglichkeiten des Menschen ansetzen, existentiell ausgedrückt: bei dem, wovor der Mensch Angst hat. Angst ist etwas sehr anderes als Furcht, auch wenn, worauf man jeweils achten muß, im alltäglichen Sprachgebrauch wie im Sprachgebrauch der Religion beide Worte austauschbar füreinander benutzt werden. Furcht ist nach Heideggers Auslegung die Angst vor der Angst. Die Angst aber ist eine Grundbefindlichkeit, die, wie Goethes Werthertext zeigt, gerade nicht aus der großen, seltnen Not der Welt, die das Fürchten lehrt, ihren Ursprung nimmt, sondern aus der Alltäglichkeit eines jeden Augenblicks: »Da ist kein Augenblick, der nicht dich verzehrte und die Deinigen um dich her.« Jedes Staubkorn kann für den Menschen zum Symbol der umfassenden Seinsmacht wie zum Symbol der umfassenden Nichtigkeit des Seins werden.

Das bedeutet aber nicht, daß die tatsächliche Wirkmacht der Schreckensvisionen Gottes oder auch der individuellen Angsterfahrung beliebig in das Leben des Menschen und der Menschheit eingreift. Sie setzt die existentielle Krise voraus und ist ihr tiefster Ausdruck. Der Ardschuna der Bhagavadgita empfing die Schreckensvision Vishnus in einem Moment tiefster existentieller Krise, Ardschuna, der im indischen Epos, dem Mahabharata, von dem die Bhagavadgita ein Teil ist, das Vorbild des edlen, dem Ideal verpflichteten Kriegers darstellt, der nur für das Gute und das Recht kämpfen will, nicht aber für die Selbstdurchsetzung persönlicher oder gruppenverhafteter Macht. Ardschuna befindet sich in einem tiefen Loyalitätskonflikt, den er mit den geltenden Normen nicht mehr bewältigen kann. Es sind seine Brüder (im weiteren Sinn), seine Lehrer und Freunde, die er im Heer der Feinde erblickt.[18] Es ist die Situation des Bruderkriegs, wie sie in allen wirklich revolutionären Situationen eintritt, in denen die Menschheit aus dem nur Geltenden in eine neue, verwandelte Gestalt übergeht.

Das Bestehende und Geltende, das immerhin Ordnung sicherstellt, also Sicherheit im Bestehenden bietet, wird zum starren Rollenverhalten mit zunehmender Pression auf die dadurch unterdrückten, sich längst meldenden, aber noch unerprobten und dadurch als gefährlich (utopisch) aufleuchtenden neuen Möglichkeiten. Die Rettung wird als Gefahr, Versuchung und Verführung empfunden, hüben wie drüben. Die Krise besteht in dem noch unausgetragenen Todes- und Lebenskampf zwischen geltender Sicherheit und neuer Gewißheit. Starres Beharren und Verfestigen geht in der Krise parallel mit anarchischem Aufschwärmen, das sich zugunsten der Möglichkeiten von der Realität löst und Chaos (zeugende Möglichkeitsfülle) ausbreitet.

Aber die Wirklichkeit, die aus der Möglichkeitsfülle stammt, muß selbst neue Realität stiften. Sie muß aus dem Schwärmerzustand *und* aus der geltenden Realitätsfixierung heraus. Sie muß beide überwinden. Beide sind ohne eine letzte Distanz, die sie stützt und legitimiert. Diese Distanz aber gewinnt der Mensch nur, wenn er seine Angst aushält. Die Angst ist das Tor, durch das die Seinsmacht, religiös gesprochen: die Gottesmacht, zu Menschen, zu uns, vordringt. Der Mensch wird dadurch abgelöst von den Sicherungen geltender Ordnung wie von den unzentrierten Anarchismen seiner Bedürfnisse, die ihn allerdings erst, als Vorbedingung, gegen die Realität aufgebracht haben.

Das Aushalten der Angst befreit den Menschen vor dem Sich-Fürchten. Sonst wird er zum sich allseits absichernden Menschen. Eltern verhindern aus Angst die Selbstregungen ihrer Kinder, deren Wachsen zur Mündigkeit ja auch das eigene Wachsen der Eltern in eine neue Lebensstufe mit neuen Möglichkeiten zur Voraussetzung hat. Berufserfolgreiche klammern sich an ihre »Stellung« und verhindern dadurch ihr Wachsen, das aus ihrem Zurücktreten vor den

»Jungen« und »Neuen« ihnen zuströmen könnte. Der sich absichernde Politiker wird zum Opfer der »Systemimmanenz« und bereitet dadurch, gegen seine Absicht, den Aufstand oder die Entpolitisierung, die er verbal ablehnt, vor.

»Ein ›munterer Nihilismus‹ grassiert heute als Brutstatt immer neuer Ängste, die maßlos, ziellos sind, weil der von ihnen befallene Mensch sich kein Maß, kein Ziel, kein gutes Ende weiß. Er zieht die Menschen in seinen Bann, weil er ihnen das Tor zum guten, heilsamen Schrecken verdeckt: zum eigenen Tod. Der Tod wird heute überschminkt, überlogen, verdeckt durch immer neue Erfindungen der Genußmittel-, Heilmittel- und Bestattungsindustrie. Nur *ein* Feind wird mit derselben Verbissenheit bekämpft: die Einsamkeit, das Alleinsein, das Unbeschäftigtsein, die Langeweile. Man fürchtet, daß durch diese beiden Tore der Herr des Schreckens, Gott, eintreten würde. Vielleicht gibt es noch ein drittes Tor, das gleichermaßen gefürchtet, verdeckt, überlogen wird: die Liebe, die wahre Liebe als Leidenschaft der Hingabe... Also vermögen die Dinge, Welt und Umwelt nicht jenen ›Schrecken‹, jenen guten Schrekken, auszustrahlen, der ihnen von der Schöpfung gegeben und zu hüten anvertraut ist: dieses Ganz-anders-Sein, das uns anweht aus einem Stern, einem Halm, einer Landschaft, einem leeren Zimmer. Es ist eine der legitimsten Aufgaben der Dichtung, zumal auch der Lyrik, diesen natürlichen Schrecken und sein Tremendum zu hegen« (Friedrich Heer).[19]

Der Mensch kann – das ist die Meinung Friedrich Heers – dem Schrecken nicht entgehen. Im Schrecken ruft ihn sein tieferes Sein, ja das Sein aus der Tiefe selbst an, befähigt ihn, sich selbst anzunehmen, sein Maß, seine Grenze zu finden, zugleich aber auch in »erschreckender« Begegnung die ungeschaffene Seinstiefe zu allem. Es ist das nur eine andere Beschreibung dessen, was Indiens Religion und, wenn wir genauer hinsehen, alle Religionen so ausdrücken, daß wir um ein »Urfeuer« herumwohnen, das zugleich das Heilige und Erschreckende ist. Die Glutausstrahlung Jahwes, sein Kabod, der nicht nur seine Ehre ist, sondern seine glühende Seinsmacht, füllt in der Gottesvision des Jesaja die Welt (Jesaja 6,3). »Die notwendige Wiedergeburt des guten Schreckens, in dem geborgen der Mensch Maß und Grenze, Ziel und Hoffnung gewinnt, hängt«, wie Friedrich Heer schreibt, »an der Wiedergeburt des Gottesschreckens.«

Aus der Schreckensgestalt Gottes tritt in der Bhagavadgita seine Gnadengestalt hervor. Gott selbst ist ja das freie Opfer, aus dem die Welt hervorgeht. Der Mensch vollendet sich, wenn er das Opfer nicht nur für sich selbst verzehrt:

Wer von des Opfers Überrest
Sich nährt, wird frei von Sündenqual,
Doch ihr verfällt, wer nur für sich
Bereitet hat das Festesmahl.[20]

Leben wir nicht alle davon, daß Menschen vor uns sich für etwas eingesetzt haben, das nicht nur ihnen selbst, sondern auch uns zugute kommt? So haben sich beispielsweise Menschen für mehr Freiheit eingesetzt, haben dafür unter Umständen ihr Leben gelassen. Sie selbst lebten vom Opferrest, das heißt, ihnen ward nur wenig von dem zuteil, wofür sie sich hingaben. Wir aber leben davon und betrachten als Besitz, was sie uns welterhaltend und welterneuernd erwarben. Doch wir zerstören die Welt, wenn wir nur für uns das gebrachte Opfer verzehren. Was Tradition in Wahrheit ist, kann sich uns unter dem Bhagavadgita-Wort »Wer von des Opfers Überrest sich nährt« neu erschließen.

Nach christlichem Glauben ist die Welt von Anbeginn auf das Opfer Christi hin angelegt. Daraus bricht eine Zukunft der Welt auf, die noch unabgeschlossen ist, der ganze zukünftige und neue Mensch und die daraus heraufkommende Folge neuer Zeiten, das, was die Inder das »Um- und Weiterdrehen des Rades der ewigen Ordnung« nennen, die Tiefendimension aller Revolutionen, die ja Rückdrehungen und Vorwärtsdrehungen in einem sind, Ur-Sprung, Auf-Sprung aus der Ur-Freiheit, die nur ein anderes Wort für die Hingabe Gottes ist, das ewige Opfer, aus dem alles stammt. Opfer ist Selbstverwirklichung, weil nur der sich ganz hat, der sich ganz geben kann. »Wer sein Leben behalten will, der wird es verlieren«, sagt Jesus.

Gegenüber einer erschreckenden, das Opfermahl nur noch für sich verzehrenden und dadurch, wie man wohl auch extrem formuliert hat, zynisch gewordenen Individualisierung, Privatisierung und kultischen Isolierung des Sakramentempfangs, zeigt uns die Bhagavadgita eine Tiefe des Opferbegriffs auf, die voller Implikationen ist für die Zeit, in der wir leben. Die Tiefe der eigenen Religion kann uns gegen traditionsbedingte Verkürzungen und Verkrustungen neu erschlossen werden durch die Begegnung mit der Tiefe indischer Religion, in deren Mitte das Opfer steht.

Samsara und Maya

Das Universum durchläuft nach hinduistischer Vorstellung ungeheure Zyklen oder Weltperioden in ewiger Wiederkehr. Die Welt tritt aus dem Ungestalteten in das Gestaltete, aus dem Gestalteten wieder in das Ungestaltete zurück.

Der dadurch bezeichnete Kreislauf schwingt zwischen der kosmischen Manifestation oder Prabhava (das Hervortreten der Existenzen aus dem Grund des Seins) und der Nicht-Manifestation oder Pralaya (Auflösung der Existenzen in den Grund des Seins). Es ist der Odem Gottes, der aus- und einatmend die Welt durchweht, die Welt »herausatmet« und »atmend« wieder in sich hineinzieht.

Im Atemholen sind zweierlei Gnaden:
Die Luft einziehen, sich ihrer entladen;
Jenes bedrängt, dieses erfrischt;
So wunderbar ist das Leben gemischt.
Du danke Gott, wenn er dich preßt,
Und danke ihm, wenn er dich wieder entläßt.[21]

Goethes Gedicht im *West-östlichen Divan* findet im aus- und einatmenden Gottesodem, darin nach indischer Lehre die Weltzyklen schwingen, die universal-kosmische Ausdrucksform, die zugleich das Hauptsymbol indischer Religion abgibt.

Das Symbol des Hinduismus ist der nasal zu sprechende Urlaut Om, der als aus den drei kontrahierten Lauten A, U und nasalem M zusammengesetzt vorgestellt wird. Das nasale M repräsentiert den alles durchströmenden aus- und einatmenden Weltodem Gottes. Zu A und U tritt beider Kontraktion, das O, durch Nasalisierung des M ein einiger Laut.

Der Urlaut Om ist der reine Ausruf und die reine Beschwörung, der Ur-Vokativ, darin aus der Tiefe des Seins die Welt auflautet. Alle Wesen sind vom Urlaut durchtönt, sie sind als Namen Teil, Entfaltung und Brechung des Urwortes, das am Anfang war und als Anfang in allem ist. Die drei Hauptgötter Indiens, Shiva, Vishnu und Brahma, sind im A, U und M die Grundentfaltungen des Urworts und Uratems der Welt. Die Welt hat im Urlaut ihren ewigen Ausgang und Eingang.

Man muß das im Blick, ja im Gehör behalten, um die Weltzyklen nicht im Sinne eines leeren In-sich-Kreisens zu deuten und dadurch westlich mißzuverstehen, da wir uns sinnhaftes Geschehen meist nur als zielgerichtete Linie vorstellen können.

Ein sich umschwingender Weltzyklus ist nur ein Tag im Leben des Gottes Brahma, dessen Leben selbst hundert Brahma-Jahre währt, das sind 311 040 000 000 000 Menschenjahre. Danach stirbt Brahma, die Welt ruht wieder in ihrem Seinsgrunde, bis ein neuer Brahma geboren wird. Aber auch nach jedem Brahma-Tag tritt ein partieller Weltuntergang ein, rundet sich ein Weltzyklus. Der Brahma-Tag heißt Kalpa und besteht aus 1000 großen Weltaltern (Mahayuga), die sich ihrerseits wieder aus vier Weltaltern (Yuga) von insgesamt 12 000 Götterjahren (= 4 320 000 Menschenjahren) zusammensetzen.

Wer weiß, daß schon Gott Brahmas Tag
Eintausend Weltenalter mißt
Und tausend Yugas eine Nacht,
Der kennt der Schöpfungszeiten Frist.
Bei Tagesanbruch quillt die Welt
Aus dem, was unentfaltet war,
Und kommt die Nacht, löst sie sich auf
In das, was nicht mehr wahrnehmbar.
Die Schar der Wesen in der Welt
Verschwindet, wenn die Nacht anbricht,
Und naht der Tag, bringt das Gesetz
Sie wieder an das Tageslicht.
Bhagavadgita VIII,17–19[22]

Der Name für den darin beschlossenen Zyklus oder Kreislauf heißt indisch Samsara. Er ist mit der Vorstellung verbunden, die wir »Seelenwanderung« nennen. Man sollte, um die indischen Symbole oder Metaphern zu verstehen, bei Samsara nicht sogleich an den Kreislauf der Wiedergeburten und die ewige Wiederkehr großer Weltperioden denken. Das Wort Samsara bringt zuallererst eine sehr elementare Erfahrung zum Ausdruck, das Gerundete der Existenz.

Das Wort stammt von dem Verb sri her, das »fließen«, »rennen«, »eilen«, »wandern« bedeutet. Es weist auf die Unruhe, Hast und Gier des Lebens, das so lange unruhig bleibt und unter »Wiederholungszwängen« steht, solange seine Wünsche und Ängste nicht abgegolten, durchschaut und zur Ruhe gebracht sind. Hermann Hesse hat im Kapitel »Om« seines Romans »Siddhartha« den metaphorischen Sinn von Samsara sehr anschaulich beschrieben. Samsara wird oft als Fluß vorgestellt. Der Fluß scheint immer derselbe zu sein, und doch sind es stets neue Wellen, die in ihm zusammenfließen. Hermann Hesse schreibt: »Und alles zusammen, alle Stimmen, alle Ziele, alles Sehnen, alles Leiden, alle Lust, alles Gute und Böse, alles zusammen war die Welt. Alles zusammen war der Fluß des Geschehens, war die Musik des Lebens.«[23]

Das sam in Samsara ist ursprachlich verwandt mit dem lateinischen cum, in der Bedeutung von »samt« (= zusammen mit). Es enthält daher eine tiefsinnige Vorwegnahme der großartigen Einsichten der Psychoanalyse. Jeder Mensch wiederholt zwanghaft in stets neuen Situationen sein nicht erkanntes, verdrängtes Unbewußtes. In diesem Unbewußten – die Inder nennen es das Karman, das schicksalhafte Bündel des vor jedem Einzeldasein Gewirkten aus Gencode und gesellschaftlichen Bedingungsfaktoren, wie wir sagen – wirken die früheren Leben (Eltern, gesellschaftliche Normen und Ideale) fort. Die alten Ängste und Wünsche reproduzieren sich in jeder neuen Generation. Sie fließen immer neu zum bleibenden »Fluß des Lebens«, Samsara, zusammen.

Der Name für diesen Kreislauf, Samsara, ist mit der Vorstellung von der Seelenwanderung unabtrennbar verbunden. Der Samsara ist eins mit dem Karman-Gesetz. Karman, abgeleitet von dem Verb kri, tun, ist »die Tat«, nichts anderes also als die Summe alles Tuns eines Lebens und die dadurch gewirkte Essenz oder Seelensubstanz. Jedes Lebewesen, insbesondere der Mensch, wirkt »frei« nach dem Gesetz seiner Natur sein Geschick. Wie er sein *muß*, so »will« er sein. »So mußt du sein, dir kannst du nicht entfliehen« (Goethe). Darin wiederholt er die Taten seiner Ahnen und seiner Geschichte. Das Weltgesetz oder Dharma greift in das Freiheitsgesetz oder Karman, die eigene Lebenstat eines jeden, ein. Indem der Mensch sich frei vermeint, muß er so sein, wie er ist, »nach dem Gesetz, wonach er angetreten«. Es sind die Bedingungen aus Ahnen und Normen, unter denen er hervorging, seine Stern-Konstellation.

Wie an dem Tag, der dich der Welt verliehen,
Die Sonne stand zum Gruße der Planeten,
Bist alsobald und fort und fort gediehen
Nach dem Gesetz, wonach du angetreten,
So mußt du sein, dir kannst du nicht entfliehen,
So sagen schon Sibyllen, so Propheten;

Und keine Zeit und keine Macht zerstückelt
Geprägte Form, die lebend sich entwickelt.
J. W. Goethe[24]

Trotzdem verstehen die Hindus das Karman – also das Gesetz, wonach du angetreten – nicht als Ausfluß wirklicher Freiheit. Im Wünschen und Wollen ist der Mensch noch keineswegs mit sich identisch. Wirkliche Freiheit setzt nach indischer Lehre Selbstfindung voraus. Das eigentliche Selbst des Menschen ist nicht das Karman, sondern der Atman. Wie hängen aber Karman und Atman zusammen?

Die Inder denken, modern ausgedrückt, in einem eminenten Sinn tiefenpsychologisch. Die Tiefenpsychologie zeigt, daß der Mensch sich für gewöhnlich nicht hat, sondern sich projiziert. Er ist daher auch weitgehend unfähig, sich selbst anzunehmen oder dem anderen Menschen zu begegnen, da er seine unverwirklichten Wünsche und unbewältigten Ängste auf seine Umwelt projiziert.

Feuerbach, der den Begriff Projektion für ein Verstehen von Religion eingeführt hat, hat zugleich damit von der Illusion gesprochen, die der Religion zugrunde liegen soll. Der Mensch lebt aber, ehe er ganz zu sich gefunden hat, von Illusionen oder Einbildungen, um überhaupt in der Welt bestehen zu können.

Die indische Religion sagt dazu: So ist es! Der Mensch lebt von der Illusion, bis er sich selbst gefunden hat, bis er zu seinem Selbst oder Atman gefunden hat. Die Illusion ist die mächtigste schöpferische Kraft, ohne die der Mensch gar nicht leben kann, bis er sie wirklich durchlebt und so überwunden hat. Sie ist die Kraft, durch die der Mensch erst eine Welt entdeckt und sich selbst erst lebendig in dieser seiner Welt erfährt. Solange der Mensch nicht zu seinem Selbst gefunden hat, muß er geradezu mit Wilhelm Raabe beten: »Unsere tägliche Illusion gib uns heute.«[25]

Die Inder würden mit Blick auf Feuerbach fortfahren: Wir haben niemals bestritten, daß das umfassendste Bild von der Welt, das religiöse Weltbild, auf der Illusion beruht. Wir könnten von der Welt gar nichts Großartigeres behaupten. Nur in dem einen Punkt können wir Feuerbach nicht zustimmen: daß die Illusion *nur* Illusion sei. Euer Dichter Novalis hat es genauer gewußt, wenn er Illusion von il-ludere, in-ludere, hinein-spielen, ableitet. In der Illusion spielen wir uns kreativ in unsere künftigen Möglichkeiten hinein und vor. Produktive Einbildungskraft nennen eure Philosophen, z. B. Fichte, die Illusion, aus der euch erst eine Welt entsteht. Der Mensch muß sich selbst durchspielen und projizierend hineinspielen in den Weltstoff, wie sich das Kind in Sand, Lehm und Puppen hineinspielt, bis es sein Spiel gewonnen hat, also mündig, es selbst, geworden ist.

Die Inder nennen die Illusion oder produktive Einbildungskraft Maya. Maya ist die Eingebildetheit des Einzelmenschen im subjektiven Sinn, mit der er sich als isoliertes Einzelwesen festhält und seinen Lebenstraum träumt. Maya ist die Illusion im Erkenntnissinn, wonach unser Weltbild nur ein Spiegelbild unserer Wunschvorstellungen ist. Maya ist die Ein-Bildung im schaffenden Sinn, mit der wir unser Leben schöpferisch in die Welt eingestalten.

Maya, so würden die Inder fortfahren, ist der Prozeß. Sie ist Prozeß, wie das Puppenspiel eurer Kinder auf eine neue Existenz zielt. Maya ist nicht sinnloser Kreislauf, sinnlose Wiederholung. Ihr mißversteht für gewöhnlich, was wir meinen, wenn wir Maya, die Illusion, und Samsara, den Kreislauf des Werdens, zusammenbringen. Jede Wissenschaft muß, um sich zu vollenden, den ganzen Kreis ihrer Erfahrung durchlaufen, jeder Mensch muß, um zu sich selbst zu finden, den Kreis seiner Möglichkeiten kennenlernen, sonst stirbt er schlecht. Nichts ist dem Menschen so schädlich wie unterdrückte, ungelebte Möglichkeiten. Ihr solltet besser wissen, was wir meinen. Euer Abraham starb alt und gesättigt mit Leben.

Maya, dieser große schöpferische, ängstigende und beflügelnde Lebenstraum, ist in euren Träumen, die euch nur sagen wollen, was noch unabgegolten, unerlöst, unerfüllt in eurem Leben ist, bis ihr endlich eins werdet mit eurem Selbst, dem Atman, das euch eint mit dem Grund und der Gnade der Welt, dem Brahman.

Die Inder ziehen es aus diesem Grunde vor, Gott als den umfassendsten Ausdruck der Wirklichkeit neutrisch zu nennen: das Brahman, »das Gott«. Das schließt die personalistische Komponente der Gotteserfahrung nicht aus, sondern ein. Auch unter christlichen Bedingungen ist Gott kein nur »persönlicher« Gott, vielmehr der Geist, der uns selbst erst in die Personwerdung ruft.

DAS FÄHRBOOT BUDDHISMUS

Indiens Hoffnung auf einen Buddha

Wenn man mit westlichen Augen die Lehren des Buddha, des Konfuzius oder Laotse liest, könnte man leicht zu der Annahme verführt werden, als handle es sich da eigentlich nur um eine Philosophie und nicht um eine Religion im strengen Sinn. Diese Annahme ist oft genug ausgesprochen worden. Das östliche Denken bleibt aber stets mit dem Heiligen verbunden, Nirvana und Tao sind nicht Begriffe, sondern Grundworte, letzte religiöse Symbole für die Tiefe des Seins, aus der heraus dann auch alles Konkrete leuchtet.

Die Gabe des östlichen Denkens an die westliche Welt dürfte in der Ungespaltenheit liegen, an die dieses Denken alle Hingabe gewandt hat. Es geht in diesem Denken nicht um – Theorie.

Der Buddhismus geht auf den Königssohn Siddhartha Gautama zurück, der um 560 v. Chr. in Kapilavastu im Himalayagebiet geboren wurde. Sein religiöser Name, der Buddha, ist nicht Eigenname, sondern Hoheitstitel und bedeutet »der Erwachte«, »der zur Erkenntnis, zum Wissen Gelangte« (von budh = erwachen, erkennen). Buddha starb um 480 nach einem langen Wanderleben etwa achtzigjährig in Kushinagara.

Siddhartha Gautama gehörte zu den Privilegierten des brahmanischen Systems. Privilegierte empfinden durch ihre ausgebildetere Bewußtheit oft schärfer die Widersprüche ihrer Gesellschaft als die unter dumpfe Bedrückungen gestellten Gruppen. So entstammen die Urheber von Revolutionen in der Regel der privilegierten Schicht oder stehen mit ihr in Kontakt.

Entstehung und Anliegen des Buddhismus können nur auf dem Hintergrund der Veda-Religion verstanden werden, die sich zum starren brahmanistischen System fortentwickelt hatte. Aus den ursprünglichen Stammeshäuptlingen (Rajas) waren despotische Monarchen geworden, die ihr Territorium mit Hilfe gebildeter Brahmanen und im Bündnis mit dem reichen kaufmännischen Patriziat in den Städten, das sich nach Aufkommen der Geldwirtschaft gebildet hatte, in einen zentralistisch verwalteten Beamten- und Militärstaat verwandelten. Die alten Kriegerideale der indo-arischen Feudalzeit traten nun in den Dienst eines äußerst aggressiven Militarismus.

Vorbild für diese Entwicklung war der persische Militärdespotismus, der unter Kyros (559–528) nach der Weltherrschaft griff. Etwa um das Jahr, da Kyros den Thron bestieg, wurde Buddha geboren. Im Unterschied zu Persien konnte sich aber in Indien keine wirkliche Zentralgewalt durchsetzen. Die kaiserliche Alleinherrschaft blieb so ein Persien abgeschautes politisches und religiöses Ideal, das zu endlosen Kriegen zwischen den vielen, oft winzigen Fürstentümern, freien Städten und Königreichen auf dem Subkontinent führte.

Heinrich Zimmer hat zur Charakterisierung der Zustände an die Verhältnisse erinnert, wie sie um 1500 im Renaissance-Zeitalter in Italien und Deutschland an der Ordnung waren. An den Höfen herrschten – hier wie dort – Intrige, Gift, Dolch, Geheimpolizei und ein ausgebildetes Spitzelsystem. Doch verblaßt Macchiavellis »Fürst« vor den Theorien, wie sie von den Brahmanen für ihre Herrscher entwickelt wurden. Der indische Ausdruck für Politik ist Matsya-nyaya, »Brauch der Fische«: die großen Fische fressen die kleinen.

Es ist in diesem Zusammenhang kennzeichnend, wenn das gewaltigste indische Epos, das Mahabharata, keinem Geringeren als dem weisen Brahmanen und Seher der Urzeit Narada folgende Anweisungen als geltendes Gesetz (Dharma) für die Könige in den Mund legt:

»Durchaus verschieden ist die Lebensweise der Könige von der des gemeinen Volks. Das Volk will in Frieden leben, aber der Krieg macht die Könige groß. Dem König ist das Glück seines Volkes unerträglich, solange er noch das Glück eines anderen Herrschers sehen muß.

Wie die Schlange Frösche und andere Tiere verschlingt,

so werden die friedliebenden Könige von ihren Feinden gefressen.

Trag deinen Feind auf deiner Schulter, bis du von ihm das hast, was du willst. Dann wirf ihn ab – wirf ihn ab und zerschmettere ihn wie einen irdenen Krug an einem Felsen!

Wer zu seinem eigenen Vorteil jemanden vernichten will, der sollte vorsichtig und bedächtig zu Werke gehen. Während er die Hand hebt, um seinen Feind zu schlagen, sollte er ihn freundlich ansprechen. Noch liebenswürdiger sollte er reden, während er den tödlichen Schlag versetzt. Und wenn er seinem Feind den Kopf abgeschlagen hat, sollte er ihn beklagen und beweinen.

Wenn du nicht bereit bist, grausam zu sein und Menschen zu töten, wie der Fischer Fische tötet, laß alle Hoffnung auf große Erfolge fahren!«[1]

Diese Zitate sprechen für sich. Sie bringen die politische Moral der Zeit zum Ausdruck. Dabei ist wichtig, daß sie von den Brahmanen nicht nur aus politischen Klugheitserwägungen (Realpolitik) so formuliert wurden, sondern als Ausdruck des durch die Religion geheiligten und geforderten Welt-Gesetzes, des Dharma.

Erst jetzt erstarrt die Kastenordnung zu jener metaphysischen und gesellschaftlichen Härte, die wir für gewöhnlich mit dem indischen Religionssystem verbinden. Im Zusammenspiel der Interessen von Despotismus, Geldwirtschaft und brahmanischem Beamten- und Bildungsprivileg werden die drei obersten Kasten – Brahmanen, Kshatriyas, Vaishyas – begünstigt, wobei die Kshatriyas jetzt den Adel, die Vaishyas insbesondere das Geldpatriziat repräsentieren. Die Religion tritt in den Dienst einer als unabänderlich hingestellten Legitimierung der Verhältnisse.

Nur die drei obersten Kasten gelten in diesem Zusammenhang als Arier oder »Zweimalgeborene«. Ihre Angehörigen tragen von ihrer Jugendweihe an, der ein Unterricht in die Kastenpflichten durch einen Brahmanen voraufgeht, die heilige Schnur. Diese wird als zweite Nabelschnur aufgefaßt, durch die ihr Träger als durch geistige Geburt aus heiliger Brahmanenlehre und nun erst vollgültiger Mensch zur Welt gebracht vorgestellt wird. Die Angehörigen der unteren Kaste, die Shudras (= Diener und Arbeiter), gelten daher nicht einmal als Menschen im vollen Sinn. Daß sie der Gesellschaft nicht in einem vollen Sinn angehören, kommt im alten brahmanistischen System dadurch zum Ausdruck, daß sie an den Opferfesten nicht teilnehmen dürfen, ja nicht einmal berechtigt sind, private Opferfeiern (Hausopfer) zu halten. Da in den Opferhymnen des Veda nach altindischer Auffassung das Wissen und die Macht der Götter erklingen und sich den Teilnehmern am Opfer mitteilen, wird uns für die ältere Zeit berichtet, daß einem Shudra, der zufällig die Rezitation einer vedischen Hymne mitangehört hatte, flüssiges Blei in die Ohren gegossen wurde.

Noch unglücklicher ist im herrschend gewordenen System des Brahmanismus die Lage der Kastenlosen, die als Unberührbare oder Parias außerhalb der Städte und Dörfer leben müssen. Wenn sie einen Brahmanen von weitem sehen, müssen sie sofort vor ihm fliehen, als ginge eine vergiftende Ansteckung von ihnen aus. Sie dürfen keinen Menschen aus den vier Kasten anblicken, weil sie angeblich einen bösen Blick haben. Wenn ein Krieger mit ihnen spricht, halten sie die Hand vor den Mund, weil ihr Atem unrein machen soll. Um ihre Brunnen errichten sie Zäune aus Tierknochen, damit kein Zweimalgeborener und kein Shudra versehentlich daraus trinkt. Die Kastenlosen sind kenntlich am fahlgelben Kleid, das sie tragen müssen. Es stellt einen Protest gegen die unbarmherzige brahmanistische Erstarrung des Kastensystems dar, wenn die buddhistischen Wandermönche nach anfänglichem Schwanken statt des Nacktgehens das fahlgelbe Gewand der Kastenlosen zu ihrer Ordenstracht erheben.

Da der Brahmanismus die herrschend gewordene Sozialordnung mit der kosmischen Ordnung, ja dem Welt-Gesetz oder Dharma überhaupt in eins gesetzt hatte, hatte man das bestehende Unheil geradezu in die metaphysische Tiefe der Welt hineingelegt. Das mußte dazu führen, daß sich im Indien der Zeit Buddhas das Bewußtsein des Unheils und die Sehnsucht nach Befreiung und Erlösung zur seelischen Hochflut aufstaute. Das indische Wort für Erlösung, Moksha, gewinnt nun eine zentrale Bedeutung. Es darf nicht vorschnell auf ein nur metaphysisches Jenseits projiziert werden. Es meint immer auch ein »Jenseits« des Verhaltens gegenüber dem »Diesseits« der bestehenden Ordnungen und Zwänge. Moksha bedeutet ursprünglich ein Sich-Losmachen (nach dem Grundsinn der Wortwurzel Muc), also ein Sich-Befreien aus Knechtschaft, das Verlassen knechtender Bedingungen. Man würde daher Moksha nicht unzutreffend mit Exodus, Herausgehen, übersetzen.

Von den geschilderten Verhältnissen her wird es verständlich, daß das indische Wort für Haus, Griha, das nahezu alle gegebenen sozialen, ökonomischen und politischen Zuständlichkeiten und Ordnungen bezeichnen kann, eine Bedeutungsverschlechterung erfuhr, während der Weg aus Unheil in Heil, aus Knechtschaft in Freiheit durch die Metapher »Gehen in die Hauslosigkeit« benannt wird.

Diese Metapher ist im Indischen sehr unmittelbar. Metaphern sind übertragene Redewendungen, zumeist Bildworte, die der alltäglichen Erfahrung entnommen sind. Sie übertragen elementare Gegebenheiten des Daseins auf das Ganze der Wirklichkeit und erschließen so dem Menschen den Weltsinn seiner alltäglichen Existenz. Die Metapher »Gehen in die Hauslosigkeit« knüpft an die Sozialordnung an, daß der Hausvater im Alter aus seiner Familie und den ökonomisch-sozialen Verpflichtungen sich in den Wald zurückzog, um als Bhikshu (die Übersetzung erfordert eigentlich ein Wort, das sowohl Bettler als auch Pensionär bedeutet) und Yati (= Wanderer) frei zu sein von allen Zwängen der Gesellschaft für die Meditation und innere Selbstfindung, für die ihm die indische Überlieferung eine Überfülle tiefenpsychologisch bedeutsamer Symbole zur Verfügung stellte.

Buddha wurde im frühen Mannesalter durch freie Entscheidung zum Bhikshu. Er radikalisierte die alte Bhikshu-Institution. Buddha war aber nicht der einzige oder der erste, der freiwillig aus dem Haus in die Hauslosigkeit ging.

Die Buddha-Bewegung ist zu Anfang Teil ausgesprochen spontaner, jugendlicher Bhikshu-Bewegungen der Zeit. Auch hier zeigt sich die Schwierigkeit, das Wort Bhikshu durch ein Wort unserer kulturkreisbedingten Sprache unmittelbar zu treffen. Wir geben den Sinn nur ungefähr wieder, wenn wir diese »aus dem Establishment Austretenden« »Bettler«, »Bettelmönche« oder »Wanderasketen« nennen.

Wir stehen in Gefahr, den hochpolitischen Rang der Bhikshu-Bewegungen individualistisch zu deuten. Wie oft ist uns im westlichen Denken Buddha schon als passivischer, vom Weltschmerz zerrissener Asket vorgestellt worden, und wie oft hat man sich beeilt, Buddhas östlicher Weltentsagung abendländische Weltgestaltung, Buddhas Mitleid christlich-tätige Nächstenliebe gegenüberzustellen! Die Bhikshu-Bewegungen, insbesondere die Buddha-Bewegung, gehen aber aufs engste mit der indischen Hoffnungslehre vom Tschakravartin oder »Raddreher« zusammen, die eine Parallele zur biblischen Messiashoffnung darstellt.

Das Wort Tschakravartin wird etwa im Sinne unserer Redewendung »das Rad der Entwicklung weiterdrehen« benutzt. Es meint in einem tieferen Sinn die »Umdrehung« oder »Revolution« der Gestirne und ihrer irdischen Entsprechungen. Es hängt zusammen mit dem Rad als Sonnensymbol, das die Erde belebend und erneuernd umkreist. Auch in Europa leitet sich das Wort »Revolution«, jedoch heliozentrisch, von den Gestirnen, von den »Umdrehungen der Himmelskörper« *(De revolutionibus orbium coelestium)* ab, wie des Kopernikus revolutionäre Schrift von 1543 lautet.

Indien erwartete das Zusamentreffen eines politischen und religiösen »Raddrehers«. Der politische »Raddreher« wird als der Friedens- und Weltkaiser vorgestellt. Dieser wird der Welt ein neues, ein besseres Gesetz geben. Er wird ein Friedensreich errichten bis zur Weltmeergrenze, unter seiner Herrschaft werden alle Völker glücklich sein. Der religiöse »Raddreher« hingegen wird »der Buddha« genannt. Das Zusammengehen der beiden Heilsgestalten –

des Weltkaisers und des Buddha – erwartete man auf eine Weise, die (nicht zufällig) an die Bekehrung des Kaisers Konstantin zum Christentum erinnert: Einst wird der Kaiser ein helles Licht am Himmel schauen. Dieses Licht aber ist ein Sinnbild für die neue Lehre des Buddha. Der Kaiser wird dem Licht folgen und in dem Zeichen siegen. Der Buddha wird also eine neue Lehre in Umlauf bringen und der Kaiser ein neues Gesetz, das auf der Lehre des Buddha fußt. Daraus entsteht der erwartete Heilszustand eines Reiches der Gerechtigkeit. Wenn der Prinz Siddhartha Gautama zum Buddha wird, dann hat das eben auch eine politische Dimension; es geht also nicht nur um individuelle Erlösung. Das Rad (Tschakra), genauer: das Rad des Gesetzes bzw. der Lehre, das Dharma-Tschakra, bildet das Symbol des Buddhismus.

Wenn die Christenheit einmal vom Christus singen wird:

Die Völker haben dein geharrt,
Bis daß die Zeit erfüllet ward –,

so gilt das unter ähnlichen Vorbedingungen vom Buddha. Die Weltkaiseridee in Verbindung mit der neuen, die Völker befreienden Erlösungslehre des erwarteten Messias oder Buddha hat über Zarathustra und Kyros nach Westen und Osten ausgestrahlt.

Eine Metapher mit deutlichem Bezug auf die gesellschaftliche und religiöse Zerklüftung der Zeit stellt nun insbesondere die Selbstbezeichnung des Buddhismus dar. Der Sanskrit-Name für Buddhismus heißt Yana, den dieser in den Bezeichnungen seiner drei Hauptrichtungen (Hinayana, Mahayana, Vadschrayana) beibehalten hat. Aber die Übersetzung »Kleines Fahrzeug«, »Großes Fahrzeug« und »Diamantfahrzeug«, die im Blick auf die drei Hauptrichtungen angemessen ist, trifft nicht den Grundsinn des ursprünglichen Namens Yana. Yana ist die Fähre bzw. das Fährboot. In einem von gewaltigen Strömen durchzogenen Land wie Indien, in dem es kaum Brücken gibt, spielt das Fährboot, das sich jeder unter Umständen schnell aus

Schilf und Reisig errichten muß, eine lebenswichtige Rolle. Die Flüsse zerklüften das Land, das Fährboot verbindet. Oft wird es nur für eine einzige Überfahrt gebaut und am Ufer zurückgelassen.

Wenn sich der Buddhismus »das Fährboot« nennt, dann will er damit zum Ausdruck bringen, daß er Zertrenntes und Zerklüftetes verbinden will. Indien, so hatten wir gesehen, war ein zerklüftetes Land bis tief in die religiösen Überzeugungen hinein. Der Lebensstrom, indisch: Samsara, zerklüftet die Wirklichkeit in zwei Ufer, in ein »Diesseits« und »Jenseits« des Stroms. Buddhas Lehre wird als Fährboot vorgestellt, das die Ufer verbindet, an das andere Ufer des Lebens führt, wo die neue Wirklichkeit aufleuchtet, die indisch Nirvana genannt wird. Welchen Wirklichkeitssinn Buddha mit dem indischen Grundwort Nirvana verbindet, soll uns erst in der Folge beschäftigen. Wichtig ist zunächst das aus der Alltäglichkeit geschöpfte Bild, das man bei der Betrachtung des Buddhismus stets vor Augen haben sollte, die Metapher der Überfahrt: Samsara ist der Fluß, Buddhas Lehre das Fährboot oder Yana, Nirvana das andere Ufer und die neuen Horizonte dahinter. Am anderen Ufer aber geht man weiter und läßt das Fährboot liegen. Die Lehre Buddhas will nur Fährboot sein, Übersetzungshilfe in die andere, neue Wirklichkeit, aus der heilende Kräfte in das »Diesseits« der Wirklichkeit einströmen. Sie ist nicht Selbstzweck, schon gar nichts Abgeschlossenes. »Es geht nicht um Buddha«, ist die ausdrückliche Selbstbescheidung des Siddhartha Gautama. »Es gibt keinen Buddhismus«, ist das große Paradox einer Weltreligion, die sich als Fährboot betrachtet, das man zur Erkenntnis und Heilung benutzt, aber nicht ewig mit sich schleppt.

Es muß, ehe wir auf die Lehre Buddhas selbst zu sprechen kommen, noch von den Wirkungen die Rede sein, die sich aus dem zu Eingang erwähnten Aufkommen der Geldwirtschaft ergaben. Gesellschaftliche Prozesse vollziehen sich oft unter tiefgreifenden Widersprüchen. Die brahmanistische Gesellschaft gab sich starr und wie durch ein ewiges Gesetz verfaßt. Sie wurde zugleich durch das Aufkommen der Geldwirtschaft tief in Frage gestellt. Einerseits bedeutete das Bündnis von feudalem Militarismus und Despotismus mit der Geldaristokratie in den Städten eine Fülle von Privilegien und Schutzmaßnahmen für den Kaufmannsstand, andererseits schränkten die absolute Fürstengewalt und das Kastensystem auch wieder die Bewegungsfreiheit der Geldwirtschaft ein. Wir haben in der europäischen Neuzeit ein ähnlich spannungsvolles Verhältnis zwischen Feudalismus, absolutistischer Fürstengewalt und frühkapitalistischem Bürgertum erlebt. Geldwirtschaft steigert die Rolle des Individuums, sie bringt mit dem wirtschaftlichen Risiko die individuelle Entscheidung ins Spiel.

Wer kauft, verwandelt abstrakte Ware (Geld) in konkrete Ware (Sachen); wer verkauft, verwandelt konkrete Ware (Sachen) in abstrakte Ware (Geld). Das Geld ist ein ungeheures Verflüssigungsmittel und Verwandlungsmittel, das alle starren Schranken überspült und in seinen Bewegungskreislauf hineinzieht.

Das Aufkommen der Geldwirtschaft geht quer durch die Kulturreiche des 6. und 5. vorchristlichen Jahrhunderts. Es hat überall bedeutende Umwälzungen des gesellschaftlichen Gefüges und des Bewußtseins, insbesondere des religiösen Bewußtseins, mit sich gebracht. Konfuzius und Laotse in China, Buddha in Indien, Zarathustra in Persien, Deuterojesaja im Israel des Exils und die ersten vorsokratischen Philosophen, insbesondere Heraklit (Blütezeit 504–501), waren Zeitgenossen. Alle diese Stifter- und Reformergestalten haben geistige Entscheidungen und Haltungen gemeinsam, die sie scharf gegenüber früherer Religiosität absetzen. Man spricht im Blick auf den universalen Charakter dieser Bewußtseinsumwälzung von einer »Achsenzeit«, wobei auch hier wieder der Vergleich mit dem Symbol des Rades auffallen muß.

Heraklit formuliert mit der ihm eigenen aphoristischen Prägnanz am genauesten den Zusammenhang der »Achsenzeit« mit der Geldwirtschaft. »Alles ist Austausch des Feuers, und das Feuer Austausch von allem, gerade wie für Gold Waren und für Waren Gold eingetauscht wird.«[2] Geld ist der Ausdruck des Einen, die Waren sind Ausdruck des Vielen. Das Eine (Geld) verwandelt sich in das Viele (Waren), das Viele verwandelt sich in das Eine. Die Geldwirtschaft wird Heraklit zum Symbol für den gesamten Weltprozeß. Das Feuer repräsentiert das Eine, es verwandelt alles ins Feuer, aus dem Weltenbrand steigt in Umwandlung die Welt wieder in ihrer konkreten Vielheit auf. Heraklit ist Philosoph genug, um zu wissen, daß das Feuer nur das konkrete Symbol für das abstrakte Eine ist, so wie das Gold bzw. die Münze nur das konkrete Symbol für das abstrakte, ideelle Wesen des Geldes ist. Er nennt dieses Eine, das sich im Feuer und im Geld symbolisiert, den Logos, die *eine* Weltvernunft. Heraklit sagt daher mit Bezug auf den Logos: »Aus Allem Eins und aus Einem Alles.«[3]

Damit kommt das auf, was wir das abstrakte Denken nennen. Das abstrakte Denken, herausgefordert durch die Geldwirtschaft, erweist sich als mächtiger und zukunftskräftiger als die Konkretheit der alten Gesellschaftsordnungen und Religionsformen. Konfuzius, Laotse, Buddha, Zarathustra, Deuterojesaja und die Vorsokratiker sind verhältnismäßig abstrakte Denker. Nicht mehr der konkrete Gott oder das konkrete Göttersystem, sondern ein mehr oder weniger abstrakt formuliertes Welt-Prinzip tritt in die Mitte der Religion, dem auch Gott und die Götter unterworfen werden. Das Tao in Chinas Denken, das Nirvana Buddhas, das »Reich« Zarathustras, die Weltgeschichte als Gerechtigkeit (Zädäk) Jahwes bei Deuterojesaja, die Weltvernunft (Logos) Heraklits sind abstrakte, fast möchte man sagen, neutrische Größen, die nun ins Zentrum des Bewußtseins und der Weltorientierung treten. Hinter dem allen steht ein universaler Aspekt. Wenn man die chinesische Religion unter dem Eindruck der beherrschenden Rolle, die Konfuzius und Laotse in ihr gewonnen und durch mehr als zwei Jahrtausende behauptet haben, als chinesischen Universismus bezeichnet hat, dann ließe sich ebenso von einem persischen Universismus der Zarathustra-Lehre, von einem indischen Universismus der Buddha-Lehre, von einem prophetischen Universismus Deuterojesajas und einem halbreligiösen Universismus der vorsokratischen Philosophie reden. Die »Achsenzeit« hat es möglich gemacht, daß wir bis heute den Versuch wagen dürfen, die vielen »Geschichten« der Menschheit unter den Aspekt einer Universalgeschichte, einer Universalgeschichte nicht nur der Menschheit, sondern des Alls zu stellen. Trotz dieser Gemeinsamkeiten bleibt ein Grundunterschied zwischen westlichem und östlichem Denken bestehen.

Das Grundwort Nirvana

Nirvana, die zentrale Erfahrung buddhistischer Religion, gilt unserem Empfinden für gewöhnlich als eine abgelegene, innerlich kaum erreichbare, ja exotische Erfahrung. In Wirklichkeit aber ist Nirvana ein menschliches Grundwort.

Menschliche Grundworte sind beispielsweise »Vertrauen«, »Hoffnung«, »Liebe«. Der Mensch ist auf sie angelegt und angewiesen. Grundworte bringen Grundgegebenheiten des Menschen zum Ausdruck, die allem, was er sonst auch tun mag, vorgegeben sind. Das muß gerade nicht besagen, daß er sich dessen stets und dann immer in angemessener Weise bewußt ist. Daß andererseits die Grundworte in den verschiedenen geschichtlich bedingten Situationen des Einzelnen und der Gesellschaft eine besondere Färbung, Akzentuierung und theoretische Bearbeitung erhalten, versteht sich von selbst. Es leuchtet zugleich ein, daß mit der theoretischen Bearbeitung das Grundwort selbst eine Veränderung erfährt.

Das bekannteste Beispiel dafür ist das jüdisch-christliche Grundwort »Glaube«, das bei Jesus noch ganz in der Grundbefindlichkeit des Urvertrauens wurzelt, in der christlichen Theologie jedoch zunehmend Systemvorstellungen im Sinne eines Glaubens an Bestimmtes in sich aufgenommen hat, so daß mit dem »Glauben an« neue Ängstigungen – »Habe ich auch den richtigen Glauben?« – eingelassen werden. (Hiermit soll lediglich das Problem angedeutet werden, nicht aber eine Ablehnung systematischen Denkens, etwa einer christlichen Theologie überhaupt. Mit dem Urvertrauen wäre es ja schlecht bestellt, wenn sich das Denken nicht getrauen dürfte, sich bis ans Äußerste seiner Denkmöglichkeiten zu wagen. Aber das Urvertrauen ist ihm gegenüber vorgegeben und »ursprünglich«. Mut und Kühnheit des Denkens setzen ein Urvertrauen bereits voraus.)

Ehe wir also von Nirvana als zentralem »Begriff« buddhistischen Denkens sprechen, müssen wir das Grundwort, die Grundgegebenheit Nirvana zu klären versuchen. Wir behaupten damit, daß Nirvana als Grundbefindlichkeit jedem Menschen, wie deutlich auch immer, bekannt ist, daß Nirvana für ihn keine völlig neue Erfahrung auf Grund einer theoretischen Belehrung darstellt.

Man nähert sich dem Grund-Sinn eines Wortes oft am unmittelbarsten, wenn man seiner etymologischen Grund-Bedeutung nachfragt, die im Vorwissenschaftlichen, also in alltäglichen Erfahrungen, wurzelt. Das Wort Nirvana setzt sich zusammen aus dem Präfix nir = nicht und dem Partizip Perfekt Passiv von va = wehen, vana. Nirvana ist also ein Zustand, in dem das Wehen zum Aufhören gebracht wurde, es meint das »Aufhören des Wehens«, wie man das Wort am sinnfälligsten übersetzt. Von dort aus ergeben sich dann Bedeutungen wie »erloschen«, »untergegangen«, »beruhigt«, »erlöst«. Es kann »still geworden sein«, »gestillt sein«, »erquickt sein«, aber auch »ausgelöscht sein« in sich schließen.

Das Grundwort ist nicht Begriff, sondern Gestimmtheit. Die Gestimmtheit ist universalmenschlich, der Begriff eine indische Prägung. Die Gestimmtheit Nirvana ist uns bekannt, wenn der Wind, der die Oberfläche des Sees aufwühlt, aufhört und eine uns innerlich ergreifende Stille eintritt. Die Gestimmtheit von Nirvana erreicht uns bei sinkender Sonne und dem Aufhören des Tages, der Mühe, der

Hitze, der Arbeit. In dem Wort »Feierabend« kann eine ausgesprochene Nirvana-Gestimmtheit liegen. Goethes Gedicht »Über allen Gipfeln ist Ruh« spricht sehr genau das Nirvana aus. Nirvana ist die Ruhe nach Unruhe, wie es in »Wandrers Nachtlied« heißt: »Ach, ich bin des Treibens müde! Was soll all der Schmerz und Lust? Süßer Friede, Komm, ach komm in meine Brust.«[4]

Aber die Gestimmtheit Nirvana darf nicht nur psychologisch aufgefaßt werden. Sie enthält intuitive Erkenntnis, die für die Meisterung des Lebens von größter Bedeutung ist. Bei der Meisterung des Lebens denken wir am ehesten an Goethe, der seinen Lebenslauf gerne als »reine und höchste Tätigkeit« vorgestellt hat. Welchen Stellenwert mag in diesem tätigen Leben das Nirvana-Gedicht »Über allen Gipfeln ist Ruh« eingenommen haben? War es nur Ausdruck einer momentanen Stimmung, wie sie auch den Tätigsten gelegentlich überfällt, oder bringt es etwas Zentrales zum Ausdruck, ohne das unser Leben unvollständig bliebe?

Goethe war am 6. 9. 1780 auf dem Kickelhahn bei Ilmenau, wo er »Über allen Gipfeln ist Ruh« verfaßte. Er schrieb an diesem Tag an Charlotte von Stein: »Es ist ein ganz reiner Himmel, und ich gehe, des Sonnenuntergangs mich zu freuen. Es ist eben die Gegend, von der ich Ihnen die aufsteigenden Nebel zeichnete, jetzt ist sie so rein und ruhig und so uninteressant als eine große schöne Seele, wenn sie sich am wohlsten befindet.«[5] Das ist reine Nirvana-Gestimmtheit. Nirvana ist ein Frei-Sein, ein Offen-Sein für Anderes mit uninteressiertem Wohlgefallen.

Etwa zur gleichen Zeit (am 20. 9. 1780) schreibt Goethe an Lavater den berühmten Brief: »Das Tagewerk, das mir aufgetragen ist, das mir täglich leichter und schwerer wird, erfordert wachend und träumend meine Gegenwart; diese Pflicht wird mir täglich teurer, und darin wünscht ichs den größten Menschen gleichzutun, und in nichts Größerm. Diese Begierde, die Pyramide meines Daseins, deren Basis mir angegeben und gegründet ist, so hoch als möglich in die Luft zu spitzen, überwiegt alles andre und läßt kaum augenblickliches Vergessen zu. Ich darf mich nicht säumen, ich bin schon weit in Jahren vor, und vielleicht bricht mich das Schicksal in der Mitte, und der Babylonische Turm bleibt stumpf und unvollendet. Wenigstens soll man sagen, es war kühn entworfen, und wenn ich lebe, sollen, wills Gott, die Kräfte bis hinauf reichen.«[6]

Wie paßt das zusammen? Hier ist Unruhe und Begierde, Sorge um Vollendung des Lebenswerks. Aber auch schon Bescheidung in »das Tagewerk, das mir aufgetragen ist«, in »diese Pflicht« und »in nichts Größerm«. Um das zu vollbringen, muß der Mensch aus der doppelten Unruhe heraus: 1. etwas anderes zu tun, als ihm mit seinem Dasein aufgetragen, 2. sich durch Hast, hektische Betriebsamkeit und Nervosität in der Gegenwart festzuhalten. Nicht nur *nach* dem Tagewerk, *im* Tagewerk ist Ruhe und Gelöstheit erforderlich, Nirvana.

Das schwankende und treibende Toben der Welt findet also sein Gleichgewicht im Nirvana des Menschen, die Homöostasie der Weltkräfte wird im interesselosen Nirvana hergestellt, nicht schon im sogenannten Gleichgewichtsspiel der freien Kräfte, wie wir meist meinen. Goethe glaubt also nicht an ein bloßes Sich-Einpendeln der rivalisierenden Kräfte, an bloße Mechanismen; er setzt den Menschen voraus, der in ihnen zugleich unparteiisch im Sinne der großen »uninteressanten« Seele feststeht, wo das Stürmen und Brausen, das Wehen des Parteigeistes aufhört. Schöpferisches und Bleibendes entsteht nur so. Ich erwähne das, weil der Buddhismus darüber nicht anders denkt, wie wir im Zusammenhang mit der buddhistischen Gesellschaftslehre darstellen werden. Die große »uninteressante« Seele schlechthin ist der Buddha. Ich erwähne das insbesondere, um aus unseren eigenen Nirvana-Erfahrungen jenen Mißverständnissen entgegenzutreten, die Buddhas Lehre als Lehre der bloßen Weltentsagung, des Pessimismus und der Kulturmüdigkeit verkennen. Überall, wo der Buddhismus in neue Kulturkreise eintrat (z. B. China oder Japan), gingen von ihm große und befreiende kulturschaffende Impulse aus.

Niemand hat für diesen gelösten Glücksaspekt von Nirvana genauere Worte gefunden als – Friedrich Nietzsche in seinem Gedicht »Die Sonne sinkt«. Es heißt dort:

Heiterkeit, güldene, komm!
  du des Todes
heimlichster, süßester Vorgenuß!
– Lief ich zu rasch meines Wegs?
Jetzt erst, wo der Fuß müde ward,
  holt dein Blick mich noch ein,
  holt dein *Glück* mich noch ein.
Rings nur Welle und Spiel.
  Was je schwer war,
sank in blaue Vergessenheit –
müßig steht nun mein Kahn.
Sturm und Fahrt – wie verlernt er das!
  Wunsch und Hoffen ertrank,
  glatt liegt Seele und Meer.[7]

Es ist an Goethe und Nietzsche vielleicht deutlich geworden, daß Nirvana als Lösung der Spannung in einer Tiefenbeziehung zur Dynamik der Lebens- und Weltprozesse steht, die bei Nietzsche ausdrücklich »Wille zur Macht« heißen. Der Wille zur Macht ist ja (bei Nietzsche oft verstellt ausgedrückt) nicht der brutale Lebenskampf als solcher, dem es nur ums Überleben geht. Alles will sich vielmehr manifestieren, will sein Sein möglichst rein und groß zur Darstellung bringen, zur »uninteressanten« Seele kommen, zum ewigen diamantenen Buddha-Kern seines Wesen, wie der Osten sagt. Alles ist darum aber auch erst dann ganz in seinem Sein, besitzt sich dann erst ganz, wenn es sich selbst wieder losgeben kann und so erst hat. Gegenüber gängiger Auffassung gilt: Was nicht sterben kann, kann auch nicht leben, was sich nicht losgeben kann, ist unvollkommen. Es fand darum auch nicht zur Tiefe des Glücks. Das Glück will »nichts« mehr (Nirvana), es schwebt gelöst, ein ewiger »Ring«, den nichts mehr zwingt, es schwebt in sich wie das »Rondel« Georg Trakls:

Verflossen ist das Gold der Tage,
Des Abends braun und blaue Farben:
Des Hirten sanfte Flöten starben,
Des Abends braun und blaue Farben;
Verflossen ist das Gold der Tage.[8]

Nirvana: Glück, Heiterkeit, Gelingen und Abschiednehmen, Vergessen, Verschmerzen – »glatt liegt Seele und Meer« – kann nicht sein ohne die Dynamik der Lebensprozesse und psychischen Spannungen. So münden in Nirvana, wie der Fluß ins Meer mündet, alle Kräfte der Wirklichkeit, wie der treibende Tag in Ruhe der Nacht mündet, wie das Sich-Regen auf der Erde in der reinen Mittagszeit stillstehenden Lichtes anhält. Für indische »Begrifflichkeit« heißt das: Nirvana setzt Samsara voraus, Abgelöstheit vom Tagewerk des Lebens setzt Karman, die Lebenstat, voraus, Glücksgelöstheit Maya (Illusion, Zauber, Wahn). Für all diese Zusammenhänge, deren indische Formel: Kein Samsara – kein Nirvana, lautet, gibt uns unsere eigene Überlieferung eine Überfülle von Zeugnissen, insbesondere dichterisch und künstlerisch erregter Menschen. Wir nennen Samsara und Nirvana mit vielen Worten. Die Wirklichkeit selbst, die diese Worte beschreiben, ist uns nicht unbekannt.

Nirvana ist Grundwort, das unser In-der-Welt-Sein zur Sprache bringt und mit der Seinstiefe verbindet; es ist daher nicht an einen bestimmten Kulturkreis oder an eine bestimmte Religion gebunden. Buddha hat daran die eindringlichste Hingabe gewandt. Es ist daher sinnvoll, sich der Buddha-Lehre um der letzten Tiefe unserer Existenz willen zuzuwenden. Buddhas Lehre vertieft unsere eigenen Erfahrungen, verstärkt und erweitert, was wir unter vielen Worten nennen und doch nur das einige Grundwort meint.

Die Buddha-Lehre

Die wirklichen Erneuerer des Menschengeschlechts trugen nach ihrem Selbstverständnis keine neue Lehre vor, vielmehr die alte, die in Vergessenheit oder Entstellung geriet.

»Nicht darin bestand seine Tat«, urteilt Heinrich Zimmer über den Buddha, »daß er etwas ablehnte, sondern daß er die alterslose indische Lehre der Befreiung aus den Schlingen der Maya auf Grund einer tiefen persönlichen Erfahrung neu formulierte. Der neue Orden der Bettelmönche, den er zur praktischen Ausübung seiner besonderen sittlichen Vorschriften gründete, war in Indien nur einer unter zahllosen anderen. ›Ich habe den alten Weg erblickt‹, wird eine Äußerung von ihm berichtet, ›die alte Straße, welche die früheren Vollendet-Erleuchteten gegangen sind, und das ist auch der Pfad, dem ich folge.‹«[9]

In Uruvela erlangte Siddharta Gautama nach langen Versenkungsübungen unter dem Feigenbaum die Erleuchtung oder Intuition in der heiligen Nacht der Erkenntnis, die ihn zum Buddha machte. Das sprachlich bedeutsame Ariyapariyesana-Sutta, die Lehrrede «Das edle Streben«, läßt das den Buddha selbst vortragen. Ich wähle daraus einen bedeutsamen Abschnitt aus, den wir unter folgenden Gesichtspunkten hören sollten:

1. Das in sich kreisende Rondel-artige des Vortrags,
2. Die Beschreibung von Glück, die alles durchtönt,
3. Die darin eingebetteten herauf- und abklingenden philosophischen Elemente des Vortrags.

Das rein Theoretische darin ließe sich leicht auf vier oder fünf Sätze bringen. Auch darauf ist zu achten. Man exzerpiert in religionswissenschaftlichen Lehrbüchern oft solche Sätze, um den Lehrgehalt zusammenzufassen. Aber damit zerstört man die Nirvana-Glücks-Gestimmtheit, die unter wundersamem rondel-artigem Kreisen und Schweben über den Lehrreden Buddhas liegt, also höher, umfassender und ursprünglicher ist als alle Theorie, unmittelbar aufklingender Zuspruch tiefsten Friedens und Glücks. Über dem Ganzen liegt ein mit anderen religiösen Manifestationen unvergleichlicher Sprach- und Stimmton. Wo der Buddha ist, verwandelt sich die Umgebung in ein Nirvana-Glücks-Symbol für das Paradies.

Der westliche Leser sollte sich zuerst rein hörend und hineinschauend an die Lehrreden oder Suttas des Buddha hingeben, die tiefe Beruhigung, die daraus einströmt, in sich aufnehmen, ehe er dazu übergeht, das theoretische Element nachzudenken, das m. E. nicht die Hauptsache bildet:

> »Und ich, ihr Mönche, auf der Suche nach dem ›Was ist gut?‹, nach dem unvergleichlichen Weg zum höchsten Frieden forschend, wanderte im Magadher-Lande von Ort zu Ort, bis ich nach der Stadt Uruvela kam. Da nun sah ich einen silbern strömenden Fluß, gut zugänglich, entzückend und in der Nähe ein Dorf zum Almosengang. Da kam mir, ihr Mönche, der Gedanke: ›Wahrlich, das ist ein entzückender Erdenfleck, eine anmutige Baumgruppe, der Fluß strömt silbern, gut zugänglich, entzückend, und in der Nähe ist ein Dorf für den Almosengang. Genug, wahrlich, ist das zum inneren Fortschritt für einen Edelgeborenen, der nach innerem Fortschritt strebt. Und ich, ihr Mönche, ließ mich ebendort nieder: ›Genug ist das zum inneren Fortschritt.‹«[10]

Wie im tiefsten Einklang mit diesem »entzückenden Erdenfleck« fließt nun der in seinen Sätzen parallel aufgebaute Lehrvortrag aus dem Grunde einer glückhaft gefundenen Gelöstheit – »Genug ist das ...« –, wobei mit jedem neuen Satz nur ein neues Stichwort in die ruhige Wiederkehr der Sprache, die als solche schon eine Therapie ist, eingefügt wird: Geburt, Altern, Krankheit, Sterben, Kummer, Beschmutzung.

»Und ich, ihr Mönche, selber der Geburt unterworfen, in diesem der Geburt Unterworfensein das Elend erkennend, die geburtfreie, unvergleichliche innere Beruhigung, das Verlöschen suchend – ich fand die geburtfreie, unvergleichliche innere Beruhigung, das Verlöschen; selber dem Altern unterworfen, in diesem dem Altern Unterworfensein das Elend erkennend, die alternsfreie, unvergleichliche innere Beruhigung, das Verlöschen suchend – ich fand die alternsfreie, unvergleichliche innere Beruhigung, das Verlöschen; selber der Krankheit unterworfen, in diesem der Krankheit Unterworfensein das Elend erkennend, die krankheitsfreie, unvergleichliche innere Beruhigung, das Verlöschen suchend – ich fand die krankheitsfreie, unvergleichliche Beruhigung, das Verlöschen; selber dem Sterben unterworfen, in diesem dem Sterben Unterworfensein das Elend erkennend, die todfreie, unvergleichliche innere Beruhigung, das Verlöschen suchend – ich fand die todfreie, unvergleichliche innere Beruhigung, das Verlöschen; selber dem Kummer unterworfen, in diesem dem Kummer Unterworfensein das Elend erkennend, die kummerfreie, unvergleichliche innere Beruhigung, das Verlöschen suchend – ich fand die kummerfreie, unvergleichliche innere Beruhigung, das Verlöschen; selber der Beschmutzung unterworfen, in diesem der Beschmutzung Unterworfensein das Elend erkennend, die schmutzfreie, unvergleichliche innere Beruhigung, das Verlöschen suchend – ich fand die schmutzfreie, unvergleichliche innere Beruhigung, das Verlöschen.«

Der westliche Leser und Hörer verlangt ein schnelles Zur-Sache-Kommen, er bahnt sich durch logische Operationen einen abgekürzten Zugang und Zugriff zur Wirklichkeit, die er dadurch beherrscht, in den Griff bekommt. Jede Lehrrede Buddhas geht den umgekehrten Weg. Sie fordert zu einer Stille und Beruhigung auf, die noch jenseits der uns wohlbekannten geistigen Konzentration liegt und diese löst. Buddha nimmt nicht durch Schlußfolgerungen in eine Theorie hinein, sondern gibt stufenweise Anteil an einer Intuition, zu der der Mensch erweckt wird, die in ihm selbst aufwachen muß, in die er durch den Buddha nur »eingestimmt« werden kann. Dieses »Wissen«, eigentlich eine Intuition, ist zugleich die Aussprache einer neuen Existenz, die in Worten tiefen Jubels in dem Sutta aufklingt.

> »Und das Wissen, die Einsicht ging mir auf: Unerschütterlich ist meine Befreiung; dieses ist die letzte Geburt; nicht gibt es mehr ein Wiederdasein. Und mir, ihr Mönche, kam der Gedanke: ›Gefunden habe ich diese Lehre, die tiefe, schwer ersichtliche, schwer begreifbare, wirkliche, vollkommene, nicht im Bereich von Schlußfolgerungen liegende, feine, Weisen verständliche. Vergnügungsfreudig aber ist dieses Geschlecht, vergnügungssüchtig, dem Vergnügen zugeneigt. Für dieses vergnügungsfreudige Geschlecht aber, das vergnügungssüchtige, das dem Vergnügen zugeneigte, ist das ein schwer ersichtliches Ding, nämlich: das Zurruhekommen alles Werdens, das Aufgeben aller Behaftungen, das Schwinden des Lebensdurstes, Entsüchtung, Aufhören, Verlöschen.«

Die folgenden Sätze sprechen ein ungeheures Paradox der Buddha-Lehre aus: Wer verkündigt, sollte ohne eigentlichen Trieb des Verkündigens sein! Oft geht der Mund ja nur darum über, weil das Herz leer ist. Wieviel Zudringlichkeit, Aggressivität, mangelnde Scham und Distanz geht von den Heilspredigten aus, die bis zur heilsnotwendigen Anpreisung einer Ware unseren Kulturkreis übertäuben!

> »Und wenn ich nun auch die Lehre zeigen würde und die anderen würden mich nicht verstehen, so würde ich davon nur die Anstrengung haben; so würde ich davon nur die Beschwerde haben. Und dann, ihr Mönche, kamen mir die einfachen Zeilen in den Sinn, die vorher nie gehörten: ›Mit Mühe hab' ich's gefunden; erlassen sei

jetzt das Verkündigen. Für Gier- und Haß-Verlorene ist nicht diese Lehre, die völlig wache, die gegen den Strom gehende, feine, tiefe, schwer ersichtliche, schwierige. Die Gierbesessenen sehen sie nicht, durch die Finsternismasse bedeckt.‹ Somit, ihr Mönche, neigte sich mir, der ich so überlegte, der Sinn zum ruhigen Genießen, nicht zum Zeigen der Lehre.«

Es ist der Gott Brahma selbst, aus dessen Meditation die umlaufenden Weltzyklen aufsteigen, der nun zum Buddha niedersteigt, damit die Welt nicht völlig zugrunde gehe. Brahma trägt in diesem Text den großen Namen brahmanistischer Identifikation: Sahampati – »Herr des ›Sa-Ham‹«, des »Das – bin ich«. Alles Seiende bin auch ich, alles Seiende bist auch du, wie die große Identitätsformel Indiens aussagt: Tat tvam asi, »Das (jedes Andere) bist du«. Buddhas Nirvana liegt noch darüber hinaus. Die Stelle dürfte eine religiöse Ur-Vision Buddhas wiedergeben.

»Da nun, ihr Mönche, kam dem Brahma Sahampati, der im Geist meine inneren Erwägungen erkannt hatte, der Gedanke: ›Zugrunde, wahrlich, geht die Welt! Völlig zugrunde, wahrlich, geht die Welt, wo doch tatsächlich beim Vollendeten, Verehrungswürdigen, Vollerwachten zum ruhigen Genießen der Sinn sich neigt und nicht zum Zeigen der Lehre.‹ Da nun, ihr Mönche, gerade wie wohl ein kräftiger Mann den gekrümmten Arm ausstreckt oder den ausgestreckten Arm krümmt, ganz ebenso verschwand da Brahma Sahampati aus der Brahma-Welt und erschien vor mir. Da nun, ihr Mönche, sprach Brahma Sahampati, nachdem er das Gewand auf einer Schulter zurechtgelegt hatte, die flach aneinandergelegten Hände zu mir erhebend, so: ›Zeige doch, o Herr, der Erhabene die Lehre! Zeige doch, o Herr, der Gesegnete die Lehre! Es gibt Wesen von wenig unreiner Art, die gehen verloren, wenn sie die Lehre nicht hören. Sie werden Versteher der Lehre sein.‹ So sprach, ihr Mönche, Brahma Sahampati …«

Unser Ausschnitt aus dem Ariyapariyesana-Sutta schließt dort ab, wo die Darstellung und Interpretation der Intuition – nicht Theorie – Buddhas gefordert ist, dort, wo die Lehrrede vom Welt-Sinn des »Buddha-Auges« spricht.

»Da nun, ihr Mönche, nachdem ich Brahmas Ersuchen erkannt hatte und durch Mitleid mit den Wesen bewogen, überblickte ich mit dem Buddha-Auge die Welt. Und ich sah da, ihr Mönche, mit dem Buddha-Auge überblickend, Wesen wenig verunreinigt und viel verunreinigt, scharfsinnige und stumpfsinnige, gut veranlagte und schlecht veranlagte, leicht zu belehrende und schwer zu belehrende und einige, die da leben, die Gefahr der Vergehungen für ein anderes Dasein erkennend. Gleichwie da in einem blaublütigen Lotusteich oder in einem blaßrotblütigen Lotusteich oder in einem weißblütigen Lotusteich einige blaue oder blaßrote oder weiße Lotus, im Wasser entstanden, im Wasser aufgewachsen, aus dem Wasser nicht herausgekommen, in Wasser eingetaucht sich nähren; und wieder einige blaue oder blaßrote oder weiße Lotus, im Wasser entstanden, im Wasser aufgewachsen, mit dem Wasserspiegel gleichstehen; und wieder einige blaue oder blaßrote oder weiße Lotus, im Wasser entstanden, im Wasser aufgewachsen, aus dem Wasser hochgekommen dastehen, unberührt vom Wasser, ebenso auch sah ich, mit dem Buddha-Auge die Welt überblickend, Wesen wenig verunreinigt und viel verunreinigt, scharfsinnige und stumpfsinnige, gut veranlagte und schlecht veranlagte, leicht zu belehrende und schwer zu belehrende und einige, die da leben, die Gefahr der Vergehungen für ein anderes Dasein erkennend. Da nun, ihr Mönche, erwiderte ich dem Brahma Sahampati mit folgender Strophe:

›Geöffnet sind für jene des Todlosen Tore,
Die Ohren haben; durchbrechen lassen sollen sie Vertrauen.

Die Schädigung bedenkend habe ich nicht
verkündet die klare
Lehre, die feine, unter den Menschen, o Brahma.‹

Da nun, ihr Mönche, Brahma Sahampati: ›Gewährung ist mir vom Erhabenen zuteil geworden für das Zeigen der Lehre‹, und mich ehrfurchtsvoll begrüßend und die Rechtsumwandlung machend, verschwand er da.«

Die Verkündigung seiner Lehre mußte Buddha erst durch Brahma mit Berufung auf sein Mitleid abgerungen werden. Wer verkündet, wird aufs neue mit all dem konfrontiert, was er in sich beschwichtigt und überwunden hat. »Und wenn ich nun auch die Lehre zeigen würde«, hieß es im voraufgehenden Abschnitt, »und die andern würden mich nicht verstehen, so würde ich davon nur die Beschwerde haben.« Wenn Buddha dem Brahma nun doch nachgibt, so liegt darin erst der innere Fortschritt, durch den er den Standort der Ruhe und des Friedens ganz im welt-haften Sinne beschreibt und einnimmt. »Und durch Mitleid mit den Wesen bewogen, überblickte ich mit dem Buddha-Auge die Welt.« An die Stelle der schroffen Entgegensetzung gegen »dieses Geschlecht«, das als sucht-, gier- und haßverloren, ja als in eine einzige Finsternismasse eingetaucht vorgestellt wird, tritt das gestufte Bild von den Lotus unter, auf und über dem Wasserspiegel. So erst, mit dem Buddha-Auge geschaut, tritt alles in die rechte, beruhigte Sicht.

Das Wort »Mitleid« (Karuna) muß hier in seinem indischen Bedeutungsgehalt gehört werden. Alles Sentimentale, aber auch Undistanzierte, das ihm in unserem Wort leicht anhaftet, muß aus der Vorstellung herausgelassen werden. Man erfaßt seinen Gehalt am ehesten, wenn man es im Umkreis zweier anderer indischer Worte hört: Maitri und Advestritva. Maitri ist wohlwollende, ruhige Güte, Advestritva Nicht-Feindschaft, Nicht-Haß. »Der Buddhismus gebietet in Wahrheit nicht sowohl, seinen Feind zu lieben, als seinen Feind nicht zu hassen, vielmehr mit ruhiger Güte auf ihn hinzublicken; er erweckt und nährt die Stimmung solcher Güte gegen die ganze Welt.«[11] Die Lehre Buddhas berührt sich darin mit der Bhagavadgita, die in XII,13 die drei Leitworte zusammenstellt:

Nicht-feindlich gegenüber allen Wesen,
wohlwollend und mitleidig sein.

Da man das Sanskritwort Maitri oft mit »Liebe« übersetzt und dadurch einen Vergleich mit der christlichen Liebe der Evangelien oder des ersten Korintherbriefs des Apostels Paulus (Kapitel 13) herbeiführt, ist hier in der Tat ein Unterschied bemerkenswert. H. Oldenberg erwähnt in diesem Zusammenhang das Gebot an den buddhistischen Gläubigen aus einer anderen Lehrrede:

Wie den einzgen Sohn die Mutter
Schützt selbst mit dem eignen Leben,
So für alle Wesen weck er
In sich unbegrenztes Fühlen.[12]

»Es ist bezeichnend«, meint Oldenberg, »daß der Vergleich von Mutter und Kind nicht in die Mahnung ausläuft, zu tun wie die Mutter, sondern in das Gebot für alle Wesen ›unbegrenztes Fühlen‹ zu hegen.«[13] Jesus hat im Zusammenhang mit der Beispielerzählung vom barmherzigen Samariter das »Gehe auch du hin, tue desgleichen!« gefordert (Lukas 10,37). Fürsorglichkeit für andre weist der Buddhismus nicht zurück, ja er hat darin vergleichbar Großes geleistet. Als der Prinz Siddharta Gautama auf einer seiner vier Ausfahrten, die ihm das für seine spätere Erleuchtung entscheidende Schock-Erlebnis eintrugen, auf den »kranken, leidenden, schwerkranken« Menschen stieß, der, wie die Überlieferung drastisch ausführt, »in seinem eigenen Kot und Urin lag«, wird ausdrücklich hinzugesetzt, daß er von anderen sorgsam aufgerichtet und bedient wurde. Es weist also in eine andere Dimension, wenn der geschockte Prinz, statt sich nun auch seinerseits unter die »barmherzigen Samariter« zu mischen, entsetzt seinem Wagenlenker anbefiehlt, umzukehren, und die klassischen Worte spricht:

»Das ist meiner nicht würdig!« Edward Conze hat für die buddhistische Dimension der »Liebe« in einer Welt unermeßlichen Leidens Worte gefunden, die in eine neue Nachdenklichkeit rufen: »Selbst wenn ich diesen Lebewesen das größte Glück der Welt schenken könnte, so muß ihr Glück doch in Leiden enden. Nur durch die ewige Seligkeit des Nirwana kann ich ihnen allen Gutes tun. Ich muß daher zunächst die wahre Weisheit erwerben, dann erst kann ich für das Wohl anderer arbeiten.«[14]

Die wahre Weisheit ist aber ein unschockiertes Verhältnis gegenüber der Not, den Mängeln und Verfehlungen anderer Menschen und Wesen, das nicht von seinen eigenen Affekten überrannt wird. Solange mein Verhältnis zum Anderen noch durch meine Interessen bestimmt ist, projiziere ich meine eigenen Heilsängste auf ihn, trage ich meine eigenen Konflikte in ihn hinein und trage sie an ihm aus. Nur die große reine »uninteressante« Seele, um Goethes Ausdruck wieder aufzugreifen, ist fähig und berechtigt mitzufühlen, mitzuleiden und sich mitzufreuen, wie das die Lehre Buddhas als Folge eines inneren Fortschritts fordert, der bereits die Stufen der Nicht-Feindschaft und der reinen wohlwollenden Güte gegenüber allen Wesen in sich erreicht hat.

Die westliche Psychotherapie kennt die Problematik der »Projektion des eigenen Schattens« und der »Übertragung«. Die Buddha-Lehre war damit immer schon vertraut. Christliche Theologie, Mission und Seelsorge hat oft allzusehr das Aktivische, um nicht zu sagen, Aktivistische im Jesus-Bild betont. Es ist an der Zeit, das Bild des sich zurücknehmenden, dem Erfolg und dem Handeln ausweichenden, die Einsamkeit, das Für-sich-Sein suchenden Jesus zu betonen, des Jesus, der unschockiert zu den »Sündern« gehen kann, der sie in seiner großen reinen Seele angenommen und in sein Mitfühlen, Mitleiden, Mitfreuen aufgenommen hat. Die heute erkennbare Wendung der Seelsorge zur Psychotherapie wird notwendig mit der Liebe Christi die Reinheit des Buddha-Auges verbinden müssen, wenn sie die Freiheit Christi für die »Sünder« wiedergewinnen will.

Die Heilslehre vom Nirvana kann nicht einfach andemonstriert oder bewiesen werden, sie beruht auf einer Heilserfahrung, die mit einem stufenweisen Existenzwandel wächst und so auch von wachsender Einsicht begleitet wird. Genaugenommen stellt die zentrale Einsicht keine logisch ableitbare Theorie, sondern eine unmittelbare Intuition dar. Die Theorie folgt der Erfahrung, die Erfahrung dem reinen Blick der Intuition, dem Ganz-Auge-Sein Buddhas. Im Theoriezusammenhang ist Nirvana selbstverständlich nicht einfach außerlogisch. Das reine Buddha-Auge stellt vielmehr den reinsten Klar-Blick für alle Wesen dar. Nirvana stellt einen Grenzwert zum Logischen dar, die durchscheinende letzte Evidenz (wörtlich: Herausscheinen, Herausschauen), die selbst ja nicht logisch abgeleitet werden kann. Daß es sich bei Nirvana nicht einfach um das letzte Glied einer Schlußfolgerung handelt, bringt Buddha im Ariyapariyesana-Sutta zum Ausdruck, wenn er dort sagt: »Gefunden habe ich diese Lehre, die tiefe, schwer ersichtliche, schwer begreifbare, wirkliche, vollkommene, nicht im Bereich von Schlußfolgerungen liegende.« Aber Buddha und der Buddhismus ziehen daraus nicht die Konsequenz, daß diese Lehre darum »einfach geglaubt werden müsse«, wozu man sich im Blick auf die Christus-Lehre oft hat verleiten lassen. Das Buddha-Auge schaut aus seinem unmittelbaren Erlebnis und ist so in seinem Hinschauen der Ausdruck eines letzten Vertrauens.

Die für den reinen Charakter des Christentums so schädliche Auffassung, daß man bestimmte religiöse Inhalte oder Lehren einfach zu glauben habe, ist für die Buddha-Lehre undenkbar. Wie wenig hat man noch bedacht, daß auch Jesu »Lehre« aus einer immer erneuerten Intuition floß, die sicher auf einer Ur-Intuition beruht, die nachvollzogen werden kann. Wie oft wird uns in der ältesten Überlieferungsschicht gesagt, daß Jesus »sah« und dieses »Sehen« durch Tun oder Nicht-Tun vollzog. Auf diesem »Sehen« beruht das »Vertrauen« Jesu. In seinen Gleichnissen, die wie der ruhige Gang der Natur sind, tritt die letzte Tiefe und Befreiung der Wirklichkeit, die er »das Reich«

nennt, unter diesem »Sehen« aus tiefer Stille und Gelassenheit hervor.

Es ist nicht etwas darum wahr, weil Buddha oder andere Autoritäten es gesagt haben. Man beruft sich im Buddhismus nicht einfach auf Offenbarungen, die nur bestimmten Personen zuteil wurden, sondern auf Erfahrungen, die von jedem gemacht werden können, sofern er den Pfad der Erkenntnis selbst durchläuft. Dieser Pfad wird ausdrücklich als ein schwer zu durchlaufender Pfad und diese Wahrheit als eine schwer zu findende Wahrheit beschrieben. Buddha und der Buddhismus gehen von vornherein davon aus, daß nur wenigen die ganze Tiefe der Nirvana-Erkenntnis zuteil werden kann. Der Buddhismus setzt daher eine Elite voraus und ist aus diesem Grunde nicht zufällig an den Mönchsorden gebunden. Doch entwickelt er gerade nicht den typischen Hochmut von Eliten.

Im Anguttara-Nikaya (Sammlung angereihter Reden) heißt es: »Das große Meer senkt sich stufenweise, fällt aber nicht plötzlich steil ab. So gibt es aber auch in dieser Lehre und Zucht eine stufenweise Belehrung, eine stufenweise praktische Anwendung, ein stufenweises Vorwärtsschreiten und nicht ein plötzliches Gewinnen der Erkenntnis.«[15] »In diesen Worten«, so v. Glasenapp, »wird der Grundgedanke alles Buddhismus dahin ausgesprochen, daß kein Lebewesen sofort und unmittelbar zu den Tiefen der Erkenntnis vordringen kann, sondern daß es einer langen, allmählichen Entwicklung bedarf, um das Heil zu erreichen. So wie der Buddha selbst seit unvordenklichen Zeiten im Samsara umherwandern mußte, um nach vielen Wiederverkörperungen als Tier, Mensch und Gott schließlich als Mensch die Erleuchtung zu finden, so kann auch jeder andere nur nach langen Irrwegen schrittweise zur Erlösung kommen.«[16] Buddha und der Buddhismus gehen also pädagogisch vor; vieles von dem, was Buddha vorträgt, ist propädeutisch.

Es sind nur noch Bemerkungen im Blick auf die gesellschaftlich-politische Rolle des Buddhismus auszuführen. Diese wird uns deutlich, wenn wir den Gradualismus der buddhistischen Heilslehre angemessen einschätzen. Jedes menschliche Dasein stellt eine Stufung des Heilsweges dar. Das Karman-Gesetz bedeutet eine sittliche Weltordnung. Wer auf seiner Stufe eine sittliche Existenz gewinnt, verbessert das Karman und damit den Stufenweg einer Erfahrung von Nirvana bis zum Erlöschen in Nirvana, darin diese Welt überhaupt »aufhört«.

Die buddhistische Idee einer Gesellschaft, die der Stufenlehre des Buddha folgt, wurde durch den Kaiser Ashoka (etwa 274–237) eingelöst.

»Die Bekehrung des Königs Ashoka zum buddhistischen Glauben hat für den Orient die gleiche Bedeutung wie Konstantins Bekehrung zum Christentum für das Abendland.«[17] Ashoka besiegte alle seine Feinde und wurde Kaiser über ganz Indien. Gegen den König des Nachbarlandes führte er die letzte Schlacht. Da starben hunderttausend Feinde. Fünfzigtausend Gefangene wurden abgeführt. Menschen ohne Zahl gingen an Hunger und Seuche zugrunde. Da bereute der große Kaiser seinen Sieg. Er wollte nun nur noch der Welt-Kaiser sein, der dem Licht der Buddha-Lehre folgt.

»Nie wieder soll die Kriegs-Trommel dröhnen«, verkündete er, wie wir seine Worte hier sinngemäß wiedergeben, als Gesetz, das er bis zu seinem Tode befolgte. »Nur noch die Trommel der Lehre Buddhas soll im Land gehört werden. Wetteifern sollen alle Menschen miteinander im Dienst für den Frieden der Welt. Die Reichen sollen den Armen beistehen. Darum nehme ich hohe Steuern von den Reichen, damit die Armen nicht hungern müssen. Niemand soll ohne Hilfe bleiben, wenn er krank oder alt wird. Ich gebe Geld den Ärzten, damit auch die Ärmsten und die Tiere sorgfältig behandelt werden. Meine Kornkammern bleiben gefüllt für die Zeiten der Not. Großherzigkeit soll herrschen, die Sanftmütigen sollen herrschen. Statt der Jagdvergnügen, die mich bisher erfreuten, vergnügen mich nun die Fahrten zum Bodhi-Baum. Als Weltkaiser trage ich forthin das fahlgelbe Gewand der Bettler.«[18] Alles befolgte der Kaiser, wie er es befohlen hatte. »Das Fährboot« nannte man Buddhas Lehre. Darum glich der Kaiser Ashoka, Frieden stiftend, die Gegensätze im Lande aus. Als Friedensstifter wird er neben Buddha »Raddreher« genannt.

Eine weitere Anwendung der Gradualismus-Lehre stellt die Verwandlung des älteren Buddhismus, der im Hinayana (»Kleines Fahrzeug«) überliefert wird, ins Mahayana (»Großes Fahrzeug«) dar, das den Buddhismus zur Weltreligion über Indien hinaus befähigte und ihn zugleich zur wirklichen Volksreligion machte. Diese Verwandlung wird als zweite Umdrehung des »Rades der Lehre« bezeichnet. Hier besteht die Übersetzung von Yana als »Fahrzeug« statt »Fährboot« wirklich zu Recht. Es ist das »Fahrzeug«, in dem alle mitfahren können, im Gegensatz zu dem »Kleinen Fahrzeug« der Elite. Die Grundidee des Mahayana ist: Der Buddha verzichtet aus Menschenliebe auf ein völliges Eingehen ins Nirvana, er bleibt als »Höheres Wesen« und Kandidat auf letzte Buddhaschaft (Bodhisattva) im Zusammenhang mit der Welt. So kann er personell verehrt und den Menschen zur Hilfe werden, die ihn auf dem Wege zur Erlösung anrufen. Er ist nun bei ihnen alle Tage bis zum Erlöschen der Welt. Elemente der Volksreligion wie Heiligenverehrung, Rosenkränze und ähnliche dringen in den Buddhismus ein.

CHINAS UNIVERSISMUS

Das Symbol Tai Gi

***Die Welt war möglich, darum konnte sie entstehen.* Darum beruhen auch die großen Gedanken Chinas seit alters nicht auf dem starren Kausal- und Finaldenken, wozu westliches Forschen durch die Schöpfungsidee verleitet wurde, sondern auf dem Wahrscheinlichkeitsdenken, das auch die Einsichten der heutigen Physik leitet. Die Welt entsteht immer noch, sie wird. Sie ist noch voller unverwirklichter Möglichkeiten. Die Welt ist daher keine abgeschlossene Schöpfung am Anfang der Welt. Gott schafft immer noch. Er offenbart sich in den Wandlungen der Welt. Die Welt ist Wandlung, weil immer neue Möglichkeiten in die bestehende Wirklichkeit eingreifen und sie verändern.**

»Der Himmel ist hoch, die Erde ist niedrig; damit ist das Schöpferische und das Empfangende bestimmt ... am Himmel bilden sich Erscheinungen, auf Erden bilden sich Gestaltungen; daran offenbaren sich Veränderung und Umgestaltung.« Mit diesen Worten beginnt das Da Dschuan, die »Große Abhandlung« zum ältesten Buch Chinas, dem *I Ging* oder »Buch der Wandlungen«.[1] Der Urkaiser Fu Hi soll die grundlegenden Erkenntnisse des I Ging in einer Schau empfangen und an seine Nachfolger weitergegeben haben. Mit ihm beginnt das »Reich der Mitte«. Fu Hi ist der erste Kaiser oder »Sohn des Himmels«, weil er die Kräfte des Himmels mit den Kräften der Erde in Einklang gebracht hat. Das »Reich der Mitte« ist zugleich das »Reich des Himmels«, das Reich des Himmels auf der Erde.

Fu Hi beendete nach chinesischer Überlieferung die Urzeit. »In der Urzeit gab es noch keine sittlichen und gesellschaftlichen Ordnungen. Die Menschen kannten nur ihre Mutter, nicht ihren Vater. Hungrig suchten sie nach Nahrung, gesättigt warfen sie die Reste weg. Sie fraßen ihre Nahrung mit Haut und Haaren und tranken das Blut und hüllten sich in Felle und Schilf. Da kam Fu Hi und blickte empor und betrachtete die Bilder am Himmel, blickte nieder und betrachtete die Vorgänge auf Erden. Er vereinigte Mann und Frau ... und setzte die Gesetze des Menschentums fest. Er zeichnete acht Zeichen, um die Welt zu beherrschen.«[2]

Das Symbol der chinesischen Religion ist das von den acht Zeichen des Kaisers Fu Hi, den Ba Gua, umgebene Tai Gi. Tai Gi bedeutet »Uranfang«. Es ist der in die beiden Urkräfte, das helle, männliche Yang und das dunkle, weibliche Yin, geteilte Kreis. Beide Kräfte ruhen im Tai Gi noch ineinander. Das drückt der helle Punkt im Yin und der dunkle Punkt im Yang aus. Es ist ein Symbol für die ganze Wirklichkeit, für das Universum des Geistes und der Natur, für den Ursprung und die Wandlungen der Welt in Natur und Geschichte. Der holländische Chinaforscher Johann Maria de Groot hat die chinesische Religion Universismus genannt. Natur und Geist, Gott und Welt, Stoffe und Kräfte, Unbelebtes und Belebtes, Gestaltungen und Ideen, Tatsachen und Wünsche, Wirkliches und Mögliches werden im Symbol des chinesischen Universismus angeschaut. Die drei Hauptformen chinesischer Religion, Konfuzianismus, Dauismus (= Taoismus) und Mohismus, sind nur Varianten des einen Universismus, in den auch der in China aufgenommene Buddhismus eingeordnet werden konnte.

Das älteste Element im Tai Gi-Symbol[3] ist der Kreis, chinesisch Wu Gi genannt, was »Ururanfang«, wortwörtlich aber »Nicht-Anfang« bedeutet. Die Chinesen verbinden mit dieser Urform des Symbols die tiefsten Gedanken über Ursprung und Werden der Welt. Die Welt hat einen Anfang in der Zeit. Wu Gi bezeichnet demgegenüber das, was vor dem Anfang war. Die Chinesen erfassen damit aus uraltem Denken, was heute die Grundlagenforschung der Physik erst wiederentdeckt. *Entstehen, werden* kann nur, was *möglich* ist. Die Welt ist nicht nur Wirklichkeit, sie ist zuallererst Möglichkeit und immer noch voller Möglichkeiten. Da die Welt in der Zeit entstand, war sie vor dem Anfang bloße Möglichkeit. Wu Gi wird daher auch als »Ur-Schoß der Welt« vorgestellt, weil alles aus dem »Ururanfang«, der bloßen Möglichkeit, hervorging. Es ist das Symbol für die ursprüngliche Einheit und Verwandtschaft allen Seins, der belebten und unbelebten Welt, wobei es nach chinesischer Auffassung, die auch den tieferen Einsichten neuerer Naturwissenschaft entspricht, nichts eigentlich Unbelebtes gibt.

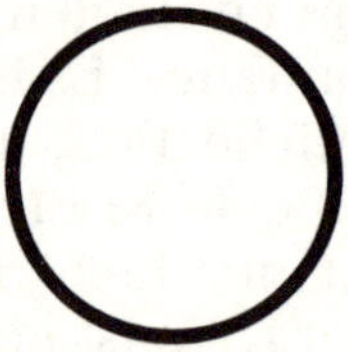

Im Wu Gi erscheint das Tai Gi, das wir oben bereits beschrieben. Das Tai Gi ist das zweite Element im Symbol, der »Ur-Anfang«, und stellt den sich öffnenden Schoß dar, der die beiden Urkräfte Yang und Yin gebiert. Alles in der Welt beruht auf Spannung, auf Gegensatzpaaren, die sich unterscheiden und anziehen. Aus dem »Urschoß der Welt« treten seit Anfang die Gegensatzpaare hervor, die die Welt aufbauen und die Welt bestimmen: Spannungskräfte (man denke an negative und positive Elektrizität), Anorganisches und Organisches, Pflanzen und Tiere, Männliches und Weibliches, Dunkel und Licht, Erde und Himmel. Sie sind im Symbol Tai Gi Ausdruck der *einen* Urspannung, der Urkräfte Yang und Yin.

Tai Gi ist zugleich das Symbol der Urzeit. »Die Menschen«, so heißt es, »kannten damals nur ihre Mutter, nicht ihren Vater.« Die Erde war für den Menschen die »Große

Mutter«, der »Große Geburtsschoß«, aus dem alles stammt. Die Menschen waren Brüder und Schwestern wegen der einen Mutter. Jede Menschenmutter, aber auch jede Tiermutter waren damals nur ein Bild und Teil der Großen Mutter Erde, die alle Gestaltungen auf Erden hervorbrachte. Die Menschen betrachteten in der Urzeit die Tiere als ihre älteren Brüder und Schwestern. Tai Gi ist daher das umfassende Symbol der ursprünglichen »Großen Gleichheit« (Da Tung), weil es in der Urzeit noch keine Herrschaft von Menschen über Menschen, von Menschen über Tiere gab. Das chinesische Symbol hält das ausdrücklich fest.

Das dritte Element im Symbol bilden die vom Urkaiser Fu Hi geschauten Ba Gua oder »acht Zeichen«, die das Tai Gi im Gesamtsymbol des Universismus umgeben. Jedes dieser Zeichen bildet ein Trigramm, eine Anordnung von drei Linien, die aus ganzen oder gebrochenen Strichen bestehen. Die acht Zeichen oder Trigramme stellen die verschiedenen Kombinationen dar, die man mit Hilfe der ganzen oder gebrochenen Linien konstruieren kann. In der kreisförmigen Anordnung des Symbols liegen die jeweils umgekehrten Kombinationen einander wie Bild und Gegenbild gegenüber. Die ganzen Linien symbolisieren Yang, die gebrochenen Yin.

Dabei muß beachtet werden, daß Yang, das helle, männliche Prinzip, zwar die schöpferische Macht repräsentiert, daß es aber Yin ist, das dunkle, weibliche Prinzip, das sich dieser Macht öffnet und – aktiv – in eine Gestaltung überführt. Yang und Yin sind Prinzipien, nicht aber der Mann und die Frau; vielmehr nehmen beide an diesen Yang- und Yin-Kräften teil.

Die Trigramme Fu His »kosmisieren« alle Bereiche der menschlichen Existenz. Sie beziehen sich auf die individuellen und kollektiven, die politischen und gesellschaftlichen Wandlungszustände der Welt, auf Freiheit und Bindung des Einzelnen und auf die Möglichkeiten und Abhängigkeiten von Gruppen, die beachtet und in Gleichgewichtslagen gebracht werden müssen, wenn das Ganze bestehen soll. In dieses Gleichgewicht wird auch die Natur einbezogen. Chinas Überlieferung überläßt das »Gleichgewicht der Kräfte« nicht einem blinden Wettstreit und Ausgleich der Interessen, zu dem unser westliches Denken neigt. Die Trigramme weisen immer auf eine Gesamtkonstellation hin.

König Wen, der Begründer der Dschou-Dynastie, hat, worauf hier wenigstens hingewiesen werden soll, die acht Trigramme Fu His zu 64 Hexagrammen (Kombinationen von je zwei Trigrammen) erweitert und dadurch das I Ging, die »Gelbe Bibel«, geschaffen. Richard Wilhelm der christliche Missionar und Pfarrer von Tsingtau, hat dieses bedeutendste Weisheitsbuch der Menschheit durch seine in zwanzigjähriger Arbeit entstandene Übersetzung und Erläuterung für die westliche Menschheit erschlossen. Es sei darauf hingewiesen, daß Leibniz auf Grund seiner Korrespondenz mit dem in China missionierenden, am Pekinger Hof tätigen Jesuitenpater Bouvet nach dem Yang-Yin-Prinzip das binäre Zahlensystem entwickelte, auf dem heute die Informationsverarbeitung der Kybernetik beruht.[4] Die Symbole des I Ging lassen sich mit den Symbolen der Naturwissenschaft in Übereinstimmung bringen. Was sie diese noch überragen läßt, ist die, wie man versuchsweise sagen möchte, »Einheitliche Feldtheorie *allen* Seins«, die universistische, auf Gleichgewichtslagen in *allen* Bereichen angelegte Lehre Chinas. Der Zusammenhang des I Ging mit grundlegenden Einsichten der Tiefenpsychologie steht außer Frage. Menschliches Schicksal konstelliert sich ja aus seiner bewußten Einstellung (Rollenverhalten) und seinen verdrängten, noch unverwirklichten Möglichkeiten (»der Schatten«, »das Selbst«). Von dorther ist die Benutzung des I Ging als Orakelbuch sinnvoll. Hermann Hesse hat im Kapitel »Studienjahre« seines *Glasperlenspiels* eine bedeutende Vermittlung geschaffen. Das I Ging, auf dem Chinas Entwicklung beruht, hat nichts an Bedeutung für die gesamte Menschheit eingebüßt. Die erstaunlichen Erfindungen Chinas am Anfang seiner Geschichte, zu denen der Westen erst nach Ermäßigung seiner religiösen Tradition gelangte, hängen sicher damit zusammen, daß China seinen Ausgang vom universistischen Symbol genommen hat.

Himmel und Erde, Yang und Yin, wirken im Sinne von sich immer neu einpendelnden Gleichgewichtslagen *aller* Kräfte des Seins, nicht nur der äußeren, sondern auch der inneren, der bewahrenden und der revolutionierenden Kräfte, zusammen, sie bilden als dieses Gesamt die Bahn des Universums, das Dau (= Tao). Dau ist das eigentliche Zentralwort chinesischer Religion. Dau bedeutet: Weg, Bahn. Es enthält aber auch, was man nicht überhören sollte, die Bedeutung von »führen, sprechen, belehren, ermahnen« in sich und kann daher ebenfalls als »Wort« und »Auftrag« verstanden werden. Durch die Bahn des Himmels und der Erde spricht der Himmel zum Menschen, erfährt der Mensch den Willen und Auftrag des Himmels. Durch den Himmel spricht Schang Di, der »höchste Gott«. Das Dau ist die Bahn des Himmels und der Erde, das Wort Gottes, das der Mensch in den Trigrammen Fu His und den daraus entwickelten Hexagrammen des Wen im I Ging lesen und in je neuer Situation unter Erschließung der Gesamtkonstellation aller Bedingungen anwenden kann.

Es ist im Zusammenhang mit dem universistischen Symbol, dem von den Ba Gua umgebenen Symbol Tai Gi, das seinerseits wieder vom Symbolelement Wu Gi eingeschlossen ist, von großer Bedeutung, daß Chinas Religion darin ausdrücklich ein Gleichgewicht auch zu den Kräften der Urzeit festhält, also zu jenen Kräften, die der Reichsgründung vorauf liegen. Wenn man bedenkt, daß die Kräfte der Urzeit als seelische Tiefenschicht den eigentlichen Kern unseres psychischen Wesens ausmachen, dann kann man nicht eindrücklich genug die Tatsache hervorheben, daß Chinas Religion und das daraus fließende Denken diesen Tiefenbereich im Bewußtsein wach erhalten und nicht, wozu wir aus einseitiger Bewußtseinskultur neigen, in ein unkultiviertes Unbewußtes verbannen und verdrängen. Unsere westliche Bewußtseinskultur ruht auf einem unkultivierten, primitiv gebliebenen seelischen Rumpf, aus dem immer wieder jene Katastrophen hervorbrechen, die die außerordentliche Gefährlichkeit des christlich-westlichen Menschheitsfragments kennzeichnen.

Im Sinne des Symbols sollte die urzeitliche »Große Gleichheit« der Menschen, der Menschen und Tiere, im »Reich der Mitte« neu als harmonischer Gleichklang aller Kräfte erstehen. Der Kaiser sollte der oberste Diener aller sein. Wenn der Kaiser das Volk unterdrückte, entzog ihm der Himmel den Auftrag durch die Stimme des Volkes. Jeder sollte an seinem Platz für das Ganze tätig werden. Wer das Gleichgewicht aller störte, lehnte sich gegen den Himmel auf. War es der Kaiser, dann sprach der Himmel durch den Aufstand des Volkes. Niemals galt in Chinas Religion der Aufstand des unterdrückten Volkes als Aufstand gegen Gott und die göttliche Ordnung. Der Himmel selbst gab den Auftrag an das Volk, das er schuf, zurück. Ganz in diesem Sinne ist die Abdankungsurkunde (12. 2. 1912) der Kaiserin Lung-Yü, die die Regierung für den letzten chinesischen Kaiser führte, abgefaßt. Die Kaiserin schreibt dort:

»Die Gedanken des Volkes des ganzen Reiches neigen heute mehr und mehr der Republik zu... Wohin sich das Herz des Volkes neigt, daraus kann man das himmlische Schicksal entnehmen. Wie könnte ich um des Ruhmes einer Familie willen mich dem widersetzen, was das ganze Volk liebt und haßt? ... So habe ich den Kaiser eigens angeleitet, die Staatsgewalt dem ganzen Reich abzutreten mit der Bestimmung, daß ein republikanisches, verfassungsmäßiges Staatswesen daraus werde, und habe damit einerseits der Gesinnung, die die Wirren haßt und auf Ordnung hofft, Genüge getan, und andererseits den Urteilsspruch des Heiligen des Altertums erfüllt, daß die Welt Gemeingut sei. Ich werde gemeinsam mit dem Kaiser mich an einen Zufluchtsort zurückziehen und der Muße pflegen, werde in Freude lustwandeln Jahr und Monat, des Staatsvolks freudige Sitten noch lange genießen und mit eigenen Augen das Zustandekommen der höchsten Ordnung wahrnehmen. Sollte das nicht ein schönes Los sein?«[5]

Konfuzius

Die geistige Macht des Konfuzius beruht darauf, daß er das Gleichgewicht des Menschen und der Welt auf die unverfälschte Natur des Menschen stellt.

Konfuzius lebte von 551–479. Er trat zur Zeit der zusammenbrechenden Dschou-Dynastie auf. Das Reich der Mitte war damals in eine Unzahl von Fürstentümern, Grafschaften und Städten zerfallen. Die größeren Staaten suchten sich auf Kosten der kleineren zu erweitern. Der Kaiser »regierte« als rein theoretische Größe ohne wirkliche Macht. Die Folge waren beständige Fehden und eine Instabilität, wie wir sie ähnlich für Indien beschrieben haben. Konfuzius und Buddha waren Zeitgenossen.

Es ist schwer, in wenigen Worten eine zutreffende Darstellung der Hauptlehren des Konfuzius zu geben. Man könnte sagen, Konfuzius habe die wahre Ordnung des Menschen und der Welt auf das Zeremoniell (Li) und die Musik gestellt. Aber Zeremoniell ist für uns ein viel zu äußerliches Wort, um das zu treffen, was Konfuzius meint. Es bedeutet eben nicht nur schickliches Verhalten, Anstand oder Konvention, sondern enthält in sich die Vorstellung von einem idealen Zustand, in dem alles seinen rechten Platz gefunden hat. Li meint die richtige oder gehörige Zuordnung von allem und weist damit auf das Dau zurück. Für Konfuzius ist das niemals nur eine starre, von außen oder von oben durch die Obrigkeit auferlegte Ordnung. Eine solche widerspräche vielmehr ausdrücklich dem »natürlichen« Wesen des Li und der menschlichen Natur.

Es ist nicht zufällig, daß Konfuzius dem Li die Musik zuordnet. »Musik«, heißt es, »kommt aus dem Herzen, Zeremoniell von außen.«[6] »Musik bringt die Gemeinde in Einklang, während das Zeremoniell den Standesunterschied betont; Musik stellt den Himmel oder das Abstrakte dar, Zeremoniell die Erde oder das Konkrete.«[7] »Wenn die Musik vorherrscht, wird die Sozialordnung zu formlos, und wenn das Zeremoniell vorherrscht, wird das Gemeinschaftsleben zu kalt.«[8] »Der Weise bringt die Musik hervor, die dem Himmel entspricht, und Zeremonien, die der Erde entsprechen. Wenn Zeremoniell und Musik ihren rechten Platz gefunden haben, wirken Himmel und Erde in vollendeter Ordnung.«[9]

Konfuzius betrachtet also Zeremoniell und Musik als die beiden Pole, die immer wieder in ein Gleichgewicht gebracht werden müssen, wenn das gesellschaftliche Leben gesund bleiben soll. Man mag sich wundern, daß er beiden eine so überragende Bedeutung beimißt. Aber alle Gliederung, Stufung und Scheidung in einem Gesellschaftskörper kann nur dann bestehen, wenn sie aufruhen auf einer tiefen, gefühlsmäßigen Zustimmung, auf einer wirklichen »Einstimmung« oder Musik, auf einem Bewußtsein und Erlebnis aller mit dem Ganzen.

Zeremoniell und Musik wurzeln letztlich in einer festlich gesteigerten Nachahmung des Weltalls. Das Reich der Mitte, so könnte man Konfuzius' Lehre zugespitzt formulieren, ist die große Liturgie des Himmels auf der Erde, die in ihrer letzten Tendenz gerade das aufheben soll, was man sonst Machtpolitik, Unterdrückung durch äußeren Zwang, auch nur bloße Realpolitik nennt.

Im Li Gi heißt es: »Der Grund, weshalb der Weise imstande ist, die Welt als eine Familie und China als *einen* Menschen anzusehen..., liegt darin, daß er keine willkürlichen Regeln aufstellt.«[10] Das Li wird als das Mittel bezeichnet,

»durch das ein Land regiert wird und durch das der Herrscher seine Stellung sichert. Wenn daher die Regierung nicht ›im Rechten‹ ist, ist die Stellung des Herrschers bedroht, und wenn die Stellung des Herrschers bedroht ist, werden die mächtigen Beamten hochfahrend und die kleinen Beamten fangen zu stehlen an. Wir erleben dann, wie Verbrecher mit Strenge bestraft werden, wie die allgemeine Moral des Volkes erschlafft und sich ein allgemeiner Mangel an Maßstäben bemerkbar macht.«[11] Wahre Ordnung ist also das genaue Gegenteil von Härte und Strenge der Machtausübung. Konfuzius konnte im Blick auf das überhandnehmende Räuberwesen den Rat erteilen: »Wenn ihr selbst das Geld nicht liebt, könnt ihr den Dieben das Geld geben und sie werden es nicht nehmen.«[12] Der Herrscher, so hieß es oben, muß selbst »im Rechten« sein. Aber was heißt das?

Konfuzius geht von den elementaren Erfahrungen aus, die im menschlichen Herzen selber begründet sind: von der Eltern- und Kinderliebe, von der Gattenliebe, von der Geschwisterliebe. Diese bedingen eine gegenseitige und wohlwollende Achtung. Aus diesem natürlichen Wohlwollen müssen die Maßstäbe fließen und von Künstlichkeit freigehalten werden. In diesen Grundgegebenheiten begegnen Menschen einander, die in konkreter Unterschiedenheit doch eine gefühlsmäßige Einheit bilden. Sie bilden darin jeweilige Gesamtkonstellationen. Daraus werden zugleich die inneren und äußeren Wandlungen abgeleitet. Die konfuzianische Lehre vom Jen oder wahren Menschen kennt gerade das harte »Über-Ich« nicht, das seine Träger unter fremde Zwänge stellt, um bestimmte gesellschaftserhaltende Normen durchzusetzen und durchzuhalten. Konfuzius würde darin das genaue Gegenteil wirklicher Ordnung, den Verfall der wahren Maßstäbe sehen, einen Zustand, der unaufhaltsam zu Rebellion und Anarchie hinführen muß. Die Lehre von Jen weist vielmehr auf das wahre Selbst des Menschen zurück, das nur in Stufen der Wandlung, in immer neuer Offenheit für sich und den anderen die Wirklichkeit, die ja selbst eine Wandlungsbahn ist, das

Dau, erneuert und vorlebt. Jen ist der wahre Mensch, der ganze Mensch, und so die Teilhabe an der *einen* Menschheit, die im Wandlungsprozeß des Lebens den Stufenweg aller ihrer Konstellationen still und gewiß wie das Weltgesetz selber durchschreiten und dabei immer neue Gleichgewichtslagen nach innen und außen einnehmen soll.

Auf diesem universistischen Hintergrund muß die von Konfuzius oft wiederholte Goldene Regel gehört werden. Als Konfuzius gefragt wurde: »Gibt es ein einzelnes Wort, das als Anhaltspunkt für die Lebensführung gelten kann?«, antwortete er: »Vielleicht das Wort ›Gegenseitigkeit‹ (Schu). Tue den anderen nicht, was du nicht willst, das man dir tut.«[13] Bei anderer Gelegenheit hat Konfuzius gesagt: »Wenn sich ein echter Mensch in der Fremde zeigt, ist ihm zumute, als empfange er vornehme Gäste, und wenn er ein Volk regiert, ist ihm zumute, als verehre er Gott. Was er nicht will, das ihm getan werde, tut er auch nicht den anderen. Auf diese Weise sind die Menschen im Staat wie auch im Heim zufrieden.«[14]

Auch diese Formel setzt ja beim Elementaren an und verliert auf dem Hintergrund der Gesamtschau des Konfuzius ihre platte Sprichwort-Verständlichkeit. Es ist von Bedeutung, daß Konfuzius »unten« ansetzt, bei den Grunderfahrungen, beim Volk, bei der Familie, beim einfachen Fühlen des Menschenherzens, daß er alles als gegen die Bahn des Himmels gerichtet zurückweist, was diesen Grunderfahrungen zuwiderläuft. »Die Wahrheit entfernt sich nicht von der menschlichen Natur.«[15]

Ich weiß keine bessere Zusammenfassung der echten Lehre des Konfuzius als die, die Wang Yang-Ming, der im 16. nachchristlichen Jahrhundert lehrte, gegeben hat: »Der Mensch ist das Bewußtsein von Himmel und Erde. Das Volk aber ist die Waage (der Aufrichtigkeit) gegen sich selbst. In dem einen Wort ›Volk‹ ist der Weg der drei Kräfte (Himmel, Erde, Mensch) völlig erfaßt. Wenn ich die Liebe, die ich für meinen eigenen Vater hege, den Vätern anderer Leute entgegenbringe, so ist auf der ganzen Welt kein Vater ungeliebt. Wenn ich die Liebe, die ich für meinen eigenen Bruder hege, den Brüdern anderer Leute entgegenbringe, so ist auf der ganzen Welt kein Bruder ungeliebt. Das gleiche gilt für Fürst und Beamte, für Gatte und Gattin und für die Freundschaft, ja ich kann es erweitern bis auf die Vögel und Tiere, die Gräser und Bäume, die alle etwas haben, um das sie geliebt werden können. All dies ist völlig in meinem Bewußtsein (Herzen) angelegt; seine eigenen Geisteskräfte zu klären, bedeutet die Klärung der klaren Geisteskräfte für die Welt. Das nennt man: sein Haus regeln, seinen Staat ordnen und der Welt den Frieden geben.«[16]

Jesus hat in der Bergpredigt die in vielen Überlieferungen gekannte Goldene Regel aufgenommen und als »das Gesetz und die Propheten« bezeichnet. Jesus hat die Goldene Regel positiv formuliert: »Alles nun, was ihr wollt, daß die Menschen euch tun sollen, – ebenso sollt ihr auch ihnen tun; denn das ist das Gesetz und die Propheten« (Matthäus 7,12). Man darf indessen nicht die Regula positiva Jesu gegen die Regula negativa des Konfuzius ausspielen. Die echte Lehre des Konfuzius vom Jen führt zu dem Urteil, daß seine Regula negativa als Regula positiva gedeutet werden muß. Nur Konfuzius hat darüber hinaus damit Ernst gemacht – ein halbes Jahrtausend vor Christus –, daß die Goldene Regel verwirklicht werden *muß,* weil sie verwirklicht werden *kann,* weil sie den einfachen Grundwahrheiten der menschlichen Natur entspricht.

Was Konfuzius in diesem Zusammenhang fordert, ist die Verwirklichung einer Einheit von Politik und Ethik, doch so, daß beide auf etwas Vorpolitischem und Vorethischem aufruhen. Es sind das jene einfachen Grundgegebenheiten der menschlichen Beziehungen und des menschlichen Herzens, die den Menschen an dem Ort, da er steht, in den Gleichklang mit dem Ganzen wandeln und die sich in der Vielfalt der Beziehungen, die wir dann die politischen und gesellschaftlichen nennen, identisch reduplizieren. Das »Reich des Himmels« geht durch das Menschenherz hindurch. Es kann und soll hier und heute am konkreten Ort vollzogen werden.

Wenn wir die Bergpredigt, die ihre Summe ja in der Goldenen Regel gezogen hat, nicht als ein nur religiöses Programm, sondern als die Magna Charta auffassen, daß das Reich des Himmels durch das Menschenherz gehen soll und die Sanftmütigen das Erdreich erben werden, dann wird die uns aufgetragene Verwirklichung des Reiches des Himmels auf der Erde ohne die Weisheitslehre des Konfuzius, der der Bergpredigt wie kein anderer vorgedacht hat, nicht möglich sein. Die heutige Weltnot verlangt gebieterisch die Einheit von Politik und Ethik, das Herstellen immer neuer Gleichgewichtslagen innerhalb der Menschheit und zur Natur, zum Weltall. Es wird das aber nie gelingen können, höchstens zum reinen Zwang werden, wenn diese Einheit und Gleichgewichtspolitik nicht durch die Tiefe des Menschenherzens geht, das, wo es sich entdeckt, Gott schaut. Man wird dann statt der Verzichte, die uns abgefordert werden, weil es ums Überleben geht, vom Gewinn des Lebens sprechen. Die Bergpredigt Jesu kann nicht *gegen,* sondern nur *mit* Konfuzius ganz zu uns sprechen. Die konfuzianische Lehre vom Jen ist ein anderes Wort für die Lehre von den Kindern der Erde als den »Söhnen des Himmels«. Im Buch Dschung Yung heißt es: »Wenn unsere wahre Mitte und der Einklang verwirklicht sind, wird das All zum Kosmos, und alles erreicht volles Wachstum und volle Entwicklung.«[17]

Laotse

Gegenüber dem konfuzianischen Denken vertritt Laotse (Lau Dsi) das Tun des Nicht-Tuns.

Er wird als der eigentliche Gegenspieler des Konfuzius angesehen. Es ist nicht ohne tieferen Sinn, wenn die Überlieferung ihn zum älteren Zeitgenossen des Konfuzius macht und von einer Begegnung der beiden bedeutendsten Weisen Chinas berichtet. Die westliche Forschung wird aber recht haben, wenn sie seine Lebensjahre zwischen 480 und 390, ja sogar um 300 v. Chr. anzusetzen sucht. Laotse setzt nicht nur Konfuzius, sondern die Konfuzianer voraus, gegen die er polemisiert.

Der spätere Konfuzianismus ist der Gefahr nicht entgangen, die Rolle des Li als stabilisierenden Faktor der Verwaltungseinheit des Reiches überzubetonen und dadurch in Konventionalismus und Rollenangepaßtheit zu veräußerlichen. Es entsteht hier eine ähnliche Situation wie zwischen Jesus und den neutestamentlichen Pharisäern. Der Vulgärkonfuzianismus kennt den tugendhaften Menschen und damit das Jen hauptsächlich nur noch als rollenangepaßten Bürger und Untertan. Er spaltet damit in seiner Tugendlehre alles, was der Rolle nicht entspricht, als Laster ab. Aber das wahre Dau (Tao) liegt nach Laotse – und darin würde ihm Konfuzius ausdrücklich zustimmen, worauf die Legende von der Begegnung der beiden Weisen hinweist – dieser Spaltung vorauf. Die Tugenden der Konfuzianer sind sekundär, sie kommen, wie A. Forke sagt, »nach dem Prinzip der sich erzeugenden Gegensätze uns erst zum Bewußtsein, nachdem die Laster sich gezeigt haben. Solange der naive Zustand besteht, in welchem Tao (sprich: Dau) herrscht, werden alle Tugenden unbewußt geübt, denn sie ergeben sich als etwas ganz Natürliches, als Auswirkungen des Tao, um das man sich weiter gar nicht zu bemühen braucht.«[18] Das trifft aber mehr, als der Vulgärkonfuzianismus ahnte, den Grund der Weisheitslehre des Meisters Kung (= Konfuzius).

Vom Tao heißt es:

Das große Tao ist überströmend,
es kann links sein und rechts.
Alle Wesen verlassen sich auf es, um zu leben,
und es versagt nicht.
Ist Verdienstliches vollendet,
nennt es dies nicht sein.
Es liebt und nährt alle Wesen
und macht sich nicht Herr.

Ewig ohne Verlangen,
so kann es klein genannt werden.
Alle Wesen kehren sich (zu ihm),
und es macht sich nicht Herr,
so kann es groß genannt werden.
Daher: der heilige Mensch macht sich nie groß,
darum kann er seine Größe vollenden.[19]

An anderer Stelle seines Tao te king sagt Laotse vom Tao:

Das Tao ist ein Hohlgefäß;
Und sein Gebrauch ist unerschöpflich!
Unauslotbar!
Wie der Urquell aller Dinge,
Seine Kanten abgerundet,
Seine Schlingen aufgelöst,
Sein Licht geblendet,
Sein Wirbel untergetaucht,
Scheint es dennoch dunkel wie tiefes Wasser zu verharren.
Ich weiß nicht, wessen Sohn es ist,
Ein Bildnis dessen, was früher als Gott vorhanden war.[20]

Interessant ist, daß Laotse hier auf den Urgott zurückweist, der sich jetzt im überströmenden Tao zuspricht. Auch der Gott Jesu liegt als überströmende Macht der Spaltung in Tugend- und Lasterhafte, Gute und Böse, Gerechte und Ungerechte vorauf. Die Tugendhaftigkeit ist ihm sekundär gegenüber der größeren Gerechtigkeit, dem Mehr-Sein der ursprünglichen Güte und Gerechtigkeit Gottes, in die der Mensch nachahmend eintreten soll. »Ihr aber sollt vollkommen sein, wie euer Vater im Himmel vollkommen ist« (Matthäus 5,48). Die Begründung dafür lautet: »Denn er läßt seine Sonne aufgehen über die Bösen und über die Guten und läßt regnen über Gerechte und Ungerechte« (Vers 45).

Wenn auf Erden alle das Schöne als schön erkennen,
so ist dadurch schon das Häßliche gesetzt.
Wenn auf Erden alle das Gute als gut erkennen,
so ist dadurch schon das Nichtgute gesetzt.
Denn Sein und Nichtsein erzeugen einander.
Schwer und Leicht vollenden einander.
Lang und Kurz gestalten einander.
Hoch und Tief verkehren einander.
Vorher und Nachher folgen einander.

Also auch der Berufene:
Er verweilt im Wirken ohne Handeln.
Er übt Belehrung ohne Reden.
Alle Wesen treten hervor,
und er verweigert sich ihnen nicht.
Er erzeugt und besitzt nicht.
Er wirkt und behält nicht.
Ist das Werk vollbracht,
so verharrt er nicht dabei.
Und eben weil er nicht verharrt,
bleibt er nicht verlassen.[21]

Elemente einer planetarischen Religion
Zusammenfassung

Im zweiten Kapitel dieses Buches, »Die Religion ohne Namen«, haben wir darauf hingewiesen, daß jede Weltreligion einen Widerspruch in sich enthält. Sie ist Ausdruck eines Menschheitsfragments und stößt sich darin zugleich an ihrem universalistischen Ansatz, der auf den Kosmos und die Menschheit im ganzen geht. Von daher überschreitet sie immer schon ihre mitgegebenen kulturkreisgebundenen oder auch völkischen Verschalungen.

In diesem Sinne sagten wir: Der Bund Gottes mit Israel zielt auf den Bund mit der Menschheit, die Botschaft Jesu auf das Reich Gottes, die Prophetie Muhammads auf die wahre Menschengemeinschaft unter Gott, die Lehre Indiens auf die Verwirklichung von Gott, Mensch und All im und durch den ewigen Menschen, die Intuition Buddhas auf die Heilung aller Gespaltenheit und Illusionsbefangenheit parteiischen Menschentums, die Weisheitslehre Chinas auf das Reich des Himmels auf der Erde.

Schon die bloße Nennung dieser Ziele zeigt, daß in ihnen allen ein gemeinsames Ziel angestrebt wird, das wir als einen Zustand bezeichnen dürfen, in dem das All und sein Grund im urbildlichen Menschen vereint und verwirklicht worden ist. Die einzelnen Religionen zeigen, wie das geschehen kann, und gehen dabei unterschiedliche Wege.

Die Gemeinsamkeiten im Vergleich der Religionen sind für den interreligiösen Dialog sicher von Wert. Von noch größerer Bedeutung aber ist das Augenmerk, das wir auf die Unterschiede richten. Unterschiede müssen nicht unvereinbare Gegensätze sein. In ihnen liegen Entfaltungsmöglichkeiten vor, die ursprünglich auch in der eigenen Religion gelegen haben, aber im Gang der Entwicklung unbeachtet geblieben oder an den Rand gedrängt worden sind. Wir dürfen damit rechnen, daß sie für die eigene Religion einen komplementären, d. h. zur Vollständigkeit ergänzenden Sinn besitzen.

Geht man beispielsweise davon aus, daß im biblischen Gottesbild die Weiblichkeit Gottes zu wenig zum Ausdruck kommt, dann hat die Betonung der Weiblichkeit Gottes in anderen Religionen dazu einen ausgesprochen komplementären Charakter. So erscheint im kosmischen Urwesen des Hinduismus, Purusha, die Manifestation Gottes als Androgyn und ewiger Mensch.

Der Gesichtspunkt der Komplementarität entspricht dem planetarischen Zeitalter, in das die Menschheit heute eingetreten ist. Die bisher nur in Menschheitsfragmenten existierende Menschheit ist, ob sie es immer schon sieht oder nicht, auf dem Wege zur Verwirklichung der einen Menschheit.

Die in der christlichen Theologie bevorzugte lineare Zeit erfährt aus den Religionen des Ostens eine Ergänzung durch die Vorstellung einer zyklischen Zeit, wie sie uns teilweise noch im Erlebnis unserer großen Feste erhalten geblieben ist. Lineare Zeit und zyklische Zeit vereinigen sich im Symbol der Spirale. In der Bibel und im jüdischen wie christlichen heiligen Jahr verbinden sich ursprüngliche Naturfeste und darin eingestiftete Geschichtsfeste, die durch das zyklische Element eine archetypische Gedächtnismacht erhalten. In ihnen leben auch die integrierten, nur scheinbar besiegten älteren Religionen fort. So Baal, der sterbende und wieder auferstehende Gott, in den Königspsalmen und in der Christuspassion und -auferstehung, die in den Königspsalmen bereits ihr Mysterien-Vorspiel haben. Gottesminne und sexuelle Symbolik, die in außerchristlichen Religionen eine bedeutsame Rolle spielen, wurzeln für unsere Tradition darin.

Die Vorstellung vom Reich Gottes ist mit diesen Überlieferungen aufs engste verbunden. Eine lineare Zeitvorstellung kann das Reich Gottes nur an das Ende der Zeit und in Vorwegnahmen innerhalb der linearen (geschichtlichen) Zeit wahrnehmen. Sie schreibt dem Reich Gottes damit meist eine politische Bedeutung zu, die sie mit radikalethischen Elementen durchsetzt. Aber die Vorstellung vom Reich Gottes hat zugleich eine kosmische Bedeutung und ist zentriert in der Vorstellung vom kosmischen Menschen, der im Christentum im kosmischen Christus erfahren wird. Zu ihm gibt es einen mystischen Zugang, der zugleich in einer Belebung der archetypischen Welt besteht. Ein Geschichtsentwurf unter rein archetypischen Gesichtspunkten begegnet uns in der aus Persien stammenden Apokalyptik. Diese ist aber nicht nur linear, sondern hat immer zugleich den gesamten Kosmos und die Etappen einer Kosmogenese im Sinn. Die archetypische Welt begegnet uns ferner in der Welt der Götter oder Engel in den Religionen, die keine Konkurrenz zu dem eigentlichen Gott bilden, sondern ihn wie eine Ausstrahlung seiner Fülle umlagern.

Die Urzeit (Paradies), als archetypische Welt im Unbewußten des Menschen enthalten, tritt in der Vollendungswelt der Endzeit in die auch materielle Verwirklichung ein.

In vielen Religionen findet sich eine Spannung zwischen dem Urgott und den vitaleren Spezialgöttern. Der Urgott oder Schöpfergott gilt als ein entfernter, zurückgezogener Gott, dessen man sich nur in Katastrophen erinnert. Prophetische Religionen, insbesondere die Religion des Korans, versuchen eine ständige Aktualisierung des Urgottes als eines handelnden Gottes der Nähe zu bewirken.

Die Vorstellung, daß alle Religionsstiftungen von universalem Rang auf die eine Gottheit zurückgehen, wird im Hinduismus durch die aufeinander folgenden Avataras (Menschwerdungen) Gottes, im Buddhismus durch die vielen Buddhas, im Islam durch die Reihenfolge vieler Gesandter Gottes zum Ausdruck gebracht. Judentum und Christentum kennen eine Vielzahl von Bundschließungen, die alle auf eine letzte, abschließende Offenbarung hinweisen. In diesem Sinne spricht das Johannesevangelium vom

Parakleten als Offenbarer eines Reiches des Geistes, der Koran vom letzten Propheten (Ahmed).

Der Hinduismus versteht sich als ein System von Religionen, als ein religiöses Ineinander. Die monotheistischen Religionen verstehen sich zueinander und zu den polytheistischen Religionen im Sinne eines religionsgeschichtlichen Nacheinander. China dagegen ermöglicht ein religiöses Nebeneinander mehrerer Religionssysteme.

In all diesen Religionen finden wir archaische Urformen und Denkentfaltungen, aus denen philosophische Systeme hervorgegangen sind, die sich mit denen des Abendlandes messen können, diese von den Grundlagen her sogar überbieten. Sie wurzeln in der Archetypik des Kults als Weltsymbol. Kult ist die ständige Wiederholung des Ursprünglichen.

Die Archetypik in Kult und Mythos der Religionen ermöglicht ein identifizierendes Wiedererkennen, nicht nur im Bereich der eigenen Religion.

Am Beispiel Agni, dem Gott Feuer, konnten wir verdeutlichen, daß er als erlebbarer Ausdruck der Fülle und Energie des Einen auftritt und in dieser Funktion nicht nur in der indischen Religion wahrgenommen wird. Es gibt unter dieser Betrachtungsweise nur monotheistische Religionen.

Die durch Meditation zu gewinnende Bewußtseinserweiterung und Identitätslehre: Brahman = Atman tritt unter anderen Formulierungen in der Mystik aller Religionen auf. Die Identitätsmystik tritt ins Zentrum der indischen Religion. Im Atman begegnet der Purusha, Gott als der ewige Mensch, der zugleich als Brahman das Universum umgreift und hervorbringt. Gleichzeitig bezeichnet er den inwendigen Menschen oder Geist als Ausdruck des Menschen als Mikrokosmos.

In den Vorstellungen von der ewigen Wiederkehr (Samsara) und dem Karmagesetz tritt der Gedanke einer sittlichen Weltordnung hervor, die auf Selbstfindung und darin auf wahre Freiheit angelegt ist. Alles bloß gelebte Leben bleibt im Unbewußten stecken, ist Maya, Illusion, die als Ausdruck universaler Energie auf Zurücknahme der Projektionen und somit auf Wahrheit, Sein und wahren Genuß geht. Alles Leben beruht auf Stufung (Gradualismus), auch das menschliche Leben, menschliche Erkenntnis und Verwirklichung: ein starkes Argument für wiederholte Erdenleben.

Alles menschliche Sein ist auf Grundworte angelegt. Solche Grundworte sind »Vertrauen«, »Hoffnung«, »Liebe«. Der Buddhismus hat diesen das Grundwort »Nirvana« hinzugefügt. Alles, was ist, will sich möglichst rein manifestieren – und sich losgeben können.

Das Tai Gi ist ein universelles Symbol, das den Weltzusammenhang als ein System ewiger Wandlungen deutet. Himmel und Erde, Yang und Yin wirken dabei im Sinne von sich immer neu einpendelnden Gleichgewichtslagen aller Kräfte des Seins, nicht nur der äußeren, sondern auch der inneren, der bewahrenden und der revolutionierenden. Die Bahn des Himmels (Tao) ist das Gesamt dieser Kräfte. Es ist das in den Wandlungen sich immer neu konstellierende Wort Gottes. Das Tao ist eine bedeutende Ergänzung des philosophischen und johanneischen Logos. Durch seine Wahrnehmung kommt es zu einer Kosmisierung aller Bereiche der menschlichen Existenz.

Sittenlehre und Politik besitzen nur dann einen Bestand, wenn sie auf der unverfälschten Natur des Menschen beruhen. Die Lehre vom wahren Menschen steht hinter allen wahren Äußerungen in Religion, Staat, Familie und Wirtschaft. Ohne diese Grundgedanken chinesischer Religion scheint die Bergpredigt nicht zu verwirklichen. Der Gedanke der Homöostasie ist heute insbesondere auf die Natur auszudehnen. In der Nachahmung des Weltalls vollzieht der Mensch die große Liturgie des Himmels auf der Erde.

Anmerkungen

Planetisation

1 Teilhard de Chardin, Der Mensch im Kosmos, Werke I,245, München 1959
2 Teilhard de Chardin, Die Zukunft des Menschen, Werke V,387, Olten 1963
3 J. W. Goethe, Wilhelm Meisters Wanderjahre, 3. Buch, 9. Kap.
4 G. v. Rad, Das erste Buch Mose, Das Alte Testament Deutsch, Teilband 2, Göttingen 1961, 123
5 H. M. Enzensberger, Die Entstehung eines Gedichts, Frankfurt 1962, edition suhrkamp 20,69f.
6 Ebd. 70
7 Karl Marx, Thesen über Feuerbach, in: Die Frühschriften, hrsg. von Siegfried Landshut, Stuttgart 1953, 341
8 H. v. Glasenapp, Indische Geisteswelt, Band I Glaube und Weisheit der Hindus, Baden-Baden o. J., 146
9 Zit. nach H. Zimmer, Der Weg zum Selbst, Eugen Diederichs Verlag, Düsseldorf/Köln 1974, 79f. Anm. 1
10 Anfang des Gedichtes »Prooemion« in der Gedichtgruppe »Gott und Welt«, Goethes Poetische Werke, Vollständige Ausgabe 1. Band, Gedichte, Cotta, Stuttgart o. J., 527
11 C. Cappeller, Sanskrit-Wörterbuch, Berlin 1966
12 H. Zimmer, Indische Mythen und Symbole, 131
13 Rigveda 10,121,1 in: Gedichte aus dem Rig-Veda, aus dem Sanskrit übertragen und erläutert von Paul Thieme, Reclam, Stuttgart 1964, 69
14 Rigveda 10,129,2, ebd. 66
15 Schwally, in H. Gunkel, Genesis, Göttingen 1917, 103
16 Ich habe in meinem Buch »Vom Totempfahl zum Kruzifix. Vergessene Voraussetzungen unseres Weltverständnisses«, Dortmund 1976, diese ältesten Vorstellungen zusammengetragen und zu deuten versucht.
17 Evangelischer Erwachsenenkatechismus, Gütersloh 1975, 175
18 H. Gunkel, Genesis, a.a.O., 125
19 Ebd. 105

Die Religion ohne Namen

1 W. Pannenberg, Lebensraum der christlichen Freiheit, Evangelische Kommentare 10/1975, 586
2 Ebd.
3 Ebd.
4 Ebd. 591
5 Ebd.
6 Ebd.
7 E. Käsemann, Der Ruf der Freiheit, 5. erweiterte Auflage, Tübingen 1972, 121
8 Ebd. 55
9 Vgl. U. Mann, Lutherische Monatshefte 3/1964, 58ff.
10 R. Bultmann, Das Christentum im Rahmen der antiken Religionen, Zürich 1948, 78

Im Umkreis des Judentums

1 F. Rosenzweig, Der Stern der Erlösung, Heidelberg 1954
2 M. Luther, De servo arbitrio (Vom unfreien Willen), WA (Weimarer Ausgabe) 18,685
3 M. Buber, Moses, Zürich 1948, 78f.
4 M. Buber, Der Glaube der Propheten, Zürich 1950, 53
5 Ebd. 55
6 Ebd. 55f.
7 Ebd. 56f.
8 Ebd. 57f.
9 E. Käsemann, Das wandernde Gottesvolk, Eine Untersuchung zum Hebräerbrief, Göttingen 1961
10 A. Caquot in P. Grimal, Mythen der Völker, Band I, Frankfurt 1967, 136 Ich schließe mich im Folgenden der Darstellung A. Caquots an.
11 A.a.O. 137f.
12 A.a.O. 141f.
13 H. v. Glasenapp, Die nichtchristlichen Religionen, Frankfurt 1957, 295f.
14 Th. Mann, Der Zauberberg, Roman, Frankfurt/M. und Hamburg (Fischer Bücherei) 1967, 6. Kap., Abschnitt »Noch jemand«, 396
15 A. Schweitzer, Geschichte der Leben-Jesu-Forschung, München und Hamburg (Siebenstern Taschenbuch) 1966, 45f.
16 Nur die indogermanischen und semitischen Sprachen sind flektierende Sprachen; sie besitzen gemeinsame Urwurzeln für bestimmte Grundgegebenheiten.
17 R. Otto, Reich Gottes und Menschensohn, München 1954, 7
18 M. Buber, Kampf um Israel, Reden und Schriften (1931–1932), Berlin 1933, 17f.
19 H. J. Schoeps, Jüdische Geisteswelt, Darmstadt o. J., 83f.
20 M. Buber, Vom Geist des Judentums, Leipzig 1916, 74. Dort wörtlich: »Gottes Angesicht ruht unsichtbar im Block der Welt; es muß hervorgeholt, herausgemeißelt werden.«
21 H. J. Schoeps, a.a.O. 10f.

Die abschließende Offenbarung: Islam

1 G. Mensching, Leben und Legende der Religionsstifter, München 1962, 122
2 E. Dermenghem, Mohammed in Selbstzeugnissen und Bilddokumenten, Hamburg 1960, 19
3 Ebd. 20f.
4 Sure 29,61–3; 39,39; 31,24
5 Sure 29,65; 17,69; 31,31
6 R. Paret, Mohammed und der Koran, Stuttgart 1957, 15f.
7 Ebd. 16
8 Ebd. 39
9 E. Dermenghem, Mohammed in Selbstzeugnissen und Bilddokumenten, Hamburg 1960, 30f.
10 R. Paret, a.a.O. 21f2, Sure 81,19; 69,40
11 Ebd. Sure 26,193; vgl. 81,21
12 Ebd. Sure 16,104; vgl. 97,4

13 Ebd. 22
14 Ebd. 22f.
15 Ebd. 50
16 Ebd.
17 Ebd. 51
18 Ebd.
19 Ebd. 49
20 Ebd.
21 U. Rizzitano, Mohammed, Gütersloh o. J., 16
22 Ebd. 16f.
23 Ebd. 21f.
24 R. Paret, a.a.O. 25f.
25 Lanczkowski, Geschichte der Religionen, Frankfurt 1972, 137
26 R. Paret, a.a.O. 102
27 M. Sadr-ud-din, Der Koran, Arabisch-Deutsch, Übersetzung, Einleitung und Erklärung, Berlin 1964, 557
28 G. W. F. Hegel, Vorlesungen über die Philosophie der Geschichte, Leipzig (Reclam) o. J., 450
29 J. K. Huysmans, Là Bas, Paris 1922, zitiert nach: Joachim von Fiore, Das Reich des Heiligen Geistes. Bearbeitung Alfons Rosenberg, München-Planegg 1955, 7f.
30 Siehe: E. Rosenstock-Huessy, Soziologie, 2. Bd.: Die Vollzahl der Zeiten, Stuttgart 1958, 155–173, 319–390

Die Botschaft Indiens – der Hinduismus
1 Nala und Damayanti, I,2 (= Mahabharata 3,50,2)
2 Nach K. F. Geldner, Der Rig-Veda, aus dem Sanskrit ins Deutsche übersetzt und mit einem laufenden Kommentar versehen, Cambridge, Massachusetts. London. Leipzig 1951, 3. Teil, 1ff.
3 Wohl: Ephedra intermedia. Nach anderen handelt es sich beim Soma um Asclepias acida, ein Schwalbenwurzgewächs (so H. Kersten, Jesus lebte in Indien, München 1983/1984 151f.)
4 M. Eliade, Das Heilige und das Profane, Hamburg 1957, 56
5 Th. Mann, Freud und die Zukunft, in: S. Freud, Abriß der Psychoanalyse, Frankfurt/M. und Hamburg 1955, 215
6 thetel wort, in: Martin Luther, Vom Abendmahl Christi, Bekenntnis. 1528, W. A. (Weimarer Ausgabe) 283
7 C. G. Jung, Über die Archetypen des kollektiven Unbewußten, Gesammelte Werke, 9/1, Olten 1978, 23
8 B. Pascal, Eine Auswahl aus seinen Schriften von W. Warnach, Düsseldorf 1947, 23
9 Übersetzung P. Thieme, Gedichte aus dem Rig-Veda, Stuttgart 1964 (Reclam)
10 Rigveda I,38,13
11 P. Thieme, a.a.O. 7
12 H. Goetz, Geschichte Indiens, Stuttgart 1962, 29–31
13 J. W. Goethe, Zur Farbenlehre, Didaktischer Teil, Einleitung, Gesamtausgabe, 21. Band, Cotta, Stuttgart, 28

14 Übersetzung nach H. Lommel, Gedichte des Rig-Veda, Auswahl und Übersetzung, München 1955
15 Ebd.
16 R. Boxberger, Bhagavadgita, Das Lied der Gottheit, aus dem Sanskrit übersetzt von R. Boxberger, neu bearbeitet und herausgegeben von H. v. Glasenapp, Stuttgart 1953 (Reclam), 70ff.
17 J. W. Goethe, Die Leiden des jungen Werthers, Erste Fassung, Gesamtausgabe, 6. Band, Cotta, Stuttgart, 58–60
18 Bhagavadgita, a.a.O. I,26,22
19 F. Heer, Sieben Kapitel aus der Geschichte des Schreckens, Zürich o. J., 158
20 Bhagavadgita, a.a.O. III,13,35
21 J. W. Goethe, West-östlicher Divan, Gesamtausgabe, 2. Band, Cotta, Stuttgart, 14
22 R. Boxberger, a.a.O. 58
23 H. Hesse, Gesammelte Werke 5, Werkausgabe edition suhrkamp, Frankfurt 1970, 458
24 J. W. Goethe, Urworte. Orphisch. Dämon, Gesamtausgabe, 1. Band, Cotta, Stuttgart, 541
25 Zitiert nach: E. Hirsch, Geschichte der neuern evangelischen Theologie, 5. Band, Gütersloh 1949, 612

Das Fährboot Buddhismus

1 Zitiert aus H. Zimmer, Philosophie und Religion Indiens, Zürich 1961, 109f., 122
2 W. Capelle, Die Vorsokratiker, Die Fragmente und Quellenberichte, Kröner, Stuttgart 1938, 142
3 Ebd. 132
4 J. W. Goethe, Gedichte (Ein Gleiches), Gesamtausgabe, 1. Band, Cotta, Stuttgart, 73
5 J. W. Goethe, Gedenkausgabe der Werke, Briefe und Gespräche, hrsg. von Ernst Beutler, 18. Band, Briefe der Jahre 1764–1786, Zürich/Stuttgart 1965, 518f.
6 Ebd. 532
7 F. Nietzsche, Gedichte, hrsg. von Jost Hermand, Stuttgart 1964 (Reclam), 93
8 G. Trakl, Rondel, in: Deutsche Dichtung der Neuzeit, ausgewählt von Ernst Bender, Karlsruhe 1969, 402
9 H. Zimmer, Indische Mythen und Symbole, Düsseldorf 1972, 73
10 Übersetzung, P. Dahlke, Buddha. Die Lehre des Erhabenen. Aus dem Palikanon ausgewählt und übertragen, München 1960, 37ff.
11 H. Oldenberg, Buddha. Sein Leben, seine Lehre, seine Gemeinde, München 1961, 272
12 Suttanipata 149
13 H. Oldenberg, a.a.O. 272
14 E. Conze, Der Buddhismus, Wesen und Entwicklung, Stuttgart 1953, 48
15 Übersetzung aus: H. v. Glasenapp, Die Weisheit des Buddha, Wiesbaden o. J., 139
16 Ebd.

17 H. Zimmer, Philosophie und Religion Indiens, Zürich 1961, 442
18 Ebd.

Chinas Universismus
1 R. Wilhelm, I Ging. Aus dem Chinesischen übertragen und erläutert, Düsseldorf 1972, 260
2 Ebd. 304
3 Zur Erläuterung der Tai Gi-Symbolik: R. Wilhelm, Laotse, Tao te king. Aus dem Chinesischen übertragen und erläutert, Düsseldorf/Köln 1972, 127ff.
4 H. Wilhelm, Sinn des I Ging, Düsseldorf 1972, 12ff.
5 Übersetzung aus H. Wilhelm, Gesellschaft und Staat in China. Zur Geschichte eines Weltreiches, Hamburg 1960, 69
6 Übersetzung aus Lin Yutang, Konfuzius, Frankfurt 1957, 18
7 Ebd.
8 Ebd. 170
9 Ebd. 171
10 Ebd. 157
11 Ebd. 156f.
12 Ebd. 23
13 Ebd. 128
14 Ebd.
15 Ebd.
16 Übersetzung aus H. Wilhelm, Gesellschaft und Staat in China, a.a.O. 77
17 Lin Yutang, Konfuzius, a.a.O. 77
18 Zitiert nach: H. v. Glasenapp, Die nichtchristlichen Religionen, Frankfurt 1957, 111f.
19 Übersetzung von V. v. Strauß, aus H. v. Glasenapp, ebd. 112
20 Übersetzung aus Lin Yutang, Laotse, Frankfurt 1955, 51
21 Übersetzung R. Wilhelm, Tao te king. Aus dem Chinesischen übertragen und erläutert, Düsseldorf/Köln 1972, 42